Astrologie : Livre 9

Les bases de l'astrologie Karmique

Edité par EJP - Version AVRIL 2021

© 2015/2021 – Eric Jackson Perrin
www.coaching-evolution.net

Edité par Eric Jackson Perrin 69300 Caluire et Cuire

Imprimé en Allemagne par BoD – Books en Demand

ISBN 979-10-94871-11-9
Dépôt Légal : Novembre 2015

Livres du même auteur

Série civilisations

Traité pratique d'Astrologie Maya
Le Yi King de voyage
Le Tarot Éternel et Le Tarot Éternel 2
Le Tarot Éternel complet et L'Histoire Secrète du Tarot
Les Runes Germaniques sacrées et magiques
Le Diamant de Naissance et Le cahier pratique du Diamant de Naissance
Cinq outils extraordinaires de connaissance de soi
Les outils et techniques de développement personnel pour thérapeutes et particuliers
Planches de radiesthésie pour thérapeutes et particuliers
Guide pratique de soins énergétiques pour thérapeutes et particuliers
Le Manuel Professionnel du Diamant de Naissance 1 et 2
Ami-Enfant des Étoiles, Ami revient et Civilisations Internes
Physique classique et physique quantique pour thérapeutes et particuliers
Le Guide pratique des appareils de bien-être
***

Série apprendre l'astrologie, c'est possible…

1-Les bases pratiques de l'astrologie
2-Les planètes, les signes, les secteurs
3-Maitriser l'analyse et l'interprétation du thème astrologique
4-Les planètes en signes et 5-Les planètes en secteurs
6-Les aspects à la Lune et à Vénus
7-Les aspects au Soleil et à Mars
8-Les aspects Mercure, Jupiter, Saturne et Uranus
9-Les bases de l'astrologie karmique
10 - Le cahier astrologique : Comment interpréter un thème astral
11- L'Astrogéolocalisation

Série Sonothérapie

Diapasons, Kinésiologie et Acupuncture traditionnelle chinoise
Les diapasons thérapeutiques
Passion bols avec Alain Métraux
Le Guide Pratique des Mantras
Le Cahier Pratique des Bols Chantants

Édité par Éric Jackson Perrin

Logiciel professionnel Diamant de Naissance
Version de base (80€) et complète avec édition d'études (360€)

Table des matières

INTRODUCTION ET QUELQUES DONNEES TECHNIQUES.

Ce livre vous permet d'apprendre à interpréter les éléments dits karmiques d'un thème astrologique.

Qu'est ce que le karma ?

Karma est un mot qui vient de l'Inde et qui signifie effet logique d'une cause du fait qu'il y a un ordre universel régit par des lois. Le mot a souvent la signification populaire de « conséquence inévitable » ou de « destinée » qu'on ne peut pas changer ou que difficilement. Le karma fait référence à la cause originelle de votre présence dans un corps animal sur cette planète. Cette cause première se nomme « la chute dans la matière ». Se libérer de son karma signifie faire en sorte qu'il n'y ait plus de conséquences parce que les causes ont été traitées du fait que l'âme a été totalement vécue et rassemblée autour du corps spirituel ou « Reine mère des force d'âme », que les énergies masculines et féminines ont été rééquilibrées et que la conscience a été reconnectée à « La Source de toute vie ». Cela se nomme « Le chemin du retour ». Le thème astral est en fait un outil pour parcourir plus rapidement ce chemin du retour. Deux éléments essentiels qui doivent être pris en compte dans le chemin du retour sont les mémoires généalogiques et les mémoires d'âme. Tout cela est expliqué dans les paragraphes suivants.

A) Le concept de chute dans la matière.

D'où venez-vous ? Ou étiez-vous avant de naître sur Terre dans un corps humain ? Voici ce que disent les traditions ésotériques authentiques. Vous ne venez pas de ce monde fait de matière ! Vous existiez précédemment sous une autre forme de vie, dans l'invisible, sous la forme d'un être conscient à l'intérieur d'une étincelle de lumière, à l'intérieur d'une boule de lumière, elle-même reliée à une forme de vie nommée « la Source de toute lumière et de toute vie», dans un état de joie intense, d'amour intense et de puissance créative intense. Vous vous êtes volontairement séparé de cette étincelle de lumière spirituelle à laquelle vous étiez auparavant connecté et vous avez fait le choix de vous incarner temporairement dans ce monde dense de la matière, que vous êtes venu expérimenter. Ce qui suit est donc l'histoire de votre origine.

Avant d'exister ici dans le monde de la matière, vous étiez uni, dans votre corps spirituel, à cette étincelle de lumière spirituelle, qui est souvent appelée « Dieu ». Grâce à cela, vous étiez complètement uni à « la Source créatrice de toute vie ». Vous étiez alors un « Etre Humain complet», « Homme et Femme à la fois», dans un seul et même corps. Vous cheminiez dans l'espace temps vers des mondes de plus en plus denses, jusqu'à ce que vous arriviez à la zone frontière entre non-matière et le monde de la matière.

Un changement dans votre vision des choses et dans l'orientation de votre volonté, ainsi qu'une inversion des polarités à l'intérieur de vous vous ont fait croire que vous étiez vous-même Dieu et vous vous êtes alors séparé de votre Dieu, de votre corps spirituel, de votre étincelle divine. Votre conscience, que vous avez alors divisée en deux, s'est déplacée hors de votre corps spirituel. Cela vous a inévitablement entrainé vers la matière, vers l'incarnation dans la matière, vers une chute dans la matière.

Cela a eu trois conséquences principales. La première conséquence est que votre corps spirituel, qui est votre « Moi spirituel », s'est presque totalement éteint et vous vous êtes presque totalement déconnecté de la « Source de toute Vie ». La seconde conséquence est qu'en vous incarnant dans la matière, où la vie n'existe que par une tension entre deux forces opposées, l'être humain que vous êtes s'est scindé en deux, en un pôle masculin et un pôle féminin, tout en gardant en vous une mémoire de l'autre pôle.

Vous avez ainsi perdu en grande partie la moitié de vous-même. Si vous êtes un Homme, parmi les éléments que le masculin en vous à plus ou moins perdu, il y a par exemple la force magique de la foi, l'intuition, le bien-être, le sens de la nourriture et de resourcement, l'aptitude à exprimer vos émotions, la joie surtout, l'intelligence relationnelle, la création et la gestion des formes, l'harmonie, le sens de l'équilibre, la sérénité, le sens du temps, la dévotion, l'amour inconditionnel et le don de la transformation. Si vous êtes une Femme, parmi les éléments que le féminin en vous à plus ou moins perdu, il y a par exemple la volonté, la conscience, le courage qui surmonte toute peur, la capacité à faire, la force de frappe, la combativité, l'efficacité, l'autorité, l'optimisme, la conscience de l'espace, la générosité, l'intelligence technologique, la capacité à gérer l'inconnu et le pouvoir de libérer. Enfin, troisième conséquence, le demi-être humain que vous êtes devenu, c'est-à-dire une âme humaine composée d'un ensemble de forces, s'est fragmentée en plein de petits « morceaux » où chaque force ou morceau a alors tendance à s'exprimer plus ou moins indépendamment de votre volonté consciente.

Le demi-être humain fragmenté que vous êtes devenu s'est ensuite uni à un animal, à un mammifère, grâce auquel vous pouvez vivre dans ce monde de la matière. Ce processus de séparation entre votre conscience et l'étincelle de lumière divine issue de la Source de toute vie, de scission en deux, en un pôle masculin et un pôle féminin, de fragmentation en plein de sous-personnalités plus ou moins autonomes et d'union avec un animal terrestre se nomme « la chute dans la matière ». Qui dit chute dit nécessité de se relever et de retourner là d'où vous venez. Cela se nomme « le chemin du retour ».

B) Le concept du chemin du retour.

Votre objectif suprême est ainsi d'effectuer le chemin du retour et de retrouver Dieu, c'est-à-dire cette étincelle de lumière divine, en vous réunissant à nouveau avec elle, afin de rayonner à nouveau, comme un soleil, dans la lumière éternelle et afin de ne faire plus qu'un avec « La Source originelle de toute vie » qui est la créatrice de cette étincelle divine. Atteindre cet objectif implique un déplacement de votre conscience jusqu'au centre de vous-même afin de la placer dans votre corps spirituel. Votre corps spirituel est comme une forme lumineuse d'amour et de feu vivant capable de se déplacer dans l'espace temps. Cette étincelle de lumière divine est parfois nommé « JE SUIS » et une autre façon de décrire le but suprême est de dire qu'il s'agit de devenir ce « JE SUIS ».

Vous retrouverez Dieu quand une étincelle spirituelle, qui se déplace comme le long d'un rayon, en provenance de la « Source de toute vie », parce qu'elle est transportée par différents « Anges », descendra au centre de vous et rallumera, ranimera, créera et fera revivre votre corps spirituel, qui était jusqu'alors devenu comme une graine endormie, et ce en puisant dans vos propres forces.

Vous deviendrez alors, telle une fleur de lotus qui s'ouvre avec une joie immense, ou tel le filament d'une ampoule électrique qui rayonne à nouveau d'une lumière vivante et éblouissante, uni à cette étincelle spirituelle et à ce rayon, qui provient de la « Source », que vous reconnaitrez alors comme votre « Dieu rempli de vie », comme « votre Dieu Vivant », qui vous illuminera. Ainsi reconnectée à la « Source » de vie, d'énergie, de lumière et de conscience, votre conscience renaitra alors dans un nouveau corps, c'est-à-dire dans votre corps spirituel. Vous deviendrez alors une nouvelle forme de vie qui peut agir dans les mondes spirituels grâce à un nouveau corps spirituel.

Le retour à Dieu est donc une expérience intérieure qui passe par un cheminement ayant des étapes. C'est là votre but suprême.

Vous ne pouvez l'atteindre qu'à travers un certain cheminement, qu'à travers un certain entrainement, qu'à travers la compréhension des lois de la vie et qu'à travers une certaine façon de vivre votre vie.

Ce chemin du retour vers la lumière et vers l'amour nécessite que vous rassembliez les différentes parties de votre âme (VOIR LA LISTE DES FORCES D'AME EN ANNEXE), en conscience, dans votre volonté, ce que vous ne pouvez faire que si vous les avez vécu jusqu'au bout dans la vie et dans l'action. Ce chemin nécessite ensuite que vous vous réunissiez avec votre pôle complémentaire interne et enfin que vous vous reconnectiez à la « Source de toute vie » grâce à la méditation, c'est-à-dire à l'orientation de toute votre attention vers le centre de votre cœur, où se trouve l'accès à votre corps spirituel et vers l'évidence que vous êtes la conscience qui a conscience d'elle-même, la lumière qui s'éclaire par elle-même et le feu tout puissant de l'amour issu de la « Source de toute vie ». Cela implique que vous développiez votre conscience, avec votre être tout entier, des différents corps qui vous constituent en tant qu'être humain incarné ici-bas, ce qui s'effectue grâce à la méditation. Cela est expliqué au chapitre 9 du livre « Les outils et techniques de développement personnel pour thérapeutes et particuliers ».

C) Les mémoires généalogiques.

Parmi les éléments qui constituent un être humain, il y a la mémoire et il y a en fait chez l'être humain trois types de mémoires. Ces mémoires sont composées d'informations stockées quelque part, dans le cerveau, dans les os, dans le code génétique des cellules et dans la grande bibliothèque invisible consacrée au stockage des mémoires, dont l'Internet, dans le monde extérieur, est une lointaine imitation.

La première catégorie de mémoires concerne les mémoires personnelles, qui s'accumulent de la naissance, voire de la conception, jusqu'à ici-maintenant. La seconde catégorie de mémoires sont les mémoires dites familiales, héréditaires, généalogiques ou encore psychogénéalogiques. La troisième catégorie de mémoires concerne les mémoires dites « mémoires d'âme ». Ce texte traite des mémoires généalogiques. Pourquoi sont-elles importantes? Parce qu'elles agissent dans l'instant présent, comme des programmes actifs qui génèrent des instructions, des croyances, des actions et des événements. Le problème est que ces programmes sont ceux d'une ou plusieurs personnes qui sont décédées.

Une personne qui est branchée sur ses programmes généalogiques ne vit donc pas sa vraie vie mais un morceau de vie de l'un ou l'autre de ces ancêtres. Parfois cela est très positif et permet par exemple d'exercer une profession ou une activité que l'on sait faire sans l'avoir vraiment apprise.

Dans tous les cas, une partie de ces mémoires est nécessaire à la survie individuelle et à la survie de l'espèce. Mais souvent, ces programmes sont des fardeaux, des « casseroles » et des éléments perturbateurs générateurs de déséquilibres et de souffrances. Le travail de développement personnel consiste donc à les identifier puis à effectuer des actions pour rendre, avec amour et respect, à ses ancêtres, ce qui leur appartient. Ce travail se fait auprès d'un(e) thérapeute nommé psychogénéalogiste et lors d'une mise en scène, où, comme lors d'une pièce de théâtre, l'on met en scène les membres d'une famille à partir d'une problématique définie par le thérapeute et la personne concernée.

Cette mise en scène se nomme constellation familiale, à l'image d'une constellation d'étoiles dans le ciel, sauf qu'ici il s'agit du ciel intérieur. Afin d'identifier et de cartographier ces mémoires, l'on considère que chaque être humain est comme une feuille pleine de vie. Derrière la feuille il y a deux petites branches qui sont les parents, puis quatre branches plus grosses qui sont les grands-parents maternels et paternel, puis huit branches représentant les huit arrières grands parents et derrière tout cela un arbre.

C'est comme s'il y avait un arbre, c'est-à-dire tout une lignée d'ancêtres grâce auxquelles nous somme là. D'où le concept d'arbre généalogique. Quand on écrit dans des cases les noms des parents, puis ceux des grands-parents, puis des arrières grands-parents et ainsi de suite, l'on peut donc créer un schéma en forme d'arbre. Les mémoires ancestrales ou généalogiques agissent sur vous à chaque instant sans que vous vous en rendiez compte. Elles ont un impact direct sur de nombreux domaines de votre vie dont, bien souvent, votre orientation professionnelle, l'utilisation de vos compétences, votre vie sentimentale, votre santé et sur le choix des situations que vous créez dans votre vie.

De la même façon qu'un patrimoine génétique est transmis de génération en génération, un patrimoine psychologique constitué de mémoires, de blessures, de savoirs-faire ou de savoirs-être, de capacités, de comportements, de tendances et de programmes qui sont également transmis.

Ce patrimoine se transmet des parents aux enfants, d'inconscient à inconscient. Vous héritez donc en général d'une problématique familiale ou d'un bagage familial qui n'est pas forcément problématique, de dettes ou de dons, mais heureusement, en tant qu'individu, vous disposez d'un potentiel de nouveauté, de création, d'originalité et de votre libre arbitre.

La psychogénéalogie ou psychothérapie transgénérationelle étudie le patrimoine héréditaire psychologique transmis de génération en génération et le patrimoine de vos ancêtres qui guident vos choix dans les domaines professionnels, familiaux, financiers, relationnels ou spirituels. Ce qui fait que ce patrimoine se perpétue à travers les générations, c'est la loyauté envers sa famille, loyauté que l'on nourri le plus souvent inconsciemment mais qui est profondément ancré dans le comportement humain. La psychogénéalogie étudie donc en fait la fidélité inconsciente et la loyauté invisible qui vous relie à certains de vos ancêtres.

C'est cette loyauté qui vous incite inconsciemment à reproduire ce qu'ils ont vécu au lieu de vivre votre propre vie. Cette fidélité synonyme de reproduction peut exister dans tous les domaines, dans le domaine professionnel, dans les rapports à l'argent ou à la sexualité, ou encore dans les domaines affectifs et parentaux. L'objectif de la psychogénéalogie est de vous faire prendre conscience de ce qui est transmis et de vous en libérer. Le psychogénéalogiste est un « thérapeute de la mémoire et de « l'âme des ancêtres » qui vit en vous.

Quand une démarche généalogique est entreprise efficacement, une personne en échec professionnel ou ne trouvant pas sa place dans la société se met à réussir et trouve sa juste place, les malades guérissent de leurs maux, les membres exclus ou rejetés renouent avec leurs familles, les personnes dépendantes affectivement parviennent à vivre seules ou les célibataires à vivre en couple sans déchirement ni abandon.

La psychogénéalogie vous permet ainsi de prendre conscience de ce qui en vous est « déterminisme » puis d'utiliser votre libre arbitre afin d'identifier et de situer vos loyautés et afin de devenir souverain de votre vie. La libération de vos mémoires psychogénéalogiques vous aide à dépasser vos obstacles et à vous tenir debout parce que vous vivez votre propre vie. Votre âme peut ainsi s'épanouir librement et créér sa propre vie.

Tout phénomène de dépression indique toujours l'identification avec une mémoire généalogique, avec un fantôme, de même que le tabagisme et l'alcoolisme qui sont une tentative d'anesthésier une mémoire généalogique douloureuse qui demande à être gérée. Si vous n'êtes pas différentié de votre famille, vous revivez dans vos relations de couple et de travail les situations affectives premières que votre famille d'origine avait instaurées. L'émotion alors déborde l'intellect, ce qui se traduit parfois par des comportements impulsifs irrationnels et irresponsables. Vos relations avec le monde sont presque totalement projectives.

L'indifférenciation peut parfois générer à des maladies physiques, des perturbations émotives, des problèmes de travail, de relations sociales ou de couple. Si votre niveau de conscience est bas, vous avez tendance à penser que les difficultés que vous rencontrez arrivent par malchance de l'extérieur et que vous-êtes la victime innocente de la malchance ou de concours de circonstances désagréables. Tant que votre vie est basée sur des mémoires généalogiques, vous ne vivez pas encore votre propre vie et souvent vous souffrez. Tant que vous souffrez ou que vous faîtes souffrir les autres, vous êtes dans une illusion qui vient de la généalogie. Le travail permettant de vous libérer de vos mémoires généalogiques s'effectue avec un spécialiste nommé psychogénéalogiste.

Une des missions du psychogénéalogiste consiste à mettre en lumière les répétitions entre vous et vos ancêtres dans tous les domaines. Vous pouvez alors trouver une date de naissance proche, un événement presque identique survenu au même âge, un lien avec une personne portant le même prénom, le fait d'habiter une même ville, d'aimer les mêmes choses, de faire le même métier et parfois d'avoir la même vie. Vous recherchez des liens entre les événements, les comportements, les dates, les âges et les situations. L'existence de ces répétitions indique un lien et une identification avec des ancêtres.

Vous jouez le rôle d'un autre sans vous en rendre compte. Presque chaque fois que vous souffrez sur le plan corporel, économique ou affectif, chaque fois que vous ratez par exemple votre couple ou votre travail, c'est pour obéir à votre arbre généalogique, pour être loyal vis à vis de ceux qui vous ont précédés et pour légitimer la souffrance de votre famille.

Vous commencez à guérir de votre arbre généalogique quand vous voyez les membres de votre famille originelle comme des personnages tragi-comiques, comme des personnages de roman. Ces personnages caricaturaux sont les membres de votre famille qui ne se sont pas réalisés. Ils sont figés comme des caricatures, comme des exagérations. Quand vous n'avez pas travaillé sur vous, vous avez tendance à croire que ces exagérations sont normales. Vous ne percevez pas leur caractère dangereux car vous vous définissez inconsciemment par rapport à vos ancêtres et vous êtes en quelque sorte possédé(e) par eux. Le travail sur la généalogie vise à opérer une véritable transmutation, c'est à dire à œuvrer pour vous dégager de programmations à la fois psychologiques, psychiques et même génétiques.

Si vous avez un niveau de conscience intermédiaire, vous vous rendez alors compte que les difficultés que vous rencontrez proviennent de projections de complexes de croyances et de programmes que vous portez en vous et qui ont pris naissance dans votre milieu familial. Si vous avez un niveau de conscience plus évolué, vous identifiez clairement la plupart des situations que vous rencontrez comme étant des projections des zones obscures et encore secrètes de votre inconscient familial. Plus vous progressez et plus cela peut parfois être douloureux parce que vous êtes alors confronté à des visions difficiles de tous les travers de l'humanité comme l'absence d'amour, la possession, l'abandon et des blessures.

Vous vous rendez compte que quand vous étiez enfant, vous perceviez tout cela mais vous ne pouviez pas les intégrer. Vous avez donc mis en place un écran vous permettant de remettre la gestion de tout ça à plus tard et d'enfermer ces mémoires en lieu sur. Au fur et à mesure que vous avancez dans la vie, soit vous répétez les programmes généalogiques, soit vous vous rendez compte que vous êtes manipulé par un scénario écrit d'avance et vous apprenez alors petit à petit à vivre par vous-même, à vivre votre propre vie.

D) Les mémoires d'âmes aussi appelées mémoires de vies passées.

L'âme est constituée d'un ensemble de « Forces Vivantes », pleines de vie et d'énergie, chacune ayant sa nature propre et sa volonté propre orientée dans une direction spécifique.

L'âme est parfois décrite, pour en avoir une représentation imagée approximative, comme un banc de poissons lumineux où comme un nuage de feux-follets doté de « magie ». Elle s'exprime sous le mode du rythme et du cycle mais aussi à travers le son, le langage symbolique ou imagé et à travers le sens du sacré. Elle est nourrie à la fois par la Vie, par le travail, par l'action consciente, par certaines musiques et par la méditation. Les contraintes extérieures sont très perturbantes pour l'âme. Une bonne santé du corps physique et une vie active sont nécessaires au bien-être et à la croissance de l'âme. Le silence, la méditation et l'amour sont nécessaire à son épanouissement. Le monde de l'âme est accessible grâce aux forces de l'âme dont notre Etre éternel est constitué. Le corps de l'âme est constitué entre autres des qualités psychologiques en lien avec le signe astrologique. L'âme ainsi que le monde de l'âme sont parfois aussi appelé Le « Fils ».

Une force d'âme veut aller au bout d'elle-même, être prise en charge par l'esprit et surtout réaliser ce pour quoi elle « a été programmée » ou ce pour quoi elle est faîte, afin d'être assimilée à soi, au centre de soi. On peut par exemple ressentir son âme comme une fontaine enchantée d'où jailli un petit ruisseau ou comme une mélodie lointaine pleine de joie et qui procure un sentiment d'élévation quand l'on va se promener dans un lieu silencieux tôt le matin avant le lever du Soleil ou tard le soir. Il est ainsi très bénéfique d'apprendre à distinguer les différentes vibrations de son âme.

L'astrologie et la numérologie peuvent être des outils et des supports pour prendre conscience de la structure de votre âme ou de votre plan d'âme, pour apprendre à vous connaitre et pour gérer les différentes facettes de votre âme. Parmi les forces de votre âme, il y a par exemple votre sensibilité, votre intuition, votre inspiration, vos aspirations religieuses, votre foi et sa magie, votre joie, vos qualités psychologiques comme votre courage, votre confiance, votre autorité, votre enthousiasme, votre optimisme, votre sens de l'organisation, votre lucidité ou votre capacité à enchanter.

Votre âme est cette partie de vous qui vous connait dans votre intégralité. Elle a conscience d'où vous venez, de qui vous êtes réellement, de votre mission de vie, de vos rêves et de votre juste chemin d'évolution. C'est elle qui vous porte, qui nourri votre motivation et votre enthousiasme, qui vous permet de prendre conscience du sacré, qui vous fait avancer et qui vous incite à exprimer le meilleur de qui vous êtes. Elle se manifeste à travers l'inspiration, l'intuition et par une présence joyeuse, silencieuse et tranquille. Il est donc nécessaire de taire le vacarme du mental pour l'entendre.

Parmi les éléments qui font partie de l'âme, il y a les mémoires. En développement personnel, le travail sur « le corps des mémoires » est une étape importante. Ce corps est composé de trois niveaux, les mémoires personnelles qui proviennent des expériences entre le moment de la conception et ici maintenant, les mémoires généalogiques ou familiales qui proviennent de souvenirs et d'expériences vécues par des membres de sa famille depuis un certain nombre de générations et enfin des mémoires d'âmes ou de vies passées.

Qu'est ce que sont les « mémoires d'âme ou de vie passées » ? Les forces de l'âme sont les matières premières créées par « La Source Créatrice » pour engendrer des êtres humains. Elles vont ensuite dans les mondes de l'âme et sont utilisées pour engendrer des êtres humains quand elles se rassemblent autour de corps spirituels humains.

Quand un être humain se sépare, se déconnecte et s'arrache à sa « Source Créatrice », il se scinde en deux, en un pôle masculin et un pôle féminin. Puis chaque pôle se fragmente en différents morceaux. Les forces d'âmes sont alors dissociées de la conscience, du corps spirituel et tendent à vivre leur vie de façon autonome jusqu'à ce qu'elle soit réunifiées à soi. Une force d'âme qui n'est pas réunifié à soi retourne, quand l'être humain perd son corps physique, dans le monde de l'âme où elle est recyclée dans un autre être humain.

Dans la zone des mémoires, il y a des programmes, c'est-à-dire des codes d'informations qui sont des instructions, qui fonctionnent de façon plus où moins consciente. Ils fonctionnent alors de façon répétitive, circulaire, en boucle, comme un disque qui tourne sans s'arrêter, créant et nourrissant des habitudes et des schémas répétitifs. L'un des travaux essentiels en développement personnel est de prendre conscience de ce qu'il y a dans ces mémoires puis d'entreprendre un travail de purification, d'abandonner ce qui n'est plus nécessaire ou ce qui n'est plus harmonieux puis de créer de nouveaux programmes et de nouveaux souvenirs. Cela permet de générer des changements dans son intérieur et ainsi de créer les bases d'une vie nouvelle.

Chaque être humain porte ainsi des forces d'âme qui ont vécues dans d'autres personnes et qui ont donc une « histoire ». Quand une personne est « identifiée » à son âme, quand elle ne fait qu'un avec une force d'âme spécifique, elle peut alors retrouver des souvenirs du ou des porteurs précédents et croire que c'est elle-même en tant que personne qui a vécue ces expériences. Les mémoires d'âme sont ainsi les souvenirs associées à la vie d'une force d'âme qui a vécue dans différentes personnes depuis sa création dans l'Esprit. En astrologie, les mémoires d'âme sont associées à la maison 8 et à la maison 12 ainsi qu'aux planètes Neptune et Pluton. Pour prendre conscience de vos mémoires d'âme, il y a une séance de coaching spécifique basé sur le rêve éveillé, qui est décrite dans le livre « Les outils et techniques de développement personnel pour thérapeutes et particuliers».

Qu'est ce qu'un thème astral d'un point de vue karmique ?

Le thème astral décrit la façon dont votre âme s'est fragmentée au moment de votre incarnation et il décrit la façon dont vous pouvez à nouveau vous rassembler, rééquilibrer votre masculin et votre féminin puis vous reconnecter à la « Source de toute vie ». Les différents éléments du thème doivent donc être vécus puis intégrés en donnant à chaque élément sa meilleure forme possible.

Quels sont les éléments particulièrement « karmiques » d'un thème astral ?

L'ensemble du thème astral est « karmique » dans le sens où un travail doit être effectué, soit pour rééquilibrer quelque chose qui au départ ne l'est pas, soit pour incarner chaque partie du thème qui demande à être vécue. Le premier élément karmique est votre signe ascendant et votre signe descendant qui se trouve en face du signe ascendant. Incarner ces deux signes de façon harmonieuse est la base pour vous libérer de votre « karma ». L'axe milieu du ciel/fond du ciel décrit ensuite le « chemin de vie ». Il est important de le prendre en compte dans une analyse karmique. Après, tout aspect dissonant est karmique car il renvoi à un défi que vous devez relever en exprimant votre aspect sous une forme adéquate. Vous avez trois livres sur les aspects astrologiques qui sont disponibles sur mon site et sur internet. Toute planète en maison 12, dans le signe des poissons ou en aspect avec Neptune est fortement impactée par des mémoires généalogiques ou par des mémoires d'âme aussi appelées mémoires de vies passées. Il est donc judicieux de les prendre en compte. Vous avez des textes d'interprétation sur les planètes en signes et en secteur dans mon livre sur le sujet. Les aspects à Neptune sont traités dans les trois livres sur les aspects.

Les autres éléments dits karmiques sont essentiellement les Nœuds Lunaires, la Lune Noire, la Part de Fortune et les planètes rétrogrades. Nous allons examiner ces éléments dans ce livre. Vous pouvez également prendre en compte le trio Mi-point Saturne-Uranus, Uranus Saturne et Chiron, le mode vibratoire de Saturne et le décan de chaque planète. Cela sera évoqué à la fin du livre.

La gestion d'une planète dite affligée.

Nous avons vu qu'une planète est une forme de vie ou une fonction psychologique. Nous avons vu que chaque planète à un rôle à jouer et qu'elle a des besoins qui demandent à être satisfaits. Affligée signifie ici déséquilibrée. Une planète affligée a tendance à s'exprimer soit de façon excessive, soit de façon insuffisante ou encore au mauvais moment et au mauvais endroit. Une image négative de la planète, c'est-à-dire une fiction et des croyances que la planète va systématiquement s'exprimer de façon perturbatrice tend à nourrir le déséquilibre jusqu'à ce qu'un travail sur soi ai été entrepris. Une personne qui nourrit ses déséquilibre se créé alors un karma déséquilibré en créant des conséquences déséquilibrées. Il en résulte que les besoins de la planète tendent à ne pas être naturellement satisfaits, générant un manque et une frustration.

Améliorer et transformer son « karma » implique alors de passer d'une expression déséquilibrée et inconscience d'une planète affligée à une expression hyper-consciente et dynamique de la dite planète. Cela passe par la capacité à trouver puis à mettre en pratique, avec une certaine discipline, les ressources nécessaires (qualité d'une planète dans un signe où elle peut s'exprimer harmonieusement, qualités des signes solaires, lunaires, vénusiens, martiens et jupitériens et aspects harmoniques).

Une planète tend à être affligée quand :

1-Elle se trouve dans un signe dont l'état d'esprit et les besoins rendent difficile son expression naturelle. La planète est dite en chute ou en exil (voir système des maîtrises).
2- Elle est rétrograde. Elle est alors intériorisée et associée à des contenus de l'inconscient.
3- Elle est en relation conflictuelle (carrés/oppositions, certains quinconces) avec une ou plusieurs planètes.

LES SIGNES ASCENDANTS ET DESCENDANTS

Le jour de votre naissance, le Soleil s'est levé au-dessus de l'horizon tôt le matin. Ensuite, il se déplace dans le ciel. Au moment précis où vous êtes né(e), il était donc quelque part dans le ciel. Cette position du Soleil, au moment exact de votre naissance, par rapport à sa position lorsqu'il s'est levé au-dessus de l'horizon à l'aube, se nomme l'Ascendant. L'ascendant est donc un deuxième Soleil, situé dans un espace temps différent du Soleil natal se levant au-dessus de l'horizon à l'aube. Si vous êtes né(e) en même temps que le Soleil, votre signe ascendant est le même que votre signe astral dit signe solaire, puis l'ascendant se décale d'un signe toutes les deux heures. Psychologiquement, il correspond à votre façon de vous exprimer dans la matière et d'exercer un ascendant sur le monde alors que le Soleil correspond plus à un état d'Etre.

Le Descendant est aussi un deuxième Soleil qui est situé en face de l'Ascendant. Psychologiquement, il correspond à votre façon d'entrer en relation avec autrui, de créer des liens et de participer à la civilisation. Il révèle ce que vous attirez et ce par quoi vous vous sentez attiré. Il est enfin essentiel de prendre en compte la planète maîtresse de l'ascendant mais aussi celle du descendant, c'est-à-dire d'interpréter sa position en signe et en secteur.

ASCENDANT BELIER ET DESCENDANT BALANCE :

Vous avez tendance à vous affirmez, à exercer un ascendant sur autrui, à acquérir un sentiment d'identité, à développer la sensation de vivre, d'exister et d'être incarné à travers l'action sur le terrain, le combat, la conquête et l'esprit d'entreprise. Vous êtes venu sur terre pour agir, pour vivre dans l'instant présent et pour croquer la vie à pleines dents. Vous disposez de toute l'énergie nécessaire et avez confiance en vous. Vous êtes naturellement capable de faire preuve d'enthousiasme, d'audace, d'esprit d'entreprise et de courage. Vous réagissez rapidement à toute sollicitation et à tout nouveau défi mais sans avoir toujours conscience des conséquences de vos actions. Vous aimez surtout la nouveauté et démarrer un nouveau projet. Vous vous impatientez si les choses durent trop longtemps. Votre franchise naturelle vous incite à dire tout haut ce que vous pensez et ce que vous ressentez, même si cela bouscule votre entourage. Vous avez aussi l'art de simplifier les choses avec des formules chocs.

Vous avez toujours besoin d'action et vous savez le plus souvent très clairement ce que vous voulez faire. Vous parvenez à vos fins grâce à votre dynamisme, à votre sens de l'initiative, à votre hardiesse, à votre sens de l'improvisation, à votre capacité à renverser les obstacles et aux moyens que vous vous donnez. Vous jouez facilement un rôle de leader et de chef grâce à votre capacité à donner l'exemple et à obtenir des résultats.

Votre sens de l'entreprise et votre indépendance peuvent vous incliner vers les professions libérales, vers le monde de l'entreprise, vers les activités à risques et vers le sport. Vous recherchez souvent des activités comportant des situations toujours nouvelles et une certaine dépense physique. Votre vie tend à être riche en événements. Elle est souvent parsemée de luttes, de défis, de changements de situations et d'occasions nouvelles de vous affirmer. C'est en mettant votre esprit d'entreprise et votre efficacité sur le terrain au service de la vie que vous donnez le meilleur de vous-même.

Le signe et le secteur où se trouve la planète qui gouverne votre signe ascendant apportent des précisions essentielles.

Votre descendant est dans le signe de la BALANCE : Lorsque vous entrez en relation avec autrui, vous avez besoin d'harmonie, d'équilibre, de créer des liens, d'être touché par la beauté de l'autre, de complicité et de bonheur, d'ordre et de justice. Vous avez besoin d'attirer, de plaire et de séduire, de prendre en compte les besoins et les attentes de l'autre. Aussi vous sentez-vous d'autant plus attiré(e) que l'autre vous équilibre, vous touche par sa beauté, sa douceur, sa gentillesse et son intelligence relationnelle.

Tout en ayant besoin de faire ce que vous avez à faire, vous avez besoin d'une vie relationnelle riche et variée. Et si vous vous comportez parfois comme un barbare quand vous êtes dans l'action, vous pouvez aussi manifester une sensibilité fine, raffinée et charmante quand vous le voulez. Le risque d'un descendant en Balance est de tout le temps vouloir être une personne parfaite au lieu de juste faire de votre mieux, de vivre dans une dépendance aux besoins et aux attentes de l'autre et d'avoir des difficultés à aller au-delà des apparences.

ASCENDANT TAUREAU ET DESCENDANT SCORPION :

Vous avez tendance à vous affirmez, à exercer un ascendant sur autrui, à acquérir un sentiment d'identité, à développer la sensation de vivre, d'exister et d'être incarné par l'utilisation de vos sens, de votre sens artistique, esthétique et relationnel, en vous incarnant dans la matière, en gérant des ressources, des objets ou des biens ayant une valeur marchande, en faisant fructifier un patrimoine et en recherchant le lien avec autrui, le plaisir, le bien-être, la joie et le bonheur.

Tout investissement d'énergie, de ressources ou d'argent doit si possible être rentable. Vous êtes pragmatique et réaliste, prudent et d'un naturel sceptique et un peu méfiant. Vous mettez donc un certain temps avant de créer des liens mais vous savez ensuite nourrir et faire durer la relation. Vous êtes attaché à vos racines et m'aimez guère le changement. Vous aimez la stabilité et vous avez une tendance naturelle à résister à toute nouvelle sollicitation et à toute nouveauté. Votre besoin d'harmonie vous incite aussi et à tempérer les élans, l'enthousiasme et les excès d'autrui.
Vous avez une certaine puissance de travail et même si vous êtes assez lent, vous être une personne productive et vous avez le sens du long terme.

Le choix de votre profession tend à se faire lentement après une certaine réflexion. Parce que vous avez besoin de stabilité, vous êtes plutôt du genre à rester dans une même branche d'activité et à gravir les échelons lentement grâce à votre puissance de travail, à votre capacité à aller jusqu'au bout de vos objectifs, à votre régularité et votre précision et à votre capacité à bien vous entendre avec votre entourage professionnel. Vous recherchez des expériences concrètes, une situation solide et vous avez besoin d'une sécurité matérielle. Vous marchez assez facilement à la carotte dans le sens où l'argent est souvent pour vous une motivation importante. Si vous êtes souvent doué pour les activités touchant à l'art, l'accueil, à la gestion et la rentabilisation, à la création de formes et à la production, vous l'êtes par contre moins pour ce qui demande souplesse, improvisation, nouveauté, adaptation à des conditions nouvelles et pour tout ce qui est recyclage.

Vous êtes par contre un collaborateur sûr, utile et fidèle. Le choix d'une activité est important car s'il vous faut du temps pour vous lancer, vous faites difficilement marche arrière. C'est en mettant votre aptitude à gérer la matière et l'argent au service de la vie, à faire fructifier vos biens et vos relations et à apporter plaisir, beauté, joie et bonheur autour de vous que vous donnerez le meilleur de vous-même. Le signe et le secteur où se trouve la planète qui gouverne votre signe ascendant apportent des précisions essentielles.

Votre descendant est dans le signe du SCORPION : Lorsque vous entrez en relation avec autrui, vous avez besoin d'émotions fortes, de passion, d'authenticité, de vérité, d'éternité et d'être transformé(e. Vous avez besoin de voir derrière les apparences, d'initiation et de développement spirituel. Aussi vous sentez-vous d'autant plus attiré(e) que l'autre vous fait vibrer, qu'il vous apporte des révélations, vous envoûte et vous transforme. Tout en ayant besoin de vous incarner dans la matière, de stabilité et de gérer votre capital, votre richesse, vous avez aussi besoin d'expériences initiatiques et de développer une relation avec l'au-delà. Et si vous vous comportez parfois comme une personne très matérialiste quand vous êtes dans l'action, vous pouvez aussi manifester une intuition, une clairvoyance et une grande profondeur quand vous le voulez. Le risque d'un descendant en Scorpion est d'être dans l'excès, de vouloir toujours dominer ou être dominé(e) par l'autre et de nourrir des conflits, des rapports de force, des relations blessantes avec des personnes blessées et des crises.

ASCENDANT GEMEAUX ET DESCENDANT SAGITTAIRE :

Vous avez tendance à vous affirmez, à exercer un ascendant sur autrui, à acquérir un sentiment d'identité, à développer la sensation de vivre, d'exister et d'être incarné en exprimant votre curiosité et votre besoin de communiquer, en étant toujours en mouvement, en apprenant chaque jour des choses nouvelles et en vous adaptant à votre environnement.

Vous êtes naturellement aimable, sociable et ouvert d'esprit. Tout vous intéresse et capte votre attention ou presque, ce qui vous incite parfois à vous disperser dans des activités que d'autres personnes trouveraient inutiles. Vous répondez qu'il y a toujours des choses à apprendre et à découvrir et que chaque nouvelle piste peut déboucher sur une perspective inédite. Il est cependant important pour vous de bien définir vos objectifs et de hiérarchiser vos priorités.

Votre vie est souvent faîte d'expériences multiples et variées, avec des changements de profession ou l'exercice de deux professions à la foi, l'une principale et l'autre secondaire.

Vous réussirez grâce à votre sens de l'adaptation, votre vivacité intellectuelle, votre sens psychologique, votre ingéniosité, vos capacités d'improvisation, votre débrouillardise, vos talents oratoires ou votre sens commercial.

Spécialiste du système D, vous savez tirer partie de toute situation, vous faire aider par votre entourage et obtenir de bons résultats avec un minimum d'efforts, instaurer le dialogue dans votre milieu, coordonner les compétences de chacun pour atteindre un objectif commun, trouver des solutions astucieuses aux problèmes qui peuvent se présenter et devenir un centre dans votre environnement. Vous n'êtes par contre pas très résistant et pouvez avoir des difficultés à fournir longtemps un effort intense.

Votre besoin de changement perpétuel, de petits déplacements, de communiquer et brasser des informations vous prédispose aux métiers en rapport avec le commerce et l'information. Votre sens inné des contacts vous permet de vous entendre avec votre entourage professionnel et de vous adapter au travail de groupe. Si vous ne pouvez pas satisfaire votre besoin de mobilité et de variété dans votre travail, vous vous arrangerez pour changer souvent de région, de service, d'activité ou de satisfaire ce besoin dans votre vie privé. C'est en mettant votre sens de la communication et de l'humour, vos capacités d'adaptation et votre intelligence au service de la vie que vous donnerez le meilleur de vous-même.

Le signe et le secteur où se trouve la planète qui gouverne votre signe ascendant apportent des précisions essentielles.

Votre descendant est dans le signe du SAGITTAIRE : Lorsque vous entrez en relation avec autrui, vous avez besoin d'espace vital, de prendre votre place, de parcourir le monde, d'élargir vos horizons, d'aventure et de passion, de recevoir un enseignement, d'avoir confiance, d'exprimer votre générosité et votre bienveillance, de philosophie, d'épanouissement, de donner des conseils, d'être un médecin du corps et de l'âme, de définir des règles et parfois de faire la loi.

Aussi vous sentez vous d'autant plus attiré(e) que l'autre vous aide à vous intégrer socialement, à élargir vos horizons, à vous apporter des enseignements, qu'il vous fait découvrir le monde et qu'il vous rasure par son autorité et sa bienveillance. Tout en ayant besoin de vous adapter à votre environnement, d'écouter et d'être écouté, de communiquer et d'échanger, vous avez aussi besoin d'avoir des horizons plus vastes et d'avoir votre espace dans la relation.

Et si vous vous comportez parfois comme une personne très joueuse et espiègle, intelligente et tactique quand vous êtes dans l'action, vous pouvez aussi manifester une envergure, une chaleur humaine, une générosité et une grande maturité quand vous le voulez. Le risque d'un descendant en Sagittaire est que vous-même, l'autre, la relation ou le « système » avec ces trop nombreuses règles prenne trop de place au point de vous étouffer.

ASCENDANT CRABE ET DESCENDANT CAPRICORNE :

Vous avez tendance à vous affirmez, à exercer un ascendant sur autrui, à acquérir un sentiment d'identité, à développer la sensation de vivre, d'exister et d'être incarné à travers l'émotion, la création d'une famille, la capacité à vous ressourcer, à nourrir et ressourcer, à assurer une continuité de la vie, ou à travers un contact avec des enfants ou un public.

D'une nature sensible et impressionnable, vous ressentez fortement tout ce qui se passe dans votre environnement et l'ambiance du lieu où vous vous trouvez au point d'être capable de vous en imprégner et de la refléter. Vous êtes fortement relié à votre mémoire et à vos racines familiales mais aussi à votre enfant intérieur. Vous avez conscience que le présent est en partie déterminé par le passé et par l'histoire. Doté d'une imagination toujours active, de beaucoup d'émotions, d'un sens du rythme, d'un certain gout pour la musique et d'une capacité à être inspiré(e), vous aimez créer ou raconter des histoires qui font rêver et qui génèrent du bien-être.

Vous avez fortement besoin de bien-être et de pouvoir vous réfugier dans un lieu où dans un monde qui vous est familier, où vous avez vos habitudes. Un côté sympathique et intimiste vous permet d'apporter de la fluidité et de la cohésion dans ce que vous faîtes. Votre famille et votre milieu natal peuvent jouer, d'une manière ou d'une autre, un rôle important dans votre vie. Vous avez plutôt tendance à vous laissez porter par les événements et par la vie qu'à vouloir modeler le monde à votre façon et vous préférez suivre que diriger.

Votre vie peut être un long fleuve tranquille où être plutôt instable, bohème, vagabonde, errante et quelque peu en marge du monde extérieur. Vous avez des facilités pour le travail en équipe ou en famille, pour tout ce qui touche aux rapports avec le public et avec les enfants, pour les activités en rapport avec l'image, pour les activités permettant d'assurer une continuité de la vie et qui sont synonyme de valeurs refuges (alimentation, musique, contes, folklore et dessin).

Vous pouvez aider autrui à découvrir leurs émotions et leur sensibilité de l'âme parce que vous êtes très à l'aise avec le monde de l'émotion, ou les aider à construire un foyer, une famille, une patrie. Vous avez souvent besoin d'être stimulé et encadré pour aller de l'avant et n'êtes pas fait pour des activités comportant des risques ou nécessitant des efforts pénibles et prolongés. Vous avez également besoin de sympathie et d'une certaine intimité dans votre milieu professionnel. C'est en mettant votre aptitude à nourrir, à materner, à protéger et à perpétuer la vie, en créant des liens émotionnels, du bien-être et des ambiances intimes que vous donnez le meilleur de vous-même.

Le signe et le secteur où se trouve la planète qui gouverne votre signe ascendant apportent des précisions essentielles.

Votre descendant est dans le signe du CAPRICORNE : Lorsque vous entrez en relation ave autrui, vous avez besoin de vérité et de profondeur, d'organisation et d'ordre, de construction et de solidité, de confiance et de sérénité. Aussi vous sentez-vous d'autant plus attiré(e) que l'autre vous aide à vous construire et vous structurer, à vous connaître en profondeur, à vous sécuriser, à vous faire grandir, à vous apporter calme et sérénité.

Tout en ayant besoin de bien-être, d'émotions et de relations intimes, de vie et de vie privée, vous avez aussi besoin de moments de solitude et d'assumer vos responsabilités à travers une carrière qui vous sécurise. Et si vous vous comportez parfois comme une personne naturelle, sympathique, enfantine, émotive et imaginative quand vous êtes dans l'action, vous pouvez aussi manifester un détachement, une profondeur et une grande maturité quand vous le voulez. Le risque d'un descendant Capricorne est de rester enfermé dans des peurs, dans un repli sur soi et dans une timidité, ou d'être dur et trop exigent avec l'autre.

ASCENDANT LION ET DESCENDANT VERSEAU :

Vous avez tendance à vous affirmez, à exercer un ascendant sur autrui, à acquérir un sentiment d'identité, à développer la sensation de vivre, d'exister et d'être incarné à travers l'expression de votre volonté, de vos capacités créatrices et de vos talents pour diriger et manager. Vous disposez d'une puissante volonté et d'un certain pouvoir de persuasion. Ils vous permettent d'atteindre vos objectifs et de donner de vous la meilleure image possible. Quand on vous caresse dans le sens du poil, vous êtes une personne très généreuse. Vous êtes attaché à votre image et à un certain panache.

Vous faîtes ainsi toujours le maximum pour montrer que vous êtes la personne idéale pour maîtriser la situation et que vous êtes à la hauteur de ce que l'on attend de vous. Et la puissance que vous êtes capable d'exprimer vous permet très souvent d'obtenir d'excellents résultats.

Vous êtes pourtant très sensible à tout rapport de force et n'acceptez pas facilement que l'on dirige votre vie ou que l'on vous donne des ordres. Vous sortez ainsi vos griffes lorsque vous perdez la face, lorsqu'on vous contredit, lorsque quelqu'un commet une erreur où quand vous vous trouvez en situation d'échec. Par contre vous aimez souvent dirigez les autres.

Vous savez en général très tôt ce que vous voulez faire et parvenez le plus souvent à réaliser vos ambitions grâce à votre puissante volonté et vos nombreuses aptitudes parmi lesquelles on trouve votre sens de l'organisation et des responsabilités, la persévérance, votre sens des objectifs et vos dons de commandements, votre vision synthétique et votre intégrité, votre pouvoir personnel et votre rayonnement etc. Votre capacité d'engagement et votre dynamisme vous permettent le plus souvent d'atteindre une réussite honorable.

La créativité et les créations sont l'un de vos moyens pour affirmer votre identité. Vous vous arrangez en général pour régner et pour obtenir un poste à responsabilité reconnu et bien rémunéré afin d'être à l'aise matériellement et socialement. Vous êtes souvent dépensier et avez besoin d'avoir un certain niveau de vie. Vous pouvez être attiré par les postes à responsabilités, par l'art et le spectacle, par la haute couture et par les professions libérales vous permettant d'avoir pignon sur rue. C'est en devenant un centre rayonnant, en véhiculant des valeurs, en utilisant des objectifs, en effectuant des prises de consciences, en exprimant l'Amour, en utilisant votre volonté, votre sens de l'engagement et votre créativité que vous donnerez le meilleur de vous-même.

Le signe et le secteur où se trouve la planète qui gouverne votre signe ascendant apportent des précisions essentielles.

Votre descendant est dans le signe du VERSEAU : Lorsque vous entrez en relation avec autrui, vous avez besoin de liberté et de fraternité, d'aide et de progresser, de projets et de partager des idées, de surprises et de nouveauté. Aussi vous sentez-vous d'autant plus attiré(e) que l'autre vous surprend, vous aide, vous permet d'être mieux adapté(e) à la société moderne et à ses technologies, vous fait partager son cercle d'ami(e) et vous libère psychologiquement.

Tout en ayant besoin de créer et d'affirmer votre volonté et votre autorité vous avez aussi besoin de partager avec le reste de l'humanité, souvent à travers une clientèle. Et si vous vous comportez parfois comme une personne très centrée sur elle-même quand vous êtes dans l'action, vous pouvez aussi manifester un côté angélique, très humain et doté d'une grande intelligence technologique ou psychologique quand vous le voulez. Le risque d'un descendant en Verseau est de vivre des relations virtuelles, d'être comme une mouette ou un courant d'air dans la vie d'autrui ou d'aimer toute l'humanité au détriment d'une seule personne.

ASCENDANT VIERGE ET DESCENDANT POISSONS :

Vous avez tendance à vous affirmez, à exercer un ascendant sur autrui, à acquérir un sentiment d'identité, à développer la sensation de vivre, d'exister et d'être incarné à travers l'utilisation d'outils et de techniques permettant de vous adapter au monde de la matière, à travers votre sens de l'analyse et de l'organisation des informations ou à travers des activités liées à l'hygiène, au bien-être et à la santé. Vous avez besoin de maîtriser votre environnement proche et l'univers dans lequel vous vivez. Un certain ordre et une certaine propreté doivent exister car le désordre et la saleté vous insécurisent. Vous avez donc naturellement tendance à vouloir tout organiser, contrôler et maîtriser, à tout analyser, à exprimer en permanence un sens critique et à être perfectionniste.

Vous êtes parfois une personne pudique et réservée mais quand vous vous sentez bien, vous savez faire preuve d'un sens de l'humour décapant. Et vous avez un sens aigue du détail et de la précision. Avec vous, chaque détail a son importance. Vous savez être méthodique et stratégique. Vous savez trier le bon grain de l'ivraie et purifier ce qui doit l'être. Vous savez gérer l'information. Vous êtes ainsi capable d'être très efficace dans la gestion de la matière.

Votre arsenal de capacités intellectuelles et pratiques, votre sens de l'organisation, votre réalisme pragmatique branché sur la réalité concrète, votre habileté, votre débrouillardise, votre sérieux et votre conscience professionnelle, vous permettent d'être un collaborateur particulièrement utile. Vous êtes perfectionniste et aimez le travail bien fait. Vous avez besoin de servir et de vous rendre utile au quotidien. En raison de votre discrétion, de votre modestie, de votre difficulté à vous mettre en valeur, d'une certaine crainte des risques ou des responsabilités et de sentiments d'insécurité, vous donnerez plutôt le meilleur de vous-même sous la tutelle d'une autorité supérieure, en étant encadré. Les activités de service vous conviennent donc particulièrement.

Vous avez une forte conscience des limites et préférez focaliser votre attention sur ce que vous savez faire plutôt que d'aller vers l'inconnu. Le risque chez vous est de vous limiter dans une activité et à un niveau en deçà de vos possibilités réelles, de passer à coté de l'épanouissement, de ne pas croire en vos rêves et donc de ne pas les réaliser. C'est en mettant votre sens du service, de l'humour et de la communication, votre intelligence technique et stratégique et votre aptitude à gérer les questions d'hygiène, de santé et de bien-être que vous donnerez le meilleur de vous-même. Le signe et le secteur où se trouve la planète qui gouverne votre signe ascendant apportent des précisions essentielles.

Votre descendant est dans le signe des POISSONS : Lorsque vous entrez en relation avec autrui, vous avez besoin de rêve et d'évasion, d'émotions et de compassion, de communion et de transcendance, de fusion et de totale complicité, d'avoir la foi et de spiritualité. Aussi vous sentez-vous d'autant plus attiré(e) que l'autre soulage vos souffrances ou celles du monde, qu'elle fait preuve de dévouement et d'amour inconditionnel, qu'elle vous touche, vous enchante et vous bouleverse, mais aussi qu'elle est en lien avec l'une de vos mémoires généalogiques.

Tout en ayant besoin de vous adapter au monde de la matière grâce à votre intelligence technique, vous avez aussi besoin d'exprimer vos émotions et de transcendance. Et si vous vous comportez parfois comme une personne dominée par son mental et son sens stratégique quand vous êtes dans l'action, vous pouvez aussi manifester une sensibilité, une bonté, une compassion, un dévouement et beaucoup d'amour quand vous le voulez. Le risque d'un descendant en Poissons est de vous dépersonnaliser dans une fusion avec l'autre et de vivre des relations de souffrance par répétition de schémas généalogiques non résolus.

ASCENDANT BALANCE ET DESCENDANT BELIER :

Vous avez tendance à vous affirmez, à exercer un ascendant sur autrui, à acquérir un sentiment d'identité, à développer la sensation de vivre, d'exister et d'être incarné en participant à la vie de la société dans laquelle vous évoluez, en créant des liens sociaux, associatifs ou affectifs, en exprimant votre charme, votre sens juridique, artistique ou esthétique ou en utilisant votre sens de l'équilibre et de la diplomatie, pour remettre les situations ou les gens en ordre, pour apporter harmonie et joie autour de vous.

Vos puissants besoins de paix, d'équilibre et d'harmonie, mais aussi votre grande sensibilité, votre sens de la justesse et votre gentillesse vous font fuir les situations extrêmes ou violentes et les ruptures d'équilibre.

Vous préférez vous adapter avec souplesse, agir de façon juste et trouver le bon compromis, la bonne alternative. Vous paraissez ainsi souvent comme étant une personne sereine ou d'humeur toujours égale. Vous avez également besoin de croire que vous avez toujours le choix et vous percevez souvent plusieurs options possibles, différentes alternatives. Cela vous incite à réfléchir et à peser le pour et le contre avant de vous décidez. Vous semblez ainsi parfois hésiter parce que vous voulez faire le bon choix. Mais quand votre décision est prise, vous savez trancher avec justesse et fermeté.

Vous recherchez en général une vie agréable et paisible, agrémentée par des loisirs qui tendent à jouer un rôle important dans votre vie. Une activité artistique (danse, photo, peinture, théâtre) peut souvent vous aider à vous épanouir. Vous pouvez réussir grâce à votre sens social, vos capacités d'accueil, votre bonté naturelle, votre charme et votre capacité à vous accorder aux situations. Vous bénéficiez en général d'une certaine chance et de circonstances favorables. Votre réussite professionnelle est souvent liée à vos relations ou à votre vie affective. Si l'influence de Saturne est puissante, elle se fait parfois sur le tard.

Vous vous adaptez très bien au travail d'équipe, pouvez vous épanouir au sein d'une association, savez vous entendre avec tout le monde et êtes toujours prêt à rendre service. Mais parce que vous avez besoin d'une certaine liberté d'action, vous n'aimez pas les activités trop contraignantes ou une discipline trop rigide. Vous n'êtes en général pas fait pour assumer de grosses responsabilités, pour effectuer des taches salissantes, désagréables ou nécessitant un effort physique intense.

Votre constitution physique est en effet souvent délicate. Votre existence peut parfois être dépendante des autres dans la mesure où vous avez du mal à lutter pour vous tailler la part du Lion et pour écarter les obstacles qui vous barrent la route. C'est en utilisant votre intelligence relationnelle, votre sens de l'accueil, de la justesse, de l'harmonie et de la beauté que vous donnerez le meilleur de vous-même.

Le signe et le secteur où se trouve la planète qui gouverne votre signe ascendant apportent des précisions essentielles.

Votre descendant est dans le signe du BELIER : Lorsque vous entrez en relation avec autrui, vous avez besoin de vie et d'action, de motivation et d'enthousiasme, de passion et parfois de compétition. L'autre vous percute, vous fait vibrer mais parfois aussi vous heurte et vous blesse.

Aussi vous sentez-vous d'autant plus attiré(e)s que l'autre vous permet d'être dans l'action et de développer des savoirs-faire, qu'il vous stimule, vous motive, vous encourage et vous permet de vous affirmer et d'exprimer votre force.

Tout en ayant besoin de vous intégrer dans la civilisation avec grâce et sociabilité et de créer des liens, vous avez aussi besoin de faire ce que vous avez à faire, de vous exprimer personnellement, de vous sentir vibrer et de faire vivre votre corps. Et si vous avez besoin d'harmonie et d'équilibre quand vous êtes dans l'action, vous pouvez aussi exprimer votre colère quand vous le voulez. Le risque d'un descendant en Bélier est de toujours nourrir des conflits et des rapports de force avec autrui et d'avoir peur d'être blessé(e), au point de rendre toute relation durable compliquée à mettre en place.

ASCENDANT SCORPION ET DESCENDANT TAUREAU :

Vous avez tendance à vous affirmez, à exercer un ascendant sur autrui, à acquérir un sentiment d'identité, à développer la sensation de vivre, d'exister et d'être incarné à travers votre force de travail, votre combativité, votre lucidité, votre capacité à voir derrières les apparences, votre capacité à gérer crises, affaires de sécurité, transformations et problèmes et à travers votre pouvoir personnel permettant de transformer les personnes et les situations.

Vous avez un besoin permanent de résister aux pressions extérieures et de combattre pour vous maîtriser et pour maîtriser la situation. Même si cela ne se voit pas forcément de l'extérieur, vous avez une vie intérieure intense et bouillonnante d'émotions. Vous êtes parfois attiré par les situations extrêmes, où il y a des émotions fortes et du suspens. Et vous avez de puissantes capacités de résistance et de régénération. Vous percevez naturellement ce qui ne va pas et l'origine des problèmes. Vous avez un esprit critique, ironique et parfois virulent. Ainsi qu'un redoutable sens stratégique.

La réputation que vous pouvez avoir vous laisse indifférent(e) où tout au plus vous amuse t'elle. Vous vous sentez d'autant plus motivé qu'il y a un problème à solutionner, une énigme à résoudre ou que vous vous trouvez dans une situation difficile et compliquée voire au beau milieu d'une crise. L'adversité et les difficultés vous stimulent et vous donne la sensation d'exister. Votre efficacité et votre force de frappe vous permettent ainsi parfois de générer des retournements de situation spectaculaires.

Dans la mesure où votre vie n'a de sens qu'à travers le combat, vous tendrez, suivant les cas, à recherchez la conquête du pouvoir au sein du système socioculturel ou en dehors, à recherchez des victoires sur la mort et la peur, à développer vos capacités occultes, à vous révoltez contre le monde mauvais ou à rechercher le pouvoir par l'utilisation du sexe et de l'argent. Laissant la chance aux autres, vous réussissez surtout grâce à vos propres moyens, à votre combativité, votre goût du risque et votre sens du danger, votre lucidité et votre puissance du travail, votre capacité à dominer les situations et à assumer de lourdes responsabilités.

Votre existence comporte fréquemment des rivalités, des obstacles, des luttes d'énergie dans l'astral et des crises que vous provoquez parfois vous-même de part votre caractère excessif. La mort, un décès ou un héritage peuvent jouer un rôle important dans votre vie.

Malgré votre coté fixe qui tend naturellement à résister au changement, il n'est pas impossible qu'à plusieurs reprises dans votre vie, vous fassiez rase table de tout ce qui compose votre situation pour repartir sur une voie entièrement nouvelle, ou que vous viviez des morts symboliques aboutissant à une métamorphose de votre personnalité. Suivant votre capacité à maîtriser vos instincts et votre sexualité, à exorciser vos démons où à en être la victime, suivant votre intérêt ou non pour l'invisible et le développement personnel, on vous trouvera souvent dans les assurances ou des activités en rapport avec la mort, les sinistres ou la démolition, dans les métiers touchant à la défense et à la sécurité, dans l'industrie, les métiers d'analyse, les sciences occultes ou les activités en rapport avec la sexualité ou en lien avec l'aide aux personnes en difficulté.

C'est en mettant au service de la vie votre capacité à combattre, à transformer les hommes et les situations, à gérer les crises et les difficultés et à effectuer un travail de développement spirituel que vous donnerez le meilleur de vous-même.

Le signe et le secteur où se trouve la planète qui gouverne votre signe ascendant apportent des précisions essentielles.

Votre descendant est dans le signe du TAUREAU : Lorsque vous entrez en relation avec autrui, vous avez besoin de vie, d'harmonie, de goûter, de plaisir, de joie, de bonheur et de sensations concrètes. L'autre vous touche, vous fait vibrer et vous enivre. Aussi vous sentez-vous d'autant plus attiré(e) que l'autre vous permet de vous ancrer dans la matière, de vous apporter de la joie, du plaisir et du bonheur. Tout en ayant besoin d'avoir un combat à mener et de vous transformer pour trouver votre vérité profonde, vous avez aussi besoin de paix, de douceur et de vivre heureux.

Et si vous vous comportez parfois avec une certaine agressivité quand vous êtes dans l'action, vous pouvez aussi manifester une gentillesse, une bonté et vous montrer charmant quand vous le voulez. Le risque d'un descendant en Taureau est de vivre dans une certaine dépendance aux plaisirs et à l'argent et d'avoir des difficultés à faire preuve de souplesse dans vos relations.

ASCENDANT SAGITTAIRE ET DESCENDANT GEMEAUX :

Vous avez tendance à vous affirmez, à exercer un ascendant sur autrui, à acquérir un sentiment d'identité, à développer la sensation de vivre, d'exister et d'être incarné par votre vision globale de toute situation, avec ses opportunités et ses enjeux, par votre capacité à intégrer les codes et les règles permettant de vous insérer professionnellement et d'être « dans les normes », par votre sens des affaires, par votre besoin d'occuper l'espace et de prendre votre place, par votre ouverture d'esprit et votre besoin d'élargir vos horizons, par votre besoin d'explorer de nouvelles terres ou de nouvelles philosophies et par votre besoin d'intégrer et gérer les informations nécessaires au bon fonctionnement du monde.

Vous avez tendance à vivre, à des moments différents de votre vie, des expériences différentes en des lieux variés. Vous réussissez grâce à votre sens social et votre civisme, grâce à votre facilité à communiquer, à votre capacité à être à l'aise un peu partout, à votre autorité naturelle, à votre opportunisme, à votre dynamisme, à votre facilité à instaurer un dialogue consensuel, à votre respect de la hiérarchie et des conventions, à votre sens des affaires, du marketing et de l'organisation des hommes et des moyens, et grâce à votre disponibilité à sacrifier une partie de votre vie personnelle pour participer à la vie sociale. Vous bénéficiez souvent d'un soutien familial et d'une certaine chance qui vous porte vers la réalisation de vos ambitions.

Vous êtes plutôt fait pour travailler dans une équipe dans une ambiance animée qu'en solitaire ou dans une petite structure. Votre assurance, votre dynamisme, votre confiance en vous, votre besoin de faire la loi, de voyager, d'avoir une certaine indépendance et une certaine envergure sociale vous prédispose, suivant les cas, vers les professions libérales ou vers les postes à responsabilités, vers les métiers touchant aux voyages, au tourisme, aux transports, aux affaires, à la grande distribution, à l' environnement, aux chevaux, à la justice, au corps médical, à l'église, à la politique ou à l'enseignement.

C'est en mettant au service de la vie votre capacité à participer activement à la vie économique, culturelle ou spirituelle de votre milieu, en faisant des affaires, en intégrant puis en appliquant un enseignement utile et en exprimant les valeurs de confiance en soi, d'optimisme et de générosité que vous vivrez le meilleur de vous-même. Le signe et le secteur où se trouve la planète qui gouverne votre signe ascendant apportent des précisions essentielles.

Votre descendant est dans le signe des GEMEAUX : Lorsque vous entrez en relation avec autrui, vous avez besoin de communiquer, d'être écouté(e), de rire, de vous amuser, d'apprendre et de faire des découvertes, d'explorer votre environnement et de vous adapter. L'autre vous amuse, vous fait rire et stimule votre curiosité. Aussi vous sentez-vous d'autant plus attiré(e)s que l'autre est votre âme jumelle, qu'il vous permet de vous exprimer, de rire et de jouer, de faire des découvertes et de satisfaire votre curiosité.

Tout en ayant besoin de vous intégrer dans le monde et d'élargir vos horizons, vous avez aussi besoin de vous amuser et de vous détendre. Et si vous vous comportez parfois avec une autorité impersonnelle quand vous êtes dans l'action, vous pouvez aussi manifester un esprit fraternel quand vous le voulez. Le risque d'un descendant en Gémeaux est de vivre sans arrêt dans la découverte, de refuser les contraintes qu'implique une vie à deux, de vivre des relations superficielles et de vous disperser.

ASCENDANT CAPRICORNE ET DESCENDANT CRABE :

Vous avez tendance à vous affirmez, à exercer un ascendant sur autrui, à acquérir un sentiment d'identité, à développer la sensation de vivre, d'exister et d'être incarné à travers un sens des structures et de l'organisation, des capacités de travail et de gestion, un sens des valeurs morales, des capacités à bâtir et en contribuant à faire fonctionner et maintenir l'ordre et l'évolution du monde.

La profondeur de votre sensibilité, la conscience du désordre qui règne dans le monde et des conséquences de toute action font de vous une personne prudente, réservée, un peu distante, parfois timide et toujours réfléchie. Si vous semblez vu de l'extérieur être une personne calme voire froide et hermétique, dans votre tour d'ivoire se déroule une vie intérieure intense et passionnée. Une partie de vous est toujours en chantier, en recherche, en questionnement et en chemin pour accéder à sa vérité profonde.

Sérieux et responsable, vous avez une volonté puissante mais pas toujours très flexible, une ténacité parfois synonyme d'entêtement et une détermination à garder le cap et à atteindre vos objectifs. Vous êtes ainsi capable de construire votre réussite lentement mais surement. Le temps est votre allié. Vous avez besoin de temps, êtes parfois un peu lent mais vous savez avancer pas à pas et agir en tenant compte du long terme. Vous restez toujours vous-même et ne vous laissez pas détourner de vos objectifs, de vos valeurs et de vos principes par des sollicitations extérieures.

Vous avez une capacité naturelle pour comprendre les structures, l'architecture et le mode d'organisation de toute chose. Cela vous donne des facilités pour organiser et pour gérer. Votre juge moral est particulièrement développé et vous fonctionnez d'après des principes. Cela vous rend très sensible à la qualité et vous confère une certaine exigence qui vous rend difficilement satisfait. Vos débuts peuvent être difficiles, soit à cause d'une situation familiale difficile, soit parce que vous avez vécu un événement traumatique, soit à cause des obligations et responsabilités que vous vous imposez.

Vous parvenez en général à gravir les échelons pour accéder à un poste à responsabilités. Votre volonté, votre ambition, votre persévérance et votre capacité de travail vous permettent de prendre votre destin en main, et souvent celui des autres aussi. Il vous faut avant tout acquérir une base solide sur laquelle vous pouvez vous appuyer, résoudre vos problèmes, expérimenter la vie, organiser votre avenir, structurer votre vie et votre personnalité, puis acquérir une tranquillité de conscience et un point d'appui au centre de votre moi.

Vous préparez souvent lentement votre réussite, la construisez pierre par pierre, et obtenez un beau jour les résultats tant attendus, en général après la quarantaine. Votre tendance à ne rien vouloir devoir à personne fait que vous préférez travailler seul plutôt qu'en équipe et que vous avez besoin pour vous épanouir de tranquillité, de stabilité, de sécurité et d'une certaine liberté d'action. Vous serez apprécié pour votre sérieux, votre discipline, votre sens du devoir et des responsabilités, votre intégrité, votre rigueur, votre acharnement au travail, votre capacité à respecter les règlements, votre capacité à remettre en question et à restructurer en améliorant, votre sens de la gestion, de l'ordre et de l'organisation et pour votre calme dans les moments difficiles. Vous êtes plus doué pour faire un travail régulier que pour l'improvisation et le changement continuel. Vous changez d'ailleurs difficilement de situation, la stabilité étant pour vous synonyme de sécurité.

Parce que le repos représente à vos yeux le vide, vous avez facilement tendance au surmenage et devez faire des efforts pour vous reposer, pour ne pas délaisser votre vie familiale et affective, et aussi pour être moins distant envers vos partenaires sociaux. Le travail est pour vous un moyen d'affermir votre volonté, de vous structurer et de vous sentir en sécurité. Votre carrière est le plus souvent votre centre d'intérêt majeur et vous tendez à rechercher la maîtrise de votre domaine de prédilection.

Vous tendez à consacrer votre existence à votre vie professionnelle, à une œuvre bénéfique pour la société, à une entreprise à long terme, à une recherche spirituelle ou à des ambitions égoïstes. Votre besoin d'ordre et votre sens de la discipline vous permettent de vous insérer dans des structures organisées (administrations, partis, entreprises) et vous confère souvent un tempérament conservateur. C'est en mettant au service de la vie votre capacité à faire fonctionner un système ou une organisation, à construire et gérer des chantiers, à générer de l'ordre, de la maturation, de la profondeur et de la vérité, mais aussi en méditant et en effectuant un travail de développement personnel que vous donnerez le meilleur de vous-même. Le signe et le secteur où se trouve la planète qui gouverne votre signe ascendant apportent des précisions essentielles.

Votre descendant est dans le signe du Crabe : Lorsque vous entrez en relation avec autrui, vous avez besoin de bien-être et de détente, d'une ambiance sympathique et chaleureuse, d'intimité, de partager des émotions. L'autre vous touche et vous ressource. Aussi vous sentez vous d'autant plus attiré que l'autre exprime des émotions et qu'il stimule votre imagination, qu'il vous rassure et vous procure du bien-être.

Tout en ayant besoin d'assumer vos responsabilités dans le monde, d'ordre et d'organisation et de cheminer vers votre vérité profonde, vous avez aussi besoin de rêver et de vous ressourcer dans l'intimité de riches échanges émotionnels. Et si vous vous comportez parfois avec distance, timidité ou dureté quand vous êtes dans l'action, vous pouvez aussi manifester un côté sympathique, naturel et proche des gens ainsi qu'une douceur toute maternelle quand vous le voulez. Le risque d'un descendant en Crabe est de vivre dans la dépendance de l'autre et de manquer de maturité.

ASCENDANT VERSEAU ET DESCENDANT LION :

Vous avez tendance à vous affirmez, à exercer un ascendant sur autrui, à acquérir un sentiment d'identité, à développer la sensation de vivre, d'exister et d'être incarné à travers votre capacité à incarner des concepts ou une idéologie, à gérer des projets complexes, à tisser des liens sociaux ou fraternels avec de nombreux membres de l'humanité, à travailler en réseau ou en développant une clientèle, à aider autrui en trouvant des solutions adaptées, en utilisant des talents techniques ou psychologiques, des méthodes d'organisation et des outils modernes de communication ainsi qu'à travers votre sens du groupe et votre capacité à naviguer dans les réseaux du monde moderne. Si Saturne prédomine en vous, vous vivez une existence plutôt calme et effacée, consacré surtout à votre travail. Si vous êtes par contre du type uranien, vous avez tendance à vous lancer dans une aventure humaine, collective, associative, sociale, humanitaire, psychologique ou scientifique, participant d'une façon ou d'une autre au progrès de la société moderne.

Vos atouts sont votre sens des relations humaines, votre capacité à trouver les appuis nécessaires à votre activité et à construire un réseau, vos capacités intellectuelles ou techniques, votre capacité à tenir compte de l'évolution des événements et à percevoir l'avenir, votre sens psychologique, votre propreté morale, vos qualités humaines, votre capacité à innover et à inventer, à trouver des solutions, à vous adapter à l'inconnu et à l'imprévu et la capacité à maîtriser votre domaine d'élection.

Votre existence peut être parsemée d'événements indépendants de votre volonté, de coups de chance inattendus mais parfois aussi de tuiles, suivant si vous vivez ou non en harmonie avec votre évolution. Vous trouverez le sens de votre existence et votre place dans le monde en contribuant au progrès de votre époque, en participant à la vie moderne ou en vous identifiant à une cause humaine, humanitaire, associative, collective et impersonnelle. Il vous faut également de la nouveauté dans votre existence et vous avez facilement l'impression de vous encroûter lorsque les événements sont trop routiniers. C'est en mettant au service de la vie votre intelligence technique, psychologique et humaine, votre sens de l'amitié, votre aptitude à trouver des solutions, à vous libérer et à libérer autrui et à utiliser les nouvelles technologies de l'information et du développement personnel que vous donnerez le meilleur de vous-même.

Le signe et le secteur où se trouve la planète qui gouverne votre signe ascendant apportent des précisions essentielles.

Votre descendant est dans le signe du Lion : Lorsque vous entrez en relation avec autrui, vous avez besoin d'être admiré, d'être aimé, d'être sur les devants de la scène, d'exprimer votre autorité, de diriger ou que l'autre prennent les commandes, de passion et d'idéal. L'autre vous émeut et vous bouleverse. Aussi vous sentez-vous d'autant plus attiré(e)s que l'autre brille par sa classe et sa noblesse ou son statut, qu'il vous rassure par sa force et son amour, qu'il stimule votre créativité, qu'il vous met en valeur et qu'il vous permet de vous exprimer.

Tout en ayant besoin de liberté, de partager avec des ami(e)s et d'utiliser votre intelligence technique ou psychologique, vous avez aussi besoin d'être dans le cœur et d'exprimer votre propre créativité. Et si vous avez parfois un côté impersonnel et distant quand vous êtes dans l'action, vous pouvez aussi manifester une grande générosité de cœur quand vous le voulez. Le risque d'un descendant en Lion est de vous comporter comme un dictateur et d'être égoïste dans vos relations.

ASCENDANT POISSONS ET DESCENDANT VIERGE :

Vous avez tendance à vous affirmez, à exercer un ascendant sur autrui, à acquérir un sentiment d'identité, à développer la sensation de vivre, d'exister et d'être incarné à travers votre foi, votre amour inconditionnel, votre lâcher-prise, votre clairvoyance, votre sixième sens particulièrement développé, vos mémoires généalogiques et vos acquis de vies passées, votre aptitude à soulager les souffrances et misères du monde, votre ouverture à l'irrationnel et à la spiritualité, votre capacité à participer à la collectivité et à votre capacité à enchanter les êtres et les lieux.

C'est en participant à une entreprise collective, à une œuvre sociale ou charitable où à travers une forme d'évolution spirituelle que le plus souvent vous vous réaliserez. Votre vie sera différente suivant la prédominance de Jupiter ou de Neptune. Mais dans les deux cas, vous êtes prédisposé à vivre des expériences variées en des lieux différents et à vivre de façon cyclique, avec un certain rythme, comme les vagues de l'océan. L'influence de Neptune peut vous rendre moins bien armé que les autres signes pour vous tailler une place au soleil en raison de votre manque de sens pratique, de votre instabilité, de votre tendance à l'évasion et au désengagement, de votre hypersensibilité, de votre coté un peu fouillis et de votre difficulté à prendre des initiatives claires. Il est important pour vous de développer les qualités complémentaires à votre signe.

Avec Neptune, vous avez tendance à laisser les choses se faire au hasard, à vivre au jour le jour, à suivre les initiatives des autres ou à vous laisser guider par votre intuition et votre ressenti. Il vous faut quelquefois suivre des chemins divers et variés avant de trouver votre voie et vous avez parfois besoin d'être guidé, d'être encadré et d'être rassuré. Votre vie peut être marquée par une forme de religion, par la foi et par des croyances mystiques. Si la plupart des Poissons demeurent effacés et remplissent avec dévouement leurs devoirs envers la société, certains pourront être portés par la collectivité et propulsés au devant de la scène par des événements collectifs. Jupiter vous confère une personnalité dynamique, généreuse et opportuniste, une certaine chance et la capacité à vous investir dans une activité professionnelle, souvent en équipe.

Vous pouvez vous épanouir dans des activités en rapport avec le domaine médical ou paramédical, la religion et l'ésotérisme, les sciences occultes, l'image, la musique, l'émotion ou les métiers sociaux. C'est en mettant au service de la vie votre patrimoine généalogique ou vos expériences de vies passées, votre foi et votre magie, votre clairvoyance, votre sens de la charité et de la compassion, votre amour inconditionnel et votre aptitude à soulager les souffrances et les misères du monde que vous donnerez le meilleur de vous-même. Le signe et le secteur où se trouve la planète qui gouverne votre signe ascendant apportent des précisions essentielles.

Votre descendant est dans le signe de la Vierge : Lorsque vous entrez en relation avec autrui, vous avez besoin d'exprimer votre sens du service, d'être écouté(e), rassuré(e) et compris(e), d'hygiène et de sécurité, de communication, de vous sentir adapté(e), de précision et de prêter attention aux détails. L'autre vous fait rire et vous stimule intellectuellement. Aussi vous sentez vous d'autant plus attiré(e) que l'autre vous permet de vous exprimer, de rire et de jouer, de vous apporter une assistance technique ou commerciale, de prendre soin de votre santé, de faire des découvertes et de satisfaire votre curiosité. Tout en ayant besoin de vivre selon votre foi, de rêves, d'évasion et de transcendance, vous avez aussi besoin d'utiliser votre intelligence technique et votre pragmatisme pour vous adapter à la réalité afin d'être en sécurité.

Et si vous êtes parfois dans un état de confusion et de désorganisation quand vous êtes dans l'action, vous pouvez aussi vous organiser avec une stratégie très pertinente quand vous le voulez. Le risque d'un descendant en Vierge est de trop parler au point de saouler et faire fuir les autres, d'être maniaque, coincé(e), excessivement critique et inadapté(e) à toute relation.

LES ASPECTS A L'ASCENDANT

SOLEIL ASPECT POSITIF ASCENDANT

Lorsque vous abordez la vie, lorsque vous exprimez votre Etre incarné, lorsque vous exercez un ascendant sur le monde, vous avez besoin d'exprimer le meilleur de vous-même, d'exprimer la force de l'Amour, d'avoir un idéal, des valeurs, des repères clairs, des grandes lignes directrices qui structurent votre vie, d'être dans une continuité par rapport à votre Père, de vous reconnaître pour ce que vous êtes, d'exprimer votre lumière et votre autorité d'une façon juste. Votre puissante volonté, votre créativité, votre confiance en vous, votre capacité à diriger votre vie et/ou celle des autres vous aident à vous exprimer et à faire ce que vous êtes venu faire sur Terre.

Vous avez tendance à vous définir par le face à face avec la réalité, comme un être de terrain, et par la confrontation aux autres. Vos idéaux, vos ambitions, votre image de vous et de la vie tendent à être basés sur des faits concrets, élaborés grâce à des expériences vécues et consolidées suite aux confrontations avec les réalités concrètes du monde extérieur. Vos idéaux sont mis en pratique et vos convictions exprimées. Et lorsque vous agissez, vous avez le besoin et la capacité d'avoir une bonne image de vous et de donner aux autres une bonne image. Votre fierté et votre sens de la dignité vous incitent en général à évaluer la faisabilité d'une entreprise avant de vous lancer. Dans la mesure où vos actes, vos engagements et vos déclarations correspondent à l'image que vous donnez et à ce que vous êtes, vous avez un coté clair et transparent car votre être est le reflet de votre paraître.

Vous avez besoin, en toute situation, dans les expériences que vous vivez et dans la vie active d'être mis en valeur, de recevoir des marques de reconnaissance, de jouer un rôle central, de créer, de vous montrer, d'être sur le devant de la scène, d'incarner une certaine classe et d'avoir un certain prestige. Et si ce n'est pas le cas, vous allez en général voir ailleurs ou faites autre chose. Inversement, vous jouez un rôle central et acceptez des marques de reconnaissance, du prestige voire la couronne que si cela vous apporte de nouvelles possibilités d'action, que si cela vous permet d'avoir une emprise plus sûre sur les réalités extérieures ou que si vous estimez l'avoir mérité. Votre réussite, votre image de marque, votre valeur et votre prestige éventuel doivent être fondés sur des faits, des résultats et de l'efficacité et mérités comme la victoire d'un combat.

Le sens de la dignité, du respect et des valeurs sont particulièrement développés chez vous. Vous êtes particulièrement capable de vous battre, d'entreprendre, de conquérir, de vous affirmer, de vous engager, de mobiliser vos énergies, de déployer les grands moyens, de faire usage de la force et s'il le faut de l'agressivité lorsqu'il s'agit de réaliser vos objectifs, d'incarner votre idéal, de créer, de vous imposer et de réussir, ou lorsque l'Amour est en jeu. Vous savez ce que vous voulez et ce qui vous tient à cœur. Une parfaite complicité entre votre cœur, votre conscience, votre esprit et votre énergie vitale vous permet d'exploiter votre énergie, de la maîtriser et de la canaliser. Cela peut être synonyme de grande vitalité, d'une abondante réserve d'énergie sans cesse renouvelée, de force musculaire, de vigueur physique, de puissance agressive et de fortes capacités réalisatrices car vous savez vous donner les moyens de réaliser vos ambitions.

Vous pouvez avoir des goûts et des aptitudes pour éclairer, diriger, manager, coacher, présider, encadrer, organiser, éduquer, maîtriser, réussir, vous faire remarquer, être en position centrale, de briller, être connu, reconnu et mis en valeur, pour reconnaître la valeur des êtres et des choses, pour être indépendant(e) et autonome, et pour faire preuve de clarté, de puissance et de rayonnement, pour être un modèle, pour maquiller, pour faire du spectacle et du théâtre, ou pour être une source de vie, de lumière, d'énergie et de chaleur.

SOLEIL ASPECT DISSOCIE ASCENDANT

Il y a un décalage, une relation permanente, mais discontinue, dissociée, duelle, tendue et conflictuelle entre vos repères, vos valeurs, entre ce qui est essentiel pour vous et votre personnalité apparente, votre vision de la vie, votre façon de vous exprimer dans la vie, votre façon de vous affirmer et d'exercer un ascendant sur le monde car ces deux parties de vous vibrent à deux fréquences totalement différentes et s'expriment dans deux états d'esprits totalement différents. Vous devrez donc vivre chacune des deux parties en pleine conscience et faire des efforts pour exprimer les qualités de la planète pour vous affirmer, pour vous exprimer, pour exercer un ascendant sur le monde et pour réaliser votre mission de vie. L'une des clefs pour vous pouvoir exprimer votre Etre incarné et pour faire ce que vous êtes venu faire sur Terre consiste à exprimer les valeurs positives du Soleil. Cela vous demandera un effort de conscience.

Concrètement, c'est grâce à votre volonté, à votre créativité, à votre confiance en vous, à votre capacité à diriger votre vie et/ou celle des autres que vous pouvez vous affirmer. Pour réaliser votre mission de vie, il est nécessaire d'exprimer le meilleur de vous-même, d'exprimer la force de l'Amour, d'avoir un idéal, des valeurs, des repères clairs, des grandes lignes directrices qui structurent votre vie, d'être dans une continuité par rapport à votre Père, de vous reconnaître pour ce que vous êtes, d'exprimer votre lumière et votre autorité d'une façon juste.

Si le Soleil domine au détriment de l'Ascendant.

Si le Soleil est dominant dans votre personnalité, vous cherchez à réussir et à être quelqu'un. Vous assumez vos responsabilités d'adulte en jouant un rôle central et social visible. Vous souhaitez être estimé, connu voire admiré. Vous affirmez votre volonté à travers des objectifs clairs, en fonction de ce qui est essentiel pour vous. Vous avez besoin d'aimer et d'être aimé. Vous avez besoin de repères, d'un sentiment d'identité, d'un idéal, de valeurs et de principes directeurs.

Vous pouvez alors être très sensible aux effets perturbateurs ou aux influences néfastes que peuvent avoir la pression des événements, le face à face avec la réalité, la mobilisation de vos énergies, les efforts à fournir et l'affirmation de votre personnalité lorsque vous vivez votre idéal, vos modèles, votre système de références et ce que vous considérez comme essentiel lorsque vous incarnez ou obéissez à une forme d'autorité, lorsque vous cherchez à être aimé, admiré, connu et reconnu, lorsque vous vivez une relation amoureuse ou lorsque vous voulez créer, réussir et réaliser vos ambitions.

Peut-être vous contentez-vous d'élaborer un idéal, des ambitions, des principes, des valeurs ou un absolu, de montrer que vous êtes là, de vouloir réussir, de briller, d'être aimé et reconnu ou de prétendre à un rôle central sur les devants de la scène mais sans vous donner les moyens nécessaires pour obtenir des résultats, sans passer à l'action et à l'expérience vécue, sans mettre tout cela en pratique, sans aller jusqu'au bout de que vous aviez commencé avec enthousiasme et sans pouvoir justifier vos ambitions par des faits ou par des preuves? Peut-être préférez vous être présent, vous montrer, donner une certaine image, régner, être un modèle, un repère ou une figure emblématique plutôt que d'agir ou de faire face aux exigences pratiques du terrain et de la vie? Ces comportements peuvent être dus à une impression que l'effort à fournir ou les obstacles à franchir sont trop importants, à une difficulté à croire en la réussite de ce que vous faites, à voir comment faire ou à quoi ce que vous faites pourrait servir.

Si votre idéal, vos ambitions, vos créations et vos relations amoureuses n'aboutissent pas, ne donnent pas de résultats et ne vous apportent pas de victoires, ou s'ils sont brusquement interrompus en cours de route par des événements, par des faits nouveaux, par la pression d'obstacles ou de jalousies, ou par l'obligation de vous engager dans une situation qui accapare toute votre énergie, cela peut provenir du fait qu'ils ne tiennent pas toujours compte des réalités extérieures qui vous entourent, des données concrètes de votre situation, des exigences pratiques vérifiables sur le terrain, des opportunités et contraintes, des rivalités et de la concurrence, des obstacles à franchir et de vos propres possibilités d'actions.

A la limite, vous vous servez des contraintes de votre situation pour ne pas réaliser votre idéal ou inversement vous vous servez d'un idéal ou d'un absolu pour ne pas faire ce que vous pourriez faire. Mais vous pouvez être insatisfait parce que vous êtes trop sensible aux différences qu'il peut y avoir entre ce qui serait idéal et ce que vous faites ou vivez concrètement. Cela peut vous empêcher de vivre réellement dans le présent, d'exploiter à fond ce que vous vivez et d'aller jusqu'au bout de vos entreprises.

Il est également possible que vous ayez peur de vos instincts et de votre propre force, de la bête ou de l'animal humain qui vous habite au point de l'enfermer dans une cage faite de principes, sans lui donner la possibilité de s'exprimer pleinement. Votre volonté, votre conscience et votre cœur ont tendance à s'exprimer indépendamment et de façon totalement différente de votre façon d'agir et de vous affirmer, de vos instincts sexuels, de votre énergie corporelle et de votre combativité. Il peut donc exister en vous deux personnalités très différentes et contradictoires.

Cela peut vous donner des difficultés à maîtriser, à utiliser ou à orienter votre énergie et votre dynamisme vers des buts constructifs, à canaliser vos instincts sexuels de façon créative, à gérer votre énergie vitale, à maîtriser vos élans du cœur, à être dans le cœur quand vous êtes dans l'action et à fournir des efforts importants.

Si l'Ascendant domine au détriment du Soleil.

Si l'Ascendant prédomine chez vous, vous avez besoin de vous affirmer dans la vie, d'assurer, d'agir et de réagir, de vivre intensément dans le présent et sur terrain, de mobiliser vos énergies pour obtenir des résultats, de vous confronter aux réalités concrètes du monde extérieur, d'extérioriser vos instincts, d'exprimer votre sexualité ou de vous engager dans un combat. Vous pouvez alors être fortement sensibilisé aux effets perturbateurs que peuvent avoir tout idéal, l'absence ou l'influence du père, d'un modèle servant de référence, d'un symbole d'autorité incarné par un patron, un responsable ou par l'état, vos ambitions, vos valeurs ou des personnes importantes sur votre vie active ou sur votre situation concrète.

Vous alors pouvez avoir tendance à n'accorder crédit qu'aux faits, qu'aux résultats, qu'à l'expérience vécue, qu'à ce qui est fonctionnel et pratique, et à ne vivre que dans l'intensité du présent immédiat, mais en reniant toute vision idéale, tout repère, toute ambition, toute ligne directrice, tout symbole d'autorité, votre identité, vos objectifs personnels et ce qui est pour vous essentiel.

Peu vous importe alors la parure, l'image que vous donnez aux autres et les marques de reconnaissances. Vous pouvez avoir du mal à rester vous-même dans le feu de l'action, manquer de logique et d'organisation dans ce que vous faites et avoir tendance à ne pas avoir une vision claire de la situation, du déroulement des événements, des obstacles à franchir et des efforts à fournir, des rapports de force, de la concurrence, des rivalités et des tensions éventuelles. Vous pouvez aussi être insatisfait dans votre vie active ou dans ce que vous faites parce que vous avez l'impression de ne pas être reconnu, admiré, aimé ou estimé, de ne pas jouer un rôle central, de ne pas réellement maîtriser, diriger ou régner dans les faits et dans les événements concrets ou encore que ce que vous faites n'a pas assez de valeur, de sens ou d'importance.

Peut-être n'arrivez-vous à être efficace, à vous impliquer, à agir, à vous motiver que lorsque vous êtes très autoritaire, que lorsque vous êtes admiré, estimé, mis sur un piédestal, que lorsque vous êtes l'objet d'une attention particulière, d'un amour inconditionnel ou que lorsque vous être le centre du monde.

Peut-être avez-vous à tel point un besoin de vivre dans la réalité, d'être maître de votre vie et de votre trajectoire, de vivre à travers une relation privilégiée, en fonction des attentes d'autrui ou de quelques relations qui sont importantes pour vous, à travers un besoin d'être aimé, d'être estimé, de briller, à travers un certain absolu, en fonction d'objectifs et de repères clairement définis, d'un idéal ou de certains principes, en fonction d'une certaine image que vous voulez donner que cela vous empêche de vous exprimer, de vous affirmer de façon autonome, de combattre, d'agir, de vous confronter aux réalités du monde et d'assurer ?

Quand le Soleil est dominant en excès.

Une influence excessive du Soleil peut se traduire par des réactions d'orgueil ou par une fierté déplacée, par une tendance à voir trop grand et à viser trop haut, par une tendance à vouloir tout le temps donner une valeur, un sens ou une explication aux situations, à vouloir tout le temps vous imposer et à imposer votre vision du monde à travers des attitudes d'arrivisme autoritaire, tel un monarque à qui l'on doit une obéissance inconditionnelle, par une tendance à vous croire tout permis ou à vous donner une importance que vous n'avez pas dans les faits.

Peut-être avez vous du mal à vous impliquez et à agir si vous n'êtes pas le personnage central, si vous n'êtes pas reconnu, admiré ou vénéré ? Peut-être que votre vie est tellement centrée sur une relation amoureuse ou sur des liens avec certaines personnes que cela vous empêchent de vous exprimer vraiment ? Peut-être que vos idéaux, vos convictions et vos repères sont tellement personnels que vous ne pouvez les partager ?

Pour positiver cette relation

Pour transformer la relation dissociée Soleil-Ascendant en relation consciente et dynamique, il peut être utile de savoir ajuster vos idéaux et vos ambitions à vos moyens et aux possibilités concrètes du terrain, d'effectuer un travail sur l'image que vous avez de vous-même et celle que vous donnez aux autres, sur l'image de l'homme, du père, de l'autorité, sur le rôle que doivent avoir la vie extérieure, la réussite, l'amour, la création et la volonté dans votre vie et aussi sur le rôle que doivent avoir la motivation, la prise de décision, l'engagement, la combativité et l'action au sein de votre personnalité. Un travail sur la conscience corporelle (Tai-chi, Danse, Yoga, Tantrisme) et quelques heures de sport par semaine peuvent vous faire le plus grand bien.

Les deux fonctions peuvent être vécues de façon à ce que chacune rectifie l'autre au moindre excès, dans des états d'esprit, dans des lieux ou à des moments très différents. Vous pouvez vivre des moments où vous affirmez vos valeurs personnelles en fonction d'un idéal, de votre absolu et de vos principes, où vous vous comportez en fonction d'une certaine image à donner, où vous vous consacrez à vous-même, à vos occupations, à vos responsabilités, à vos créations, à vos ambitions, à des activités qui vous mettent en valeur, à une relation amoureuse, à quelques relations privilégiées ou à ce qui vous demande d'investir la plus grande partie de votre énergie. Puis vous pouvez vivre d'autres moments où vous savez assurer, mobiliser vos énergies pour obtenir des résultats, être efficace et performant, exprimer votre sexualité, vous affirmer pour conquérir votre place dans la vie et exercer un ascendant sur le monde.

Vous savez qu'il y a une grande différence entre l'idéal et la réalité et que toute situation n'est jamais idéale, mais cela ne vous empêche pas d'agir ni d'être efficace.

Vous savez aussi mettre de coté vos centres d'intérêts, vos idéaux et ce qui est essentiel pour vous lorsqu'il s'agit de faire face aux événements comme vous savez laisser de coté les contraintes et obligations de votre situation concrète pour vous occuper d'autres choses qui vous paraissent essentielles. Vous pouvez aussi avoir fortement conscience qu'il y a d'une part l'animal en vous avec ses pulsions et ses instincts et d'autre part l'Esprit et sa recherche d'absolu, et avoir pleinement conscience des difficultés qui peuvent exister lorsqu'il faut dompter l'animal en soi. Votre capacité à différencier en toute conscience le corps humain et l'Esprit peut devenir un pilier de votre évolution spirituelle.

Bien maîtrisée, la relation Soleil-Ascendant peut vous conférer un ensemble d'aptitudes qui sont alors vécues d'une façon particulièrement consciente et dynamique. Cela peut se traduire en ce qui concerne le Soleil par une volonté, un éveil et une créativité au-dessus de la moyenne.

Vous pouvez avoir des goûts et des aptitudes pour éclairer, diriger, manager, coacher, présider, encadrer, organiser, éduquer, maîtriser, réussir, vous faire remarquer, être en position centrale, de briller, être connu, reconnu et mis en valeur, pour reconnaître la valeur des êtres et des choses, pour être indépendant(e) et autonome, et pour faire preuve de clarté, de puissance et de rayonnement, pour être un modèle, pour maquiller, pour faire du spectacle et du théâtre, ou pour être une source de vie, de lumière, d'énergie et de chaleur.

LUNE ASPECT POSITIF ASCENDANT

Lorsque vous abordez la vie, lorsque vous exprimez votre Etre incarné, lorsque vous exercez un ascendant sur le monde, vous avez besoin d'incarner la vie et de vous sentir en vie, de gérer vos émotions, votre imagination et votre sensibilité, de vivre des relations émotionnelles intimes, de vous ressourcer à travers des valeurs-refuges afin de vous sentir bien, de vivre une relation chaleureuse avec votre mère et avec les enfants (ou votre enfant intérieur), de prendre soin de vos besoins naturels, de faire partie d'une famille ou de créer la vôtre et d'occuper un foyer où vous vous sentez bien.

C'est grâce à votre côté sympathique, à votre capacité à véhiculer l'émotion et à ressourcer et grâce à votre aptitude à vivres des relations émotionnelles simples et chaleureuses que vous réaliserez votre mission de vie et que vous exercerez au mieux un ascendant sur le Monde.

Vous êtes particulièrement capable de vous battre, de conquérir, de vous affirmer, de vous engager, de mobiliser vos énergies, de déployer les grands moyens, de faire usage de la force et s'il le faut de l'agressivité lorsqu'il s'agit de créer votre univers intime, un foyer, une famille ou un clan, lorsqu'il s'agit d'acquérir, de préserver ou de défendre votre cadre de vie, votre bien être, votre équilibre personnel ou votre progéniture. Vous pouvez également être particulièrement dynamique lorsque vous êtes dans un univers familier avec des frontières bien délimitées (au sein d'un groupe, d'un clan, d'une collectivité ou d'une entreprise familiale par exemple), lorsque vous vivez vos valeurs refuges, lorsque vous êtes dans un climat d'intimité où l'ambiance est sympathique et bon enfant, bref lorsque vous vous sentez comme chez vous et que vous éprouvez du bien-être. Vous connaissez la force des émotions et savez les utiliser pour vous affirmer.

Votre force peut justement être de savoir en toute situation créer un climat d'intimité, une ambiance familière, de vous mettre rapidement dans le bain en faisant partie des événements, mais aussi de pouvoir maîtriser et utiliser activement votre sensibilité, l'émotion, l'image et les valeurs refuges.

Cela peut vous conférer des aptitudes pour diriger un groupe ou une collectivité, pour faire de la musique, du dessin, de la cuisine, pour reproduire, refléter et imiter mais aussi pour des activités en rapports avec le public, la famille, les enfants et la maternité, le foyer, l'immobilier, la biologie, l'alimentation, l'utilisation de l'eau et le passé. Le sport peut être un moyen pour vous de vous ressourcer ou de vous sentir bien.

Votre mode d'expression est le rythme et le cycle. Vous pouvez être très sensible aux rythmes de votre corps, aux cycles de la nature (aux saisons, aux marées, aux changements de temps, aux mouvements de la Lune) et pouvez vivre une relation très étroite avec la nature et avec les organismes qui s'y trouvent. Ce mode de mouvement peut se traduire par des variations d'humeur plus ou moins fréquentes, par des caprices et par une certaine instabilité de caractère. Votre réceptivité à ce qu'il y a autour de vous peut vous conférer de grandes capacités d'écoute mais aussi vous rendre très sensible aux changements d'énergie et aux variations d'ambiance. Votre imagination est également très développée. Votre langage est celui de l'image et de l'émotion.

Votre capacité à imaginer, à visualiser et à vous faire des films peut déboucher sur une fécondité synonyme de créativité. Elle peut aussi vous permettre d'aplanir les obstacles entre vous et le reste, et faciliter votre adaptation à la vie. Par contre, votre tendance à interpréter le monde en fonction des impressions reçues et à le voir en fonction de l'image que vous vous en faites ne vous rend pas toujours objectif. Votre imagination fertile peut parfois vous jouer des tours ou vous donner une tendance à fabuler.
Vous avez tendance à fonctionner à travers des réflexes conditionnés, à travers des automatismes et des habitudes, en vous imprégnant d'une situation, d'un objet ou d'un état d'esprit, en fusionnant avec, en vous identifiant à lui et en l'assimilant à votre personnalité, de façon naturelle, inconsciente et irrationnelle. Votre sensibilité, votre coté enfant et cette tendance à vous imprégner des stimuli extérieurs en pénétrant leur nature intime peut vous rendre influençable, parfois vulnérable et facilement impressionné, mais elle vous permet aussi d'éprouver cet émerveillement et cet étonnement propre aux enfants et aux personnes proches de leur âme.

Cela vous permet également d'être en relation étroite voire en symbiose avec votre environnement, avec les objets ou les personnes qui s'y trouve, et avec votre être intérieur, de vivre l'intimité et la complicité, de vous laissez porter par la vie de façon naturelle et confiante, de vous intégrer dans une ambiance ou dans un groupe et d'adhérer à la vie. Pourtant, plutôt que de créer votre vie et de suivre votre voie de façon autonome et individuelle, vous tendez à vous laisser porter, à rechercher l'adhésion au sein d'un groupe, d'un clan ou d'une collectivité, à suivre plutôt qu'à diriger et à vivre dans des relations interdépendantes de nature émotionnelle plutôt que de rester solitaire. Etant par nature craintif, parfois susceptible et superstitieux, vous avez besoin de vous sentir protégé du monde extérieur et de pouvoir vous défendre contre d'éventuelles menaces.

Cela se traduit par un besoin de créer et d'organiser un univers personnel ayant des frontières bien délimitées et une vie quotidienne avec des habitudes, de préserver un équilibre global à travers la satisfaction de vos besoins vitaux, d'assurer une continuité de la vie et de créer en toutes circonstances une ambiance intime, sympathique, rassurante, sans heurts ni tensions, comme celle existant entre une mère et son enfant. Il vous faut un climat ou une atmosphère en dehors de laquelle rien ne parait exister et où chacun peut être naturel, détendu et tranquille. Vous savez donc très bien vivre dans votre monde, dans votre bulle, et être indifférent à ce qui ne vous concerne pas directement. Vous accordez une grande importance aux valeurs refuges vous permettant de vous ressourcer, à ce qui vous permet de rêver, de faire le vide, et d'ignorer ce qui est extérieur à votre intimité.

Votre imagination, votre sensibilité globale, votre sensibilité aux rythmes, votre sens du passé votre besoin de rêver et de vivre l'intimité à travers des valeurs refuges peuvent vous rendre doué pour la poésie, les fables, les contes et histoires, le folklore, le roman, la musique, le dessin, pour imiter et reproduire, pour cuisiner, pour élever des enfants ou pour vous occuper d'animaux, pour entretenir un foyer, pour perpétuer des traditions et la mémoire, pour assurer la cohésion au sein d'une collectivité, pour entretenir des relations avec un public et pour faire à ce que la vie continue. Votre côté nature et sympathique, la douceur toute maternelle dont vous savez faire preuve et l'ensemble de vos capacités peuvent vous permettre de ressourcer et de détendre autrui, de faire disparaître les dualités et de mettre les autres à l'aise, d'éveiller en eux leur vraie nature et de stimuler leur imaginaire, de faire naître chez autrui des émotions et de leur ouvrir les portes de leur vie intérieure. Tel peut être votre rôle dans la société, le ciment de la vie. Vous êtes simple, nature et avec vous, chassez le naturel et il revient au galop.

LUNE ASPECT DISSOCIE ASCENDANT

Il y a un décalage, une relation permanente, mais discontinue, dissociée, duelle, tendue et conflictuelle entre votre sensibilité, votre nature, votre besoin de bien-être et votre personnalité apparente, votre vision de la vie, votre façon de vous exprimer dans la vie, votre façon de vous affirmer et d'exercer un ascendant sur le monde car ces deux parties de vous vibrent à deux fréquences totalement différentes et s'expriment dans deux états d'esprits totalement différents.

Vous devrez donc vivre chacune des deux parties en pleine conscience et faire des efforts pour exprimer les qualités de la planète pour vous affirmer, pour vous exprimer, pour exercer un ascendant sur le monde et pour réaliser votre mission de vie. L'une des clefs pour vous libérer de votre passé consiste à exprimer les valeurs positives de la Lune. Cela vous demandera un effort de conscience.

Concrètement, c'est grâce à votre côté sympathique, à votre capacité à véhiculer l'émotion et à ressourcer et grâce à votre aptitude à vivre des relations émotionnelles simples et chaleureuses que vous réaliserez votre mission de vie et que vous exercerez au mieux un ascendant sur le Monde. Pour pouvoir vous exprimer et réaliser votre mission de vie, il est nécessaire d'incarner la vie et de vous sentir en vie, de gérer vos émotions, votre imagination et votre sensibilité, de vivre des relations émotionnelles intimes, de vous ressourcer à travers des valeurs-refuges afin de vous sentir bien, de vivre une relation chaleureuse avec votre mère et avec les enfants (ou votre enfant intérieur), de prendre soin de vos besoins naturels, de faire partie d'une famille ou de créer la vôtre et d'occuper un foyer où vous vous sentez bien.

Si la Lune domine au détriment de l'Ascendant.

Quand la Lune s'exprime, vous avez besoin de bien-être, d'être en sécurité, de vous sentir protégé au sein d'un univers intime et familier, de vous ressourcer à travers des valeurs refuges, de vivre selon vos rythmes naturels, d'avoir une vie familiale ou une vie paisible au foyer. Vous pouvez alors être très sensible aux effets perturbateurs ou aux influences néfastes que peuvent avoir la pression des événements, le face à face avec la réalité, la mobilisation de vos énergies, les efforts à fournir et l'affirmation de votre personnalité lorsque vous cherchez à vous sentir bien, à vous ressourcer ou à vivre des liens émotionnels.

Peut-être vous contentez-vous de vous sentir bien chez vous, de vous ressourcer ou de créer des liens émotionnels, mais sans vous donner les moyens nécessaires pour vous affirmer, sans passer à l'action et à l'expérience vécue, sans vivre votre vie? Ces comportements peuvent être dus à une impression que l'effort à fournir ou les obstacles à franchir sont trop importants ou à une difficulté à croire en ce que vous faites.

A la limite, vous vous servez des contraintes de votre situation pour ne pas vous ressourcer et vous sentir bien ou inversement vous vous servez de votre bien-être pour ne pas faire ce que vous pourriez faire. Mais vous pouvez être insatisfait parce que vous êtes trop sensible aux différences qu'il peut y avoir entre ce qui vous apporterait du bien-être et ce que vous faites ou vivez concrètement. Cela peut vous empêcher de vivre réellement dans le présent, d'exploiter vraiment ce que vous vivez et d'aller jusqu'au bout de vos entreprises. Il est également possible que vous ayez peur de vos instincts et de votre propre force, de la bête ou de l'animal humain qui vous habite au point de l'enfermer dans une bulle, sans lui donner la possibilité de s'exprimer pleinement. Votre sensibilité, votre imagination et votre besoin de bien-être ont tendance à s'exprimer indépendamment et de façon totalement différente de votre façon d'agir et de vous affirmer, de vos instincts sexuels, de votre énergie corporelle et de votre combativité. Il peut donc exister en vous deux personnalités très différentes et contradictoires. Cela peut vous donner des difficultés à fournir des efforts importants.

Si l'Ascendant domine au détriment de la Lune.

Si l'Ascendant prédomine chez vous, vous avez besoin de vous affirmer dans la vie, d'assurer, d'agir et de réagir, de vivre intensément dans le présent et sur terrain, de mobiliser vos énergies pour obtenir des résultats, de vous confronter aux réalités concrètes du monde extérieur, d'extérioriser vos instincts, d'exprimer votre sexualité ou de vous engager dans un combat. Vous pouvez alors être fortement sensibilisé aux effets perturbateurs que peuvent avoir vos émotions, votre besoin de bien-être, l'influence de la famille, de la mère ou d'un enfant, de vos souvenirs, de vos croyances, de vos inquiétudes et de vos habitudes, de votre paresse, sur votre vie active, vos engagements et sur l'expression de votre Etre incarné.

Cela peut vous inciter à rejeter toute forme de détente, de relâchement et de passivité mais aussi le repos et les ambiances tranquilles, soit parce que vous les considérez comme synonyme d'ennui, d'inefficacité et de faiblesse, soit parce que vous avez l'impression de ne pas exister en de telles circonstances. Vous pouvez alors avoir tendance à vous affirmer brutalement, à vous battre héroïquement, à mobiliser toutes vos forces dans l'entreprise qui vous tient à cœur, jusqu'à l'épuisement et parfois au détriment de votre vie privée et familiale.

Cette fuite en avant dans l'action a parfois pour but de fuir un modèle familial, une vie familiale ou des émotions mal vécues. Mais vous pouvez alors être insatisfait et surtout épuisé dans votre vie active parce que vous avez cruellement l'impression qu'il vous manque des moments de repos et de détente, des moments où vous pouvez vous consacrer à votre famille ou à ne rien faire.

Certains auront tendance à vivre à contre courant parce qu'ils n'arrivent pas à se mettre dans le bain et à faire partie des événements, à casser l'ambiance dès que la situation descend en deçà d'un certain seuil d'intensité, à perturber systématiquement leur tranquillité ou celle des autres et à être incapable de vivre sans chahuter ou sans provoquer des tensions émotionnelles, des prises de becs et des conflits.

Votre sensibilité, votre mémoire, vos émotions, votre capacité à croire et à imaginer peuvent être dissociées de votre activité et de vos combats. Cela peut vous donner des difficultés à utiliser votre imagination pour créer des événements, à visualiser ce que vous voulez faire, à matérialiser ce qui traverse votre sensibilité et à réaliser vos rêves de façon spontanée. Vous pouvez aussi alors avoir du mal à vous laisser porter par la vie et par les événements, à sentir ce qu'il faut faire, à croire en vos moyens, à avoir confiance en vous, à maîtriser vos émotions, votre imagination et vos valeurs refuges et à aller jusqu'au bout de vos actes sans être interrompu par un irrésistible besoin de vous reposer.

Quand la Lune est dominante en excès.

Dans certains cas, votre force de frappe et vos moyens d'action peuvent être amoindris en puissance par l'influence excessive ou mal gérée de la Lune (de la sensibilité, des émotions, d'une relation intime ou familiale, du besoin de bien-être ou de la peur). Ce peut-être parce que vous avez des difficultés à vous sentir concerné, touché et ému par ce que vous faites ou parce que vous avez excessivement besoin, dans votre vie active, d'être en sécurité, de préserver votre bien être et de vous protéger contre tout ce qui est extérieur à votre réalité.

Cela peut se traduire par une tendance à avoir peur de la vie, à aborder les réalités du monde qui vous entoure à travers une attitude d'auto défense, à ignorer totalement ce qui vous fait peur ou ce qui ne vous semble pas vous correspondre, à vous barricader dans votre coquille dès qu'il y a de la confrontation dans l'air ou dès que la réalité devient trop dure et à voir la réalité et les événements autour de vous comme vous les imaginez et non comme ils sont réellement, c'est à dire à faire preuve de subjectivité. Vous pouvez aussi avoir tendance à suivre trop facilement vos caprices, humeurs et instincts, à agir de manière totalement inconsciente, désordonnée et étourdie et à fuir la réalité dans l'alcool, les stupéfiants, l'érotisme, le spiritisme ou dans une recherche d'autres formes de violences. Un penchant pour la facilité, une tendance à vous laisser vivre et un sentiment d'infériorité peuvent engendrer une dépendance envers autrui ou envers la famille dans la vie active.

Ceux qui ont tendance à passer d'un excès à l'autre vivront des périodes de dépenses forcenées, de passions violentes, d'excès de vitesse, de colères infantiles, d'explosions émotionnelles et auront tendance à brûler la chandelle par les deux bouts jusqu'à devenir trop épuisé pour agir, lutter et réagir. Puis suivent alors des périodes d'indolente passivité, de rêves qui vous emportent très loin des réalités, de paresse, d'avachissement et de laisser aller total, jusqu'à ce que les événements ou les impératifs de votre situation vous obligent à retourner sur le terrain pour reprendre les choses en main ou jusqu'à ce que vous réagissiez à une désagréable impression que votre situation se dégrade parce que les choses ne sont pas faites, que vous n'êtes plus efficace ou que votre image en prend un coup. Cela peut vous prédisposer à vivre des périodes de très intense activité suivies de périodes de très intense inactivité.

Pour positiver cette relation.

 Pour transformer la relation Lune-Ascendant dissociée en relation consciente et dynamique, il peut être utile d'effectuer un travail sur l'image de la mère et de la femme, sur l'enfance et le passé, sur les émotions, sur l'intimité, sur vos différentes peurs et sur le rôle que doivent avoir la motivation, la prise de décision, l'engagement, la combativité et l'action, au sein de la personnalité.

Un travail sur la conscience corporelle (Tai-chi, Massages, Danse, Yoga, Tantrisme) et un peu de sport peuvent vous faire le plus grand bien. Cette facette de votre personnalité peut être gérée et canalisée en oscillant entre les deux fonctions psychologiques qui sont vécues dans des états d'esprit très différents de façon telle que chaque fonction rectifie l'autre au moindre excès. Vous pouvez alors vivre des moments où vous prenez votre vie en main, où vous faites face aux circonstances avec courage et confiance en vous, où vous agissez et réagissez et où vous vous affirmez pour conquérir votre place au soleil. Et vous pouvez alors être d'autant plus efficace que vous savez laisser de coté vos émotions et vos inquiétudes éventuelles, parce que vous savez utiliser consciemment votre imagination pour aplanir les dualités et les obstacles ou parce que vous savez susciter un climat de sympathie là où vous allez.

Puis vous savez vivre d'autres moments où vous vous reposez, vous consacrez à votre foyer et à votre famille, à votre vie privée et à votre santé. Vous savez alors vous battre et agir sans que cela perturbe votre bien être et vous reposer sans permettre à votre situation de se dégrader. Vous savez faire preuve d'une tendresse toute maternelle quand cela est possible tout comme vous savez vous affirmer de façon franche et virile quand cela est nécessaire.

Bien maîtrisée, la relation Lune-Ascendant peut vous conférer un ensemble d'aptitudes qui sont alors vécues d'une façon particulièrement consciente et dynamique. Cela peut par exemple se traduire, pour ce qui concerne la Lune, par des capacités à vibrer les émotions, à faire face au public ou à être en résonance avec lui, à ressourcer et se ressourcer ou à utiliser des valeurs refuges (musique, dessin, l'eau) qui sont hors du commun et pour ce qui concerne l'Ascendant par un dynamisme, une combativité, une capacité à vous motiver et à prendre des décisions, un courage, un sens de l'efficacité et des capacités physiques qui sont au-dessus de la moyenne.

Vous êtes alors particulièrement capable de vous battre, de conquérir, de vous affirmer, de vous engager, de mobiliser vos énergies, de déployer les grands moyens, de faire usage de la force et s'il le faut de l'agressivité lorsqu'il s'agit de créer votre univers intime, un foyer, une famille ou un clan, lorsqu'il s'agit d'acquérir, de préserver ou de défendre votre cadre de vie, votre bien être, votre équilibre personnel ou votre progéniture. Vous pouvez également être particulièrement dynamique lorsque vous êtes dans un univers familier avec des frontières bien délimitées (au sein d'un groupe, d'un clan, d'une collectivité ou d'une entreprise familiale par exemple), lorsque vous vivez vos valeurs refuges, lorsque vous êtes dans un climat d'intimité où l'ambiance est sympathique et bon-enfant, bref lorsque vous vous sentez comme chez vous et que vous éprouvez du bien être. Vous connaissez la force des émotions et savez les utiliser pour vous affirmer.

Votre force peut justement être de savoir en toute situation créer un climat d'intimité, une ambiance familière, de vous mettre rapidement dans le bain en faisant partie des événements, mais aussi de pouvoir maîtriser et utiliser activement votre sensibilité, l'émotion, l'image et les valeurs refuges.
Cela peut vous conférer des aptitudes pour diriger un groupe ou une collectivité, pour faire de la musique, du dessin, de la cuisine, pour reproduire, refléter et imiter mais aussi pour des activités en rapports avec le public, la famille, les enfants et la maternité, le foyer, l'immobilier, la biologie, l'alimentation, l'utilisation de l'eau et le passé.

Votre foi et votre nature dynamique vous incite à créer une vie quotidienne pleine d'événements, une vie quotidienne bien remplie, parfois mouvementée et qui résulte avant tout de vos décisions et initiatives. Vous savez en toutes circonstances préserver votre part d'indépendance tout comme vous savez qu'une relation d'interdépendance émotionnelle intense peut être la source d'une très grande force.

MERCURE ASPECT POSITIF ASCENDANT

Lorsque vous abordez la vie, lorsque vous exprimez votre Etre incarné, lorsque vous exercez un ascendant sur le monde, vous avez besoin d'écouter et vous écouter, de communiquer, de savoir rire, vous distraire et vous amuser, de gérer l'information, d'utiliser des outils et des techniques qui facilitent la vie matérielle, de faire du commerce, d'être en lien avec votre environnement, de prendre soin de votre hygiène, de vous mettre au service des autres et de la vie, d'être curieux et ouvert et d'être adapté intelligemment là où vous êtes. Votre intelligence, votre sens du service, votre sens de la communication et vos capacités d'adaptation vous aident à vous exprimer et à faire ce que vous êtes venu faire sur Terre.

Vous êtes particulièrement capable de vous battre, de vous affirmer, de vous impliquer en mobilisant vos moyens pour obtenir des résultats, d'assurer, d'expérimenter et d'aller de l'avant dès que quelque chose vous intéresse, lorsqu'il s'agit d'être informé, de comprendre, d'exprimer ou de défendre vos idées, de découvrir l'inconnu, d'explorer l'environnement, de communiquer, de négocier, de faire du commerce, de vous adapter et lorsque vous êtes entre copains ou avec des proches.

Vous avez besoin de savoir, de comprendre et d'être informé en toute situation. Et vous pouvez être doué dans votre vie active pour bien comprendre ce qui se passe autour de vous, c'est à dire les réalités concrètes qui vous entourent, pour analyser le déroulement des événements, pour voir les germes de situation en cours et pour intellectualiser les rapports de forces, les manifestations d'agressivité et les conflits.

Vous pouvez également être doué pour négocier ou ruser avec vos adversaires potentiels, pour contourner les obstacles en jonglant avec les gens et les événements, pour faire des connaissances et des rencontres intéressantes ou utiles, pour avoir de bonnes idées et pour trouver des solutions astucieuses et ingénieuses aux problèmes d'ordre pratique qui peuvent se présenter à vous.

Votre force est de pouvoir passer rapidement de l'idée à l'acte, de savoir expérimenter sur le terrain ce qui suscite votre curiosité, de savoir improviser sur le champ en fonction des exigences concrètes du moment et surtout de vous adapter rapidement à toute situation en retombant toujours sur vos pieds. Vous savez faire preuve d'une extrême souplesse face aux difficultés et obstacles, et plutôt que de foncer tête baissée et de vous acharner aveuglément, vous réfléchissez, rusez s'il le faut, essayez des solutions et possibilités inédites ou ignorées, inventez des outils et des techniques qui peuvent vous aider, envisagez différents angles d'attaques, allez voir ailleurs si vous pouvez obtenir des renseignements sur l'affaire en question et abordez la situation sous tous ses aspects possibles et imaginables. Bref vous réagissez intelligemment, avec un sens de la tactique et de la stratégie associé à l'improvisation.

Votre curiosité, votre grande ouverture d'esprit et votre disponibilité font que vous êtes prêt à vivre tout et n'importe quoi parce que tout ce que vous vivez vous intéresse et vous concerne, mais de façon souvent superficielle. Vous savez et aimez multiplier les expériences sans forcément vous disperser. Le fait d'être engagé dans une entreprise particulière ne vous empêche pas d'être ouvert à d'autres choses et de vous laissez solliciter par d'autres curiosités. Inversement, les écarts de direction ne vous font pas perdre votre fil conducteur. Agité et agitateur, vous tenez difficilement en place.

Vous avez besoin de mouvement perpétuel, d'air, de liberté, de variété, de diversité, de nouveauté et de changement permanent, de découvrir ce qui vous est inconnu, de faire des rencontres amusantes et de renouveler vos centres d'intérêts. Vous supportez donc difficilement la routine et les emplois du temps rigides.

Une parfaite complicité entre votre force nerveuse et votre énergie vitale, votre capacité à faire travailler ensemble votre intellect et votre corps, votre tête et vos mains ainsi que la maîtrise que vous pouvez avoir sur vos mouvements peut vous conférer des réflexes ultra-rapides et très efficaces, une rapidité de déplacement, une souplesse surprenante et une grande agilité physique, une habileté manuelle capable de manier des instruments, la capacité de faire plein de choses avec vos mains et une vivacité toujours prête à réagir. Vous pouvez être doué pour incarner différents personnages, pour singer tous les rôles, pour jouer la comédie et pour avoir un coté amusant, comique, farceur et très joueur dans tous les sens du terme. Vous pouvez avoir un sens de l'humour prononcé.

Vous pouvez avoir des goûts, des aptitudes et des talents naturels pour la communication, l'écriture, le journalisme, l'automobile, la conduire de véhicules et les petits déplacements, l'enseignement, le conte, les langues et l'interprétariat, le commerce, la gestion du courrier ou des échanges commerciaux, les activités touchants aux jeunes et aux étudiant(e)s, aux jeux, aux jouets, au rire, au mouvement, à l'acrobatie, aux médias, au marketing, aux livres et supports de communication et pour toutes les activités de services.

MERCURE ASPECT DISSOCIE ASCENDANT

Il y a un décalage, une relation permanente, mais discontinue, dissociée, duelle, tendue et conflictuelle entre votre intelligence, votre curiosité, votre sens de l'adaptation et votre personnalité apparente, votre vision de la vie, votre façon de vous exprimer dans la vie, votre façon de vous affirmer et d'exercer un ascendant sur le monde car ces deux parties de vous vibrent à deux fréquences totalement différentes et s'expriment dans deux états d'esprits totalement différents.

Vous devrez donc vivre chacune des deux parties en pleine conscience et faire des efforts pour exprimer les qualités de la planète pour vous affirmer, pour vous exprimer, pour exercer un ascendant sur le monde et pour réaliser votre mission de vie. L'une des clefs, pour pouvoir exprimer votre Etre incarné et pour faire ce que vous êtes venu faire sur Terre, consiste à exprimer les valeurs positives de Mercure. Cela vous demandera un effort de conscience.

Concrètement, pour vous affirmer et pour réaliser votre mission de vie, il est nécessaire d'écouter et vous écouter, de communiquer, de savoir rire, vous distraire et vous amuser, de gérer l'information, d'utiliser des outils et des techniques qui facilitent la vie matérielle, de faire du commerce, d'être en lien avec votre environnement, de prendre soin de votre hygiène, de vous mettre au service des autres et de la vie, d'être curieux et ouvert et d'être adapté intelligemment là où vous êtes. Il est possible que vous ayez des choses à dire ou à écrire. Tout en évitant les excès que vous connaissez trop bien, c'est grâce à votre intelligence, à votre sens du service, à votre sens de la communication et à vos capacités d'adaptation que vous pouvez vous exprimer et réaliser votre mission de vie.

Si Mercure domine au détriment de l'Ascendant.

Vous vivez votre Mercure lorsque vous communiquez, lorsque vous faîtes des rencontres intéressantes, lorsque vous cherchez à vous informer, à brasser des idées pour apprendre et comprendre, lorsque vous exprimez votre curiosité et multipliez vos centres d'intérêts, lorsque vous êtes en mouvement et lorsque vous vous adaptez à l'environnement.

Vous pouvez alors être très sensible aux effets perturbateurs ou aux influences néfastes que peuvent avoir la pression des événements, le face à face avec la réalité, la mobilisation de vos énergies, les efforts à fournir et l'affirmation de votre personnalité lorsque vous communiquez et lorsque vous vous adaptez.

Cela peut vous donner des difficultés à vous affirmer, à vous battre, à mobiliser vos énergies, à vous motiver et vous impliquer, à faire preuve de courage et de dynamisme, à prendre des risques et à passer aux actes lorsqu'il s'agit de communiquer, d'établir des contacts, d'être bien informé, de vous adapter à l'environnement, lorsque vous faîtes des études ou lorsque vous êtes entre copains. Cela peut gêner votre adaptation au monde. Vous pouvez avoir des difficultés à tenir compte des contraintes, des impératifs et de la situation concrète de vos interlocuteurs.

Peut-être vous contentez-vous d'accumuler des connaissances inutiles, de rester au niveau de l'idée et de la spéculation, de brasser de l'air, d'être simplement informé, de vous contenter de savoir que quelque chose est faisable sans vous donner les moyens de mettre vos idées en pratique, sans cherchez à les vérifier par l'expérience concrète et sans leur donner vie, soit parce que l'effort à fournir vous parait excessif, parce que vous ne voyez pas à quoi cela pourrait servir ou soit encore parce que vous avez l'impression que cela ne donnerai aucun résultat. Peut-être avez-vous du mal à être intéressé par ce que vous faîtes ?

Vos projets, idées et solutions ne sont pas toujours fonctionnelles et exploitables parce qu'elles ne tiennent pas compte des impératifs de la réalité extérieure, des exigences pratiques vérifiables sur le terrain, des opportunités et contraintes de la situation présente ou de vos possibilités d'action. Vous pouvez donc avoir tendance à bricoler sans être réellement efficace, à manquer de pragmatisme et parfois à vous compliquer la vie. Vous pouvez avoir tendance à ne pas réellement vivre dans le présent et à ne pas terminer ce que vous avez commencé parce qu'il y a toujours quelque chose d'autre qui vous intéresse et vous sollicite.

Peut-être par exemple avez vous arrêté vos études, des projets ou des écrits en cours de route parce que vous aviez besoin de gagner votre vie ou parce que vous n'aviez pas la patience d'aller jusqu'au bout. Vous pouvez cependant être insatisfait dans votre vie parce que vous avez l'impression qu'il y a un manque d'action, de combats, d'événements, parce que vous avez l'impression de ne pas exister au sein de votre environnement ou dans vos relations, que ce que vous dites n'est pas entendu ou ne donne aucun résultat, que vos connaissances ne servent à rien ou que vos efforts pour vous adapter aux exigences de votre situation ne donnent aucun effets concrets.

Si l'Ascendant domine au détriment de Mercure.

Si au contraire votre Ascendant prédomine, vous avez avant tout besoin de vivre dans le présent, d'agir et de réagir, de vous affirmer et de vous engager, d'assurer dans la réalité, de mobiliser vos énergies pour obtenir des résultats, d'extérioriser vos instincts et de faire face aux défis qui peuvent se présenter. Vous pouvez alors être sensibilisé aux effets perturbateurs que peuvent causer la spontanéité, la disponibilité, l'influence de l'entourage, ce qui se raconte autour de vous, votre savoir ou votre manque de savoir, votre sens de l'adaptation, vos très nombreux centre d'intérêts, votre liberté de mouvement et la communication sur votre vie active, vos engagements et vos résultats. Cela peut vous donner tendance à renier, à rejeter et à refouler tout ou une partie de Mercure.

Vous pouvez alors n'avoir tendance à accorder votre foi qu'aux résultats, qu'aux faits concrets, qu'à l'expérience vécue et qu'à ce qui est utile, pratique et fonctionnel. Mais votre tendance à rejeter toute réflexion, toute spéculation purement mentale, toute recherche d'information, toute curiosité simplement intéressante, toute discussion gratuite ou toute rencontre amusante, peut être parce que vous les considérez comme étant superficielle, inutiles et inefficace.

Vous pouvez alors avoir des difficultés à comprendre ce qui se passe autour de vous, à analyser le déroulement des événements et les exigences de la situation, à intellectualiser les rapports de force et les conflits, à négocier ou ruser avec vos adversaires, à faire preuve de souplesse et de disponibilité dans votre vie active, et à contourner les obstacles en jonglant avec les gens et les événements. Vos difficultés dans la vie active peuvent provenir du fait que l'idée d'action n'est pas assez présente chez vous, d'une tendance à ne pas assez réfléchir avant d'agir, de ne pas assez communiquer avec les personnes présentes dans la situation, de ne pas vous informer comme il le faudrait ou d'un manque de curiosité et d'ouverture d'esprit.

La puissance de votre vision frontale fait que vous n'utilisez pas assez votre vision périphérique. Une tendance à être complètement identifié à l'intensité de votre présent et à être accaparé par vos élans et instincts peut vous empêcher d'aborder la situation sous tous ses aspects possibles, d'explorer des solutions inédites, d'envisager différents angles d'attaques, de vous ouvrir à d'autres perspectives, d'avoir des idées nouvelles, d'aller voir ailleurs comment ça se passe, de tenir compte de l'ensemble de l'environnement et de vous adapter. Peut-être ne faîtes vous pas assez d'efforts pour communiquer ou que vous ne vous donnez pas les moyens de vous adapter ?

Quand Mercure est dominant en excès.

Lorsque vous êtes identifié à Mercure, vous pouvez avoir tendance à l'être excessivement. L'influence excessive de Mercure peut vous conférer une tendance à rester à la surface des choses, à mener une vie futile, superficielle ou instable, à manquer de profondeur, de poids, de sérieux, de discipline, de maturité, d'ampleur et de structures, à ne pas savoir utiliser autre chose que le mental et la raison pour faire face à toute situation, à jongler avec la vérité en fonction de vos intérêts personnels, à vous disperser dans plusieurs activités en même temps, à ne pas aller jusqu'au bout de vos entreprises parce que d'autres sollicitations mobilisent votre énergie et à tourner en rond dans la vie parce que vous vous limitez à la satisfaction de votre curiosité perpétuellement changeante.

Cette influence se traduit par une tendance à trop réfléchir, à tout le temps vouloir analyser, intellectualiser ou cataloguer au détriment du vécu et de la spontanéité, à envisager trop de solutions à la fois, à dilapider la force acquise en paroles inutiles, à toucher à tout sans rien finir ou à être tellement curieux que vous pouvez vivre n'importe quoi, à ne vous sentir concerné que par ce qui vous intéresse, à déformer la vérité selon votre intérêt, à vous attribuer des réalisations fictives ou à dénigrer les réalisations d'autrui pour compenser un manque de réalisations personnelles. Vous vous compliquez parfois l'existence par votre curiosité parce qu'une tendance à être toujours à la recherche d'autres possibilités vous empêche de faire ce que vous avez à faire dans le présent. Vous ne faîtes pas toujours ce que vous dites et ne dites pas toujours ce que vous faîtes.

Peut être préférez vous vous amuser et vous distraire, critiquer, sortir avec les copains et faire des rencontres intéressantes, étudier pour vous instruire, brasser des idées et des projets plutôt que d'agir et de faire face aux exigences de la vie ? Ou peut-être vous servez-vous de votre curiosité, de vos études, de vos écrits, de vos copains pour ne pas agir et vous engager dans la vie ?

Pour positiver cette relation.

Pour transformer la relation Mercure-Ascendant dissociée en relation consciente et dynamique, il peut être utile d'effectuer un travail sur vos capacités de communication et d'adaptation, sur l'adolescence, sur le rôle que doivent avoir l'information, le mouvement et le jeu dans votre vie mais aussi sur le rôle que doivent avoir la motivation, le courage, la prise de décision, l'engagement, la combativité et l'action au sein de votre personnalité et de votre vie. Un travail sur la conscience corporelle (Tai-chi, yoga) et un peu de sport (sport d'adresse, tennis, ping-pong, escrime) peuvent vous faire le plus grand bien.

Les deux parties de votre personnalité peuvent être vécues dans des états d'esprit, dans des lieux ou à des moments très différents, de façon à ce que chacune rectifie l'autre au moindre excès.
Vous pouvez alors vivre des moments où vous êtes dans une dynamique d'ouverture et d'exploration, où vous vous divertissez et vous distrayez dans la détente, où vous êtes disponible pour faire des rencontres amusantes et pour vous consacrer à ce qui vous intéresse, où vous êtes en mouvement, où vous communiquez avec votre environnement proche et où vous vous informez pour vous adapter.

Puis vous pouvez vivre des moments où vous prenez votre vie en main, où vous faites face aux circonstances avec courage et confiance en vous, où vous agissez et réagissez et où vous vous affirmez pour vivre votre vie. Vous savez agir en court-circuitant votre raison si nécessaire et réagir avec une extrême rapidité. Vous savez aussi utiliser votre intelligence, votre raison et un sens de la stratégie pour agir plus efficacement et pour calmer vos instincts quand ceux ci deviennent trop intempestifs. Vous savez développer des idées et des théories qui ne sont pas à priori utiles et fonctionnelles mais vous savez aussi être parfaitement informé, et vous adapter intelligemment lorsque vous avez quelque chose à faire. Vous pouvez alors être redoutablement efficace parce que vous êtes particulièrement souple, habile, mobile et intelligent.

Bien maîtrisée, la relation Mercure-Ascendant peut vous conférer un ensemble d'aptitudes qui sont alors vécues d'une façon particulièrement consciente et dynamique. Cela peut par exemple se traduire, pour ce qui concerne Mars, par un dynamisme, une combativité, un sens de l'efficacité, des capacités physiques qui sont au-dessus de la moyenne et pour ce qui concerne Mercure par une intelligence, une souplesse, un sens de l'adaptation, un sens de l'analyse, des capacités manuelles, des dons oratoires ou des aptitudes pour l'écriture qui sont hors du commun.

Vous pouvez avoir des goûts, des aptitudes et des talents naturels pour la communication, l'écriture, le journalisme, l'automobile, la conduire de véhicules et les petits déplacements, l'enseignement, le conte, les langues et l'interprétariat, le commerce, la gestion du courrier ou des échanges commerciaux, les activités touchants aux jeunes et aux étudiant(e)s, aux jeux, aux jouets, au rire, au mouvement, à l'acrobatie, aux médias, au marketing, aux livres et supports de communication et pour toutes les activités de services.

VENUS ASPECT POSITIF ASCENDANT

Lorsque vous abordez la vie, lorsque vous exprimez votre Etre incarné, lorsque vous exercez un ascendant sur le monde, vous avez besoin de vous incarner, d'utiliser votre intelligence relationnelle et votre capacité à créer des liens, de participer à la civilisation, d'être capable d'attirer, de plaire et de séduire, de gérer l'argent et la matière avec justesse, de créer des richesses et d'incarner l'abondance, d'exprimer votre sens juridique ou artistique, d'expérimenter l'association et la vie de couple, de vivre selon vos vrais désirs, d'être heureux et joyeux et de vivre en harmonie là où vous êtes. Votre intelligence relationnelle, votre aptitude à gérer la matière, votre sens de la beauté, de l'harmonie et de la justice vous aident à vous exprimer et à faire ce que vous êtes venu faire sur Terre.

Les sens, les sensations et les sentiments prédominent dans votre personnalité et c'est à travers eux que vous abordez le monde, en laissant de coté la raison, l'intellect et les pensées au profit de ce qui vous plait et vous séduit. Vous avez donc tendance à vous exprimer en fonction des effets que produisent le monde extérieur sur vos sens ou en fonction des émotions et sentiments ressentis au contact du monde. Vos goûts, vos souhaits, vos désirs et vos choix affectifs font que quelque chose vous plaît ou ne vous plaît pas, vous attire et vous séduit, et c'est cela qui dicte votre conduite. Vous adoptez ce envers quoi vous ressentez des affinités, une attraction naturelle, un courant de sympathie, un sentiment de joie et de plaisir ou une émotion esthétique.

Et vous vous détournez du reste, de ce qui vous donne un sentiment de déplaisir, de ce qui vous est antipathique, de ce qui s'éloigne du juste milieu ou de ce qui est pour vous synonyme de rupture d'équilibre. Vous fuyez et évitez les extrêmes, la violence et les tensions. Vous recherchez en permanence l'équilibre, l'harmonie, la modération et la tempérance.

Des facilités pour aplanir les conflits, pour réduire les tensions, pour désamorcer les crises et pour trouver des compromis ou des solutions à l'amiable ainsi qu'un sens inné de la justice, de la conciliation et de la réconciliation peut vous conférer des dons pour la diplomatie. Très sensible aux couleurs, aux parfums et odeurs, aux sons et aux images, à la présentation, aux nuances et à l'harmonie des formes, à la beauté et à l' esthétique, vous pouvez avoir un sens des proportions et des dosages développé, des facilités pour exprimer la beauté et la grâce à travers un art, pour produire des formes, pour agrémenter et décorer, pour colorer et parfumer, et pour créer un cadre harmonieux et équilibré.

Cette capacité à exprimer la forme peut vous donner un goût ou des aptitudes pour faire du théâtre, pour embellir la réalité, pour vous faire des films ou pour jouer la comédie. Elle peut également vous rendre idéaliste. Cette fonction psychologique vous rend donc raffiné et plein de finesse. Elle vous donne une certaine gourmandise, une certaine avidité matérielle ou financière, le goût des belles choses et en général du bon goût.

Votre nature sentimentale vous fait surtout vivre par, pour et à travers les autres. La solitude tend à vous rendre triste. Vous vous attachez aux objets et aux gens. Vous recherchez donc spontanément la compagnie d'autrui en fonction des affinités ressenties. Vous cherchez à plaire et à faire plaisir à l'autre, mais aussi à le charmer, à l'émouvoir et à le séduire. Vous avez plus que d'autres besoin de relations sociales basées sur une entente cordiale.

Vous avez besoin de partenaires, d'alliances, d'une relation privilégiée et d'un pôle complémentaire avec qui vous associer, partager, vous unir, vous détendre, créer des liens harmonieux et éprouver de la joie et du bonheur, ou de façon plus terre à terre avec qui vous pouvez vivre l'amour charnel terrestre et éprouver des plaisirs sensoriels. Vos relations sociales et sentimentales constituent souvent votre préoccupation principale. Votre moral et votre vie extérieure dépendent largement de votre situation affective. Sensuel et voluptueux, le plaisir des sens a pour vous beaucoup d'importance.

Vous avez de nombreux atouts, que ce soit pour créer pour vivre des relations sociales mondaines, pour vivre des relations privilégiées ou pour créer un couple. Votre apparence et vos formes sont souvent gracieuses, élégantes, harmonieuses, raffinées, belles, susceptible de susciter chez autrui une émotion esthétique et capable d'éveiller le désir. Si ce n'est pas le cas, vous avez alors en général beaucoup de charme et un certain magnétisme pouvant susciter chez autrui des émotions, un courant de sympathie ou un sentiment de joie. Vos relations sont facilitées par votre capacité à compatir, à être dévoué voire désintéressé, à être tolérant, accommodant, sincère, attentionné, câlin et à pardonner facilement, à être souvent d'accord et à accorder votre personnalité à celle de l'autre en faisant les concessions nécessaires. Vous savez aussi dépasser votre ego pour faire plaisir à autrui, en tenant compte de ses goûts et désirs, soigner votre forme et la forme en général, être joyeux et de bonne humeur et faire preuve de bonté, de gentillesse, de douceur et de tendresse.

Ces qualités peuvent faire de vous une personne sociable et très agréable à vivre. Elles peuvent vous permettre de créer de nombreuses relations qui peuvent contribuer à vous faciliter la vie, que ce soit dans la vie professionnelle ou dans la vie privée.

Votre humilité, votre réceptivité, votre modestie et votre simplicité vous permettent d'accepter ce qu'autrui peut vous offrir. La présence dominante de cette fonction psychologique dans votre personnalité est le plus souvent synonyme de chance, tant au niveau financier que dans la vie privée ou professionnelle. Elle vous permet d'être à l'abri du besoin. Elle vous prédispose à mener une vie tranquille et sans histoire, et à vivre un bonheur simple au quotidien. Ceci est valable dans la mesure où des fonctions psychologiques de nature contraires ne sont pas également prédominantes.

La relation Vénus-Ascendant vous rend calme, détendu et paisible. Vous n'avez cependant pas énormément d'énergie, êtes assez vite fatigué, n'êtes pas très résistant et pouvez avoir du mal à fournir des efforts prolongés. Vous recherchez donc naturellement des activités n'impliquant pas une trop grande dépense d'énergie. Vous avez souvent besoin d'être encadré et stimulé dans votre travail. Vous aimez prendre votre temps, prendre le temps de vivre et vous sentez mal à l'aise dans la précipitation ou face à des pressions. Vous avez souvent besoin, avant de vous lancer, d'une phase de conditionnement ou de préparation qui peut être plus ou moins longue. Vous repoussez parfois jusqu'au dernier moment le travail à faire en vous obligeant ainsi à faire preuve de précipitation.

Vous ne vous posez pas trop de questions existentielles et prenez la vie comme elle vient, en vivant parfois au jour le jour, en menant une vie d'artiste. Vous pouvez avoir des goûts, des aptitudes et des talents naturels pour accueillir et recevoir, créer des liens, faire se rencontrer des personnes pour que la relation apporte un plus à chacun, pour concilier, décorer, harmoniser, équilibrer, embellir, maquiller, pour les activités juridiques, pour les activités de loisirs, pour la danse, l'art, la photo, la mode, la parfumerie, la décoration, pour utiliser votre sens artistique et esthétique, pour tout ce qui permet de rendre la vie plus agréable et pour tout ce qui permet à la civilisation d'exister.

VENUS ASPECT DISSOCIE ASCENDANT

Il y a un décalage, une relation permanente, mais discontinue, dissociée, duelle, tendue et conflictuelle entre votre intelligence relationnelle, vos désirs, vos choix et votre personnalité apparente, votre vision de la vie, votre façon de vous exprimer dans la vie, votre façon de vous affirmer et d'exercer un ascendant sur le monde car ces deux parties de vous vibrent à deux fréquences totalement différentes et s'expriment dans deux états d'esprits totalement différents. Vous devrez donc vivre chacune des deux parties en pleine conscience et faire des efforts pour exprimer les qualités de la planète pour vous affirmer, pour vous exprimer, pour exercer un ascendant sur le monde et pour réaliser votre mission de vie. L'une des clefs pour réaliser votre mission de vie consiste à exprimer les valeurs positives de Vénus. Cela vous demandera un effort de conscience.

Pour pouvoir vous exprimer et réaliser votre mission de vie, il est nécessaire d'utiliser votre intelligence relationnelle et votre capacité à créer des liens, de participer à la civilisation, d'être capable d'attirer, de plaire et de séduire, de gérer l'argent et la matière avec justesse, de créer des richesses et d'incarner l'abondance, d'exprimer votre sens juridique ou artistique, d'expérimenter l'association et la vie de couple, de vivre selon vos vrais désirs, d'être heureux et joyeux et de vivre en harmonie là où vous êtes. Tout en évitant les excès que vous connaissez trop bien, c'est grâce à votre intelligence relationnelle, à votre sens de ce qui est juste, à votre capacité à bien gérer l'argent et la matière et à vivre une vie équilibrée que vous réaliserez votre mission de vie et que vous exercerez au mieux un ascendant sur le Monde.

Si Vénus domine au détriment de l'Ascendant.

Quand Vénus domine en vous, vous vivez selon vos désirs, votre besoin d'être en lien avec autrui et selon vos sentiments. Vous avez besoin d'exprimer votre sensualité, de vivre en fonction de ce qui vous plaît ou ne vous plaît pas, en fonction des attractions et affinités que vous pouvez ressentir avec autrui. Vous vous consacrez alors à vos relations, à votre vie de couple, à vivre selon votre plaisir, vos goûts et vos préférences personnelles. Vous cherchez à vous enrichir et à gérer votre capital. Il vous faut agrémenter et embellir la réalité, attirer, séduire, créer du bonheur et de l'harmonie, partager avec l'autre, d'exprimer votre sociabilité envers des membres de votre civilisation et de jouer votre rôle dans la civilisation.

Vous pouvez alors être très sensible aux effets perturbateurs ou aux influences néfastes que peuvent avoir la pression des événements, le face à face avec la réalité, la mobilisation de vos énergies, les efforts à fournir et l'affirmation de votre personnalité lorsque vous êtes en lien avec autrui, lorsque vous exprimez vos désirs et lorsque vous effectuez vos choix. Peut-être avez-vous cru à un moment donné dans votre vie qu'on ne vous aimerait plus, que vous risquiez de perdre votre équilibre ou la tendresse de personnes qui comptaient pour vous, si vous vous faisiez ce que vous aviez envie de faire, si vous vous mettiez en colère, si vous vous battiez ou si vous vous affirmiez?

Une réceptivité excessive, dans votre chair, à ce qui se passe autour de vous, aux réalités qui vous entourent, aux manifestations d'agressivité, aux rapports de force, aux ordres et aux menaces, aux différences, aux obstacles, aux efforts qu'il faut fournir pour obtenir des résultats et une difficulté à vivre dans le présent ou à être détendu dans l'action peut rendre difficile votre insertion dans la vie active. Votre sensibilité à fleur de peau fait que vous pouvez vous sentir en rupture d'équilibre et blessé affectivement dès qu'il y a un heurt, un désaccord, une contrariété ou un choc.

Peut-être refusez-vous la confrontation avec la réalité en fuyant le monde et ses combats ? Si vous avez du mal à vous accorder aux réalités qui vous entourent, peut être est ce parce que vous ne vous sentez pas bien dans votre corps, parce que vos instincts vous déséquilibrent quelque part, parce que vous et vos élans instinctifs sont deux êtres différents et parce que vous contrôlez mal vos énergies vitales. Il peut être important pour vous d'apprendre à ressentir votre force, votre énergie, votre corps et vos instincts.

Cela peut engendrer une difficulté à vous battre, à mobiliser vos énergies, à vous motiver, à prendre des risques, à franchir les obstacles, à gérer les rapports de force, les heurts, les conflits, les discussions et les tensions, à être pratique et fonctionnel, à vous engager dans une entreprise quelconque à vous exprimer en toute spontanéité et à vous affirmer lorsqu'il s'agit d'acquérir ou de préserver un état d'équilibre, de séduire, de construire une vie affective, de vivre une relation à deux, de profiter des joies et plaisirs de la vie, de jouer votre rôle dans la civilisation, de conquérir votre bonheur ou lorsque quelque chose ou quelqu'un vous tient à cœur.

Et peut-être manquez-vous d'assurance et de confiance en vous lorsqu'il s'agit de séduire ? Vous pouvez avoir du mal à vous impliquer dans vos relations et à faire vraiment partie de la situation, ou à tenir compte des contraintes, des impératifs et de la situation concrète de vos partenaires. Un manque d'efficacité lorsqu'il s'agit d'exprimer vos goûts, vos choix, vos préférences et de réaliser vos désirs peut provenir du fait que vous ne vous donnez pas les moyens de les concrétiser ou que vos goûts, désirs et sentiments ne sont pas toujours fonctionnels et pratiques parce qu'ils ne tiennent pas compte de la situation concrète de l'autre ou des autres, de vos propres moyens et de vos expériences précédentes, des obstacles à franchir ou des opportunités et contraintes de la situation.

Si l'Ascendant domine au détriment de Vénus.

Quand vous vivez votre Ascendant, vous avez avant tout besoin de vivre dans le présent, d'agir et de réagir, de vous affirmer et de vous engager, d'assurer dans la réalité, de mobiliser vos énergies pour obtenir des résultats, d'extérioriser vos instincts et de faire face aux défis qui peuvent se présenter. Vous pouvez alors être sensibilisé aux effets perturbateurs de tout ou une partie de Vénus sur votre vie active, sur votre situation concrète, sur vos engagements. Vous pouvez avoir tendance à croire que toute attache à un être ou à un objet, tout désir, tout témoignage d'affection, toute détente, tout plaisir et tout laissez allez risque de se faire au détriment de votre liberté d'action, de votre performance, de votre aptitude à assurer, de votre capacité à faire face aux réalités et à tenir vos engagements. Cela peut vous inciter à renier, à rejeter et à refouler tout ou une partie Vénus.

Un rejet de Vénus peut vous donner des difficultés à faire vos propres choix, à créer des relations harmonieuses avec autrui, à croire au bonheur, à être équilibré, à vous engager affectivement ou à participer à votre civilisation. Il peut également vous donner tendance à dénigrer, à réprimer, à refouler et à rejeter, parce que vous les considérez peut être comme des faiblesses, vos désirs et vos attentes ou ceux des autres, l'expression de vos sens ou de vos sentiments, toute relation privilégiée, tout partage, les joies et plaisirs du quotidien qui agrémentent l'existence, les valeurs artistiques et esthétiques ou tout ce qui touche à l'argent et au matériel. Un tel refoulement peut vous donner l'impression qu'il vous manque dans votre vie un bonheur affectif, une relation privilégiée stable et concrète, du temps pour vous consacrer à vos loisirs et à ce qui vous fait plaisir, ou une richesse matérielle à laquelle vous aspirez. Il peut y avoir en vous une dissociation entre l'activité et l'argent, deux valeurs qui sont vécues dans des états d'esprits totalement différents.

Quand Vénus est dominante en excès.

Quand vous êtes identifié à Vénus, vous pouvez avoir tendance à l'être excessivement. Une tendance à faire de tout une affaire de sentiments, à dépendre de façon excessive de votre impression de plaisir ou de déplaisir pour agir ou ne pas agir et à trop peser le pour et le contre là où il faut décider peut limiter votre efficacité et vous rendre mal à l'aise dès lors qu'une situation ne vous est pas agréable, lorsque vous ne ressentez pas d'affinités avec votre interlocuteur ou lorsque l'on ne vous témoigne pas attention et tendresse. Une influence excessive des sentiments et des désirs peut se traduire par une humilité excessive, par une subjectivité empêchant de voir les choses en face, par une tendance au laxisme, à l'insouciance, au laissez aller et par une attitude partisane du moindre effort dans la vie active. Une tendance à croire que toute différence, tout désaccord ou tout conflit risque de mettre en péril les relations affectives qui comptent pour vous peut vous inciter à être trop gentil, trop d'accord et trop conciliant, en recherchant à tout prix l'harmonie, en évitant toute différence, toute querelle ou tout conflit. Il peut donc être important pour vous d'apprendre à gérer des situations où vous n'êtes pas en accord avec l'autre.

Vous laissez parfois trop les autres ou les événements dicter votre conduite, vos états affectifs et décider à votre place. Une tendance à tellement vous situer en fonction de l'autre ou à vous conformer aux désirs d'autrui peut vous rendre dépendant et vous faire perdre une partie de liberté d'action ou de votre force de frappe. Vous ne vous sentez parfois exister ou vous acceptez parfois un engagement relationnel, affectif ou financier que lorsque, selon vous, vous n'avez pas le choix. Vous pouvez être très doué pour garder le sourire, pour vous montrer aimable, pour jouer la comédie, pour faire l'autruche et pour tromper plus ou moins consciemment les autres ou vous-même en montrant une apparence qui ne reflète pas forcément vos intentions, vos décisions, votre colère, les données concrètes de la situation ou ce que vous vivez en d'autres lieux et circonstances.

Un désir exagéré de plaire et de séduire, une recherche frénétique de plaisirs sensoriels ou de relations, une tendance à ne vivre que pour le plaisir et à mener une vie futile peut être un moyen pour vous de fuir les contraintes et obligations professionnelles. Vous pouvez avoir tendance à accorder une trop grande importance à l'argent. Vous pouvez aussi avoir tendance à rechercher des relations faciles qui ne vous donne pas la possibilité de trouver le bonheur sentimental. Dans certains cas extrêmes, une sensualité déchaînée peut mener à la débauche.

Pour positiver cette relation.

Pour transformer la relation Vénus-Ascendant dissociée en relation consciente et dynamique, il peut être utile d'effectuer un travail sur l'image de la mère et de la femme, sur le couple et la vie affective, sur le relationnel, sur le rôle de la forme et de l'harmonie et sur le rôle que doivent avoir la motivation, la prise de décision, l'engagement, la combativité et l'action au sein de votre personnalité et de votre vie. Un travail sur la conscience corporelle (Danse, Tai-chi, Tantrisme) et un peu de sport peuvent vous faire le plus grand bien. Le sport et l'exercice physique peuvent vous aider à canaliser votre énergie et à développer votre combativité tandis qu'une activité artistique ou artisanale peut être pour vous un moyen d'expression.

Cette facette de votre personnalité peut être gérée et canalisée en oscillant entre les deux fonctions psychologiques qui sont vécues dans des états d'esprit très différents de façon telle que chaque fonction rectifie l'autre au moindre excès. Vous pouvez alors vivre des moments où vous prenez votre vie en main, où vous faites face aux circonstances avec courage et confiance en vous, où vous agissez et réagissez et où vous vous affirmez pour conquérir votre place au Soleil.

Puis vous consacrez une autre période (de la journée, de l'année ou de votre vie) dans un autre lieu et/ou dans un autre état d'esprit, où vous vivez votre vie relationnelle, votre vie sociale et votre vie de couple, où vous exprimez votre sensualité et vos sentiments dans le cadre d'une relation privilégiée, où vous vous détendez en profitant des joies de la vie, ou vous vous consacrez à vos vrais désirs et à ce qui vous fait plaisir. Vous savez mobiliser vos moyens, même si la situation ne vous parait pas forcément agréable, en mettant de coté vos sentiments, vos goûts et vos préférences, tout en veillant à ce que votre équilibre soit préservé. Cela peut vous rendre d'autant plus efficace.

Bien maîtrisée, la relation Vénus-Ascendant peut vous conférer un ensemble d'aptitudes qui sont alors vécues d'une façon particulièrement consciente et dynamique. Cela peut se traduire, par un sens esthétique ou artistique, un sens de la gestion, par des aptitudes relationnelles, un pouvoir de séduction et un sens de l'harmonie qui sont très au-dessus de la moyenne. Vous pouvez avoir des goûts, des aptitudes et des talents naturels pour accueillir et recevoir, créer des liens, faire se rencontrer des personnes pour que la relation apporte un plus à chacun, pour concilier, décorer, harmoniser, équilibrer, embellir, maquiller, pour les activités juridiques, pour les activités de loisirs, pour la danse, l'art, la photo, la mode, la parfumerie, la décoration, pour utiliser votre sens artistique et esthétique, pour tout ce qui permet de rendre la vie plus agréable et pour tout ce qui permet à la civilisation d'exister.

MARS ASPECT POSITIF ASCENDANT

Lorsque vous abordez la vie, lorsque vous exprimez votre Etre incarné, lorsque vous exercez un ascendant sur le monde, vous avez besoin de vous motiver, de prendre des décisions, d'être dans la vie et dans l'action, d'utiliser votre force et d'entreprendre, d'être audacieux et courageux, de mobiliser votre énergie pour atteindre vos objectifs, de combattre avec la volonté de vaincre, d'être à l'écoute de votre corps et de vos vrais désirs, de faire du sport, d'agir dans le monde de l'entreprise, d'assurer, d'être performant et de faire face aux réalités extérieures pour vous tailler une place dans le monde. Votre force, votre combativité, votre courage, votre dynamisme et votre sens de l'entreprise et de l'efficacité vous aident à vous exprimer et à faire ce que vous êtes venu faire sur Terre.

Dynamique, émotif et instinctif, vous avez tendance à vous identifier à votre corps, à ses instincts et aux forces guerrières de votre âme. Vous vous fiez largement à votre instinct et avez une certaine dose de flair. Vous êtes très sensibles aux dualités, aux différences et aux obstacles qu'il y a entre vous et le monde.

Vous croyez facilement que la vie est dure, qu'il faut assurer et se battre pour vivre, et qu'il y a toujours entre vous et vos objectifs des obstacles, des adversaires ou des ennemis. Vous avez souvent, très tôt dans la vie, par besoin ou par nécessité, cherché à conquérir votre place au soleil, à vous confronter aux réalités du monde extérieur et aux autres, à vivre des expériences en direct et sur le terrain, à développer votre savoir faire et vos compétences, à vous engager ou à vous investir dans un projet, à vous battre pour réaliser vos objectifs et à mener votre barque de façon autonome.

Vous aimez la force et avez parfois un goût pour les actions héroïques. Vous avez besoin de vivre à un rythme intense, de carburer, d'émotions fortes, d'aventure, de conquêtes, de vous dépenser et de vous défouler, de vie, de passion, d'action, de tension, d'une part de risque et de danger, de défis et souvent aussi de confrontations. L'ivresse de la victoire et la rage de vaincre vous stimulent et la confrontation à des obstacles ou à des adversaires aiguise vos armes.

Le pire des supplices pour vous serait d'être réduit à l'inaction, de ne plus avoir d'adversaires ou d'obstacles en face de vous pour maintenir la tension ou de tomber dans la routine et la monotonie. Parce que vous connaissez vos moyens, vous avez confiance en vous. Et vous vivez en fonction de certitudes émotives. Vous savez parce que vous vivez les choses, parce que vous les voyez, les sentez et les éprouvez.

Vous aimez rarement être servi sur un plateau. Pour vous, tout se gagne et se mérite, toute victoire est l'issu d'un combat et tout résultat ne peut être obtenu que par l'initiative et l'action. Dans la mesure où c'est ce que vous croyez, la vie vous oblige sans cesse à lutter.

Vous accordez surtout votre confiance qu'à ce qui a fait ces preuves. Vous préférez expérimenter et vérifier par vous même plutôt que de tenir compte d'informations extérieures. Vous tendez à croire que l'on est jamais aussi bien servi que par soi-même. Vous savez donc foncer tête baissée et armes au poing dans le feu de l'action, vous identifier complètement à votre situation présente au point que plus rien d'autre n'existe pour vous, vous donner à fond dans une entreprise, mobiliser toutes vos énergies, faire ce qu'il y a à faire pour atteindre le résultat recherché et vous donner les moyens nécessaires pour être efficace.

Vous savez prendre le taureau par les cornes, improviser sur le champ en fonction des nécessités qui s'imposent, surmonter les obstacles et faire face à la réalité. L'échec éventuel ne vous fait pas peur et vous êtes prêt à recommencer autant de fois qu'il le faut pour parvenir à vos fins.

Votre capacité rapide de réaction, votre capacité à prendre des décisions rapidement et les moyens dont vous disposez peuvent, en étant bien exploités, déboucher sur de grandes réalisations. Vous êtes parfois dur avec vous même, avec les autres et avec la vie qui souvent vous le rend bien. Vigoureux, débordant d'énergie et de vitalité, courageux, intrépide, hardi, vaillant, audacieux, alerte, vigilant, toujours en éveil, dynamique, conquérant, offensif, percutant, enthousiaste, élancé et performant, vous allez au devant des événements, les provoquez, imposez vos désirs et points de vue et cherchez à façonner le monde selon votre vision.

Vous êtes direct, franc, allez droit au but quitte à renverser les obstacles sur le passage et n'aimez pas les complications. Vous êtes assez extrémiste, adoptez une politique du tout ou rien, ne faites pas les choses à moitié et n'aimez guère la tiédeur, la médiocrité et les gens mous. Vous n'attendez pas non plus grand chose des discours et spéculations. Pratique, fonctionnel et opérationnel, il vous faut agir sur les événements, expérimenter, découvrir par vous même et obtenir des résultats concrets.

Vous avez besoin de vous affirmer, de vous imposer en faisant usage de la force, d'être le premier, d'être devant les autres à la tête du troupeau, de montrer que vous existez et de montrer que vous êtes le plus fort ou le meilleur. Vous pouvez avoir des capacités pour entraîner, pour animer et pour diriger en occupant un rôle de chef. L'idée de lutte et de compétition est très présente en vous de façon plus ou moins saine. Souvent pressé et brûlant parfois les étapes, vous avez du mal à levez le pied de l'accélérateur et trouvez facilement que les choses ne vont pas assez vite. Votre tendance à vivre dans une course perpétuelle contre la montre font que les autres n'arrivent pas toujours à vous suivre. Vous aimez les résultats rapides, battre le fer pendant qu'il est chaud et adoptez parfois une politique du tout tout de suite.

Un coté parfois imprudent, impulsif et casse-cou peut vous occasionner des blessures, des coupures, des brûlures et laisser des cicatrices. Mais vous vous en remettez rapidement et repartez aussitôt. Vous n'aimez guère vous attarder sur une affaire, aimez quand les choses sont faites et faites efficacement, et avez besoin d'un renouvellement permanent. On vous décrit parfois comme un être primaire parce que les stimuli du monde extérieur produisent sur vous le maximum d'effets dans l'instant même ou ils vous atteignent, mais s'émoussent rapidement, laissent peu de trace et sont sans lendemain. Le sang et des poussées d'adrénaline peuvent vous monter rapidement à la tête, vous transformer en feu de paille, vous faire exploser de colère, vous consumer de passions mais sans que cela dure très longtemps.

Vous pouvez vous échauffer, vous énerver et vous sentir assez facilement irrité dans la mesure où vous réagissez sur le vif, mais vous oubliez vite et n'êtes pas rancunier. Vous apprenez vite, vivez dans le présent et désapprenez tout aussi vite ce qui vous permet de renouveler avec la même fraîcheur le vécu présent. Si votre mémoire des mots, des idées, des sentiments et des images n'est pas excellente et peut ressembler à une passoire, vous avez en revanche une très bonne mémoire gestuelle et expérimentale, une capacité à saisir le fonctionnement des choses et une capacité à les faire fonctionner.

Vous avez une franchise assez crue, appelez un chat un chat et n'hésitez pas à dire à chacun ses quatre vérités quitte à engendrer des réactions hostiles. Vous savez dénoncer courageusement ce qui vous énerve quitte à déranger ou à remuer le couteau dans la plaie. Vous exprimez vos états d'âme avec une transparence, un naturel et une spontanéité facilement prévisible et parfois enfantine. Vos besoins sexuels et votre sensualité sont forts, vos désirs impérieux et vos passions ardentes, mais vous tirez une bonne partie de votre force d'une sexualité bien maîtrisée.

On vous dit être parfois primitif, fougueux, pas très rationnel, agité et agitateur, indiscipliné, agressif, colérique, grosse gueule et un peu sauvage. Vous êtes très sensible aux rapports de forces et aimez vous positionner en dominant. Vous êtes aussi très sensible aux notions de territoire, pouvez vous montrer particulièrement agressif en cas d'intrusion et devez apprendre à laisser à d'autres une place dans votre territoire personnel. Malgré votre côté « animal », votre virilité et votre approche parfois assez brute, vous pouvez faire preuve d'une grande générosité de cœur. Vous pouvez avoir des goûts, des aptitudes et des talents naturels pour travailler dans monde de l'entreprise ou du sport, pour toutes les activités nécessitant l'usage du corps physique et de courage, pour les activités liées aux métaux (mécanique), nécessitant un maniement d'outils ou d'armes et pour tout ce qui concerne les machines, pour les disciplines de combats (police et justice), les professions libérales et les métiers où il y a de l'indépendance et parfois pour certaines activités médicales qui nécessitent l'utilisation d'objets en métal ou de machines.

MARS ASPECT DISSOCIE ASCENDANT

Il y a un décalage, une relation permanente, mais discontinue, dissociée, duelle, tendue et conflictuelle entre vos motivations, vos désirs, vos passions et votre personnalité apparente, votre vision de la vie, votre façon de vous exprimer dans la vie, votre façon de vous affirmer et d'exercer un ascendant sur le monde car ces deux parties de vous vibrent à deux fréquences totalement différentes et s'expriment dans deux états d'esprits totalement différents. Vous devrez donc vivre chacune des deux parties en pleine conscience et faire des efforts pour exprimer les qualités de la planète pour vous affirmer, pour vous exprimer, pour exercer un ascendant sur le monde et pour réaliser votre mission de vie. L'une des clefs pour vous pouvoir exprimer votre Etre incarné et pour faire ce que vous êtes venu faire sur Terre consiste à exprimer les valeurs positives Mars, c'est à dire à exprimer votre force d'une façon constructive. Cela vous demandera un effort de conscience.

Vos instincts chercheront parfois à s'extérioriser d'une façon excessive. Cela peut se traduire par de la colère non maîtrisée, par des désirs sexuels excessivement forts et par des actes et des comportements regrettables. Un manque de contrôle de votre corps et de vos actes peut se traduire par une impulsivité synonyme de chutes, de blessures, de coupures ou de brûlures. Coté santé, vos comportements impulsifs peuvent provoquer des déchirures musculaires ou par des douleurs inflammatoires.

Ces excès peuvent engendrer un sentiment de révolte généralisée, des réactions de contestation systématique, un refus d'obéir aux ordres, d'accepter les choses telles qu'elles sont et de vous discipliner. Vous avez parfois tendance à vous sentir agressé et à réagir violemment quand les choses ne sont pas comme vous le voulez. L'influence excessive de Mars peut se traduire par une difficulté à agir sans forcer ou sans vous précipiter, par une tendance à ne vivre qu'en fonction de vos instincts et de vos besoins personnels au point d'en devenir égoïste, par une tendance à vivre dans un état d'urgence permanent en voulant tout tout de suite, en brûlant les étapes et en voulant aller trop vite, par une tendance à bousculer votre monde d'une façon parfois brutale en provoquant des conflits et des tensions, et donc des rivalités et inimitiés.

Peut-être avez-vous tendance à faire preuve d'une jalousie exacerbée ou à vivre dans un état de compétition et de concurrence permanente en voulant tout le temps être le meilleur, le plus rapide ou avoir le dernier mot ? Peut-être ne croyez-vous pouvoir faire vos preuves que si vous vous opposez à un adversaire ?

Un besoin excessif de sensations fortes, un manque de conscience des dangers réels, une tendance à surestimer vos moyens ou à sous-estimer l'adversaire et les obstacles à franchir peuvent vous donner tendance à brûler la chandelle par les deux bouts ou à vous aventurer dans des voies et des entreprises périlleuses qui aboutissent à l'échec, à la défaite ou parfois à l'autodestruction.

Votre façon d'agir, votre manque de discipline, votre coté sauvage, les impératifs de votre situation ou la pression des événements peuvent alors vous détourner de votre idéal, de vos objectifs et de vos centres d'intérêts, vous faire perdre la reconnaissance, l'estime ou l'amour des personnes qui comptent pour vous et vous empêcher de créer ou de réussir. Votre coté excessivement franc, transparent, parfois naïf, idéaliste, toujours impliqué et concerné par ce qui se passe et toujours présent sur les devants de la scène peut vous prédisposer à subir des abus de confiance parce que vous n'êtes pas toujours attentif à ce qui se passe dans l'arrière scène, dans les coulisses et en bas de l'échelle et parce que vous avez du mal à prendre du recul face aux événements tellement vous vous sentez impliqué. L'envers du décor, les manipulations, les complots, intrigues et magouilles bien souvent vous échappent.

Pour positiver cette relation.

Un travail sur la colère, sur l'énergie, sur la conscience corporelle (Tai-chi, Danse, Yoga, Tantrisme) et quelques heures de sport par semaine peuvent vous faire le plus grand bien. Concrètement, pour vous réaliser, il est nécessaire, tout en évitant les excès que vous connaissez trop bien, de vous motiver, de prendre des décisions, d'être dans la vie et dans l'action, d'utiliser votre force et d'entreprendre, d'être audacieux et courageux, de bien gérer votre énergie et votre sexualité, de mobiliser votre énergie pour atteindre vos objectifs, de combattre avec la volonté de vaincre, d'être à l'écoute de votre corps et de vos vrais désirs, de faire du sport, d'agir dans le monde de l'entreprise, d'assurer, d'être performant et de faire face aux réalités extérieures pour vous tailler une place dans le monde. Vous avez les capacités pour être un modèle d'efficacité et de réussite si vous le voulez.

Vous pouvez avoir des goûts, des aptitudes et des talents naturels pour travailler dans monde de l'entreprise ou du sport, pour toutes les activités nécessitant l'usage du corps physique et de courage, pour les activités liées aux métaux (mécanique), nécessitant un maniement d'outils ou d'armes et pour tout ce qui concerne les machines, pour les disciplines de combats (police et justice), les professions libérales et les métiers où il y a de l'indépendance et parfois pour certaines activités médicales qui nécessitent l'utilisation d'objets en métal ou de machines.

JUPITER ASPECT POSITIF ASCENDANT

Lorsque vous abordez la vie, lorsque vous exprimez votre Etre incarné, lorsque vous exercez un ascendant sur le monde, vous avez besoin d'acquérir les enseignements qui vous permettent de vous intégrer socialement, de connaître les lois, les règles et les codes utilisés dans votre environnement, d'exprimer votre autorité, d'exercer une activité professionnelle, d'élargir vos horizons à travers la culture et les voyages, d'avoir votre espace vital et d'occuper l'espace où vous êtes, d'utiliser votre sens des affaires, de comprendre et d'exploiter les mécanismes financiers, sociaux, culturels et politiques, d'assimiler, d'organiser puis de gérer une quantité croissante d'informations et d'exprimer des qualités comme l'optimisme, le dynamisme, la générosité, la capacité à conseiller, à guider et à enseigner. Votre activité professionnelle, votre aptitude à créer des relations utiles, votre goût des voyages, votre sens des affaires ou votre sens pédagogique vous aident à vous exprimer et à faire ce que vous êtes venu faire sur Terre.

Extraverti, dynamique, enthousiaste, chaleureux, généreux, démonstratif, expansif, souvent jovial, animé d'une bonne humeur communicative et débordant de vitalité et d'énergie, vous abordez le monde avec un certain optimisme. Votre autorité naturelle et votre coté rassurant, protecteur voire paternaliste engendre la confiance et le respect de votre entourage. Vous avez une facilité naturelle pour comprendre et exploiter les mécanismes financiers, sociaux, culturels et politiques, pour utiliser les normes, les lois et les règles du jeu appliquées dans votre milieu, pour assimiler, organiser puis exploiter une quantité croissante d'informations et une vaste culture dont vous pouvez vous servir dans votre vie professionnelle et pour gérer vos ressources ou les ressources humaines et matérielles de votre environnement. Vous pouvez ainsi acquérir une vaste culture dont vous pouvez vous servir dans votre vie professionnelle.

Vous pouvez être doué pour coopérer, pour collaborer et pour agir en tenant compte des intérêts d'un groupe, du contexte spatio-temporel environnant et de l'ensemble de la situation, mais aussi pour trouver des solutions arrangeant tout le monde. Vous savez prendre des initiatives sur le terrain, faire plusieurs choses à la fois, être à l'aise partout et prendre les gens comme ils sont. Vous avez un respect inné de la hiérarchie, des us et coutumes, de l'ordre public et des symboles d'autorité. Vous avez des facilités pour communiquer avec autrui, grâce à votre grande disponibilité, à votre coté compréhensif, à votre ouverture d'esprit et à votre capacité à utiliser et maîtriser un langage partagé par l'ensemble de votre milieu. Vous êtes doué pour comparer entre elles différentes informations, pour émettre un jugement et des généralités, pour donner un sens et une représentation symbolique aux situations, aux objets et aux personnages, pour cerner les possibilités, le potentiel et les opportunités présentes dans une situation, pour saisir la chance au vol et pour vous donner les moyens de réaliser vos désirs en tenant compte des opportunités concrètes et des moyens dont vous disposez. Vous êtes souvent doué pour le travail de groupe, pour animer des débats ou des conférences, pour enseigner, pour guider et pour conseiller, pour parlementer et négocier des affaires, pour faire des rencontres et pour tisser un réseau de relations qui par leur soutien vous facilite énormément la vie dans le monde extérieur. Vous aimez vous comparer à d'autres pour constater les avantages de votre situation.

Vous avez besoin de vous extérioriser, d'exprimer votre vitalité, d'élargir vos horizons intérieurs et extérieurs par la culture et les voyages et de participer à la vie économique de la société en vous insérant dans un contexte professionnel. Vous pouvez être amateur d'aventures, de randonnées, d'expéditions, d'équitation, de tir à l'arc, de sports, de voyages, d'exotisme et avoir une certaine expérience des voyages et de l'étranger. Vous vous sentez très à l'aise dans le lointain et n'êtes jamais aussi bien que lorsque vous faites vos valises. Vous avez besoin d'espace, de liberté, d'ampleur, d'une certaine envergure, d'événements extérieurs et de vous épanouir par la vie et l'action. Le confort, l'aisance, l'abondance et la prospérité matérielle, le sentiment d'exister socialement, d'être considéré et reconnu comme d'utilité publique, de représenter quelque chose et d'incarner une autorité sont pour vous les récompenses acceptées aux sacrifices que vous faites pour contribuer à la vie économique de la société.

Vous aimez le faste, le décorum, le prestige, les fêtes, les grandes réunions, les banquets et galas, les foires, les expositions et les lieus de réunions où peuvent s'échanger des idées ou des produits. Vous êtes sensible à votre image sociale, aux compliments et aux critiques et veillez à préserver une certaine honorabilité. Vous cherchez à adopter des règles générales et des principes philosophiques ou moraux vous permettant de vous orienter dans le monde extérieur et d'être à l'aise avec votre conscience. Afin de vous épanouir et de vous réaliser, vous vous intéressez souvent à la philosophie, à la métaphysique et aux religions. Vous pouvez éprouver le besoin de développer des aspirations religieuses et de donner à la vie et à votre vie un sens allant au delà des réalités matérielles.

Votre état d'esprit et l'ensemble de vos comportements vous permettent d'attirer dans votre vie l'aide bienveillante de personnages influents, des concours de circonstances vous permettant de réussir dans vos entreprises, une prospérité matérielle et une certaine chance qui peut vous immuniser contre les aléas et difficultés de l'existence.

La tradition appelait Jupiter la grande bénéfique parce que les astrologues d'antan ont constaté que les personnes ayant cette fonction psychologique prédominante dans leur personnalité avait souvent de la chance dans le monde extérieur. Cela est souvent le cas mais pas systématiquement.
La puissance de votre autorité, votre maturité, votre goût pour exercer le pouvoir, pour faire la loi, pour élargir vos connaissances de façon à acquérir une grande culture, votre capacité à convaincre et vos capacités de coordination vous permettent de prétendre à des postes importants, bien rémunérés et susceptibles d'engendrer une certaine aisance matérielle. Vous avez le plus souvent un rôle important à jouer dans le monde extérieur et dans la vie financière, économique, culturelle ou spirituelle de votre milieu.

Vous êtes dans la vie privée bon vivant, jouisseur, sensuel et souvent gourmand. Vous avez le plus souvent besoin de légaliser votre union à travers le mariage, de fonder un foyer et de soutenir vos enfants affectivement et matériellement. Vous êtes donc prédisposé dans la mesure où d'autres fonctions psychologiques n'interfèrent pas, à vivre une vie de couple et de famille heureuse et épanouie. Vous pouvez avoir des goûts, des aptitudes et des talents pour enseigner, légaliser, légiférer, représenter, organiser, administrer, pour vous insérer socialement et aider d'autres à le faire, pour vous cultiver, pour voyager ou organiser des voyages et des expéditions, pour éduquer, philosopher, coordonner, pour découvrir le monde, pour organiser des transports, pour avoir des liens avec l'étranger, pour négocier et faire des affaires.

JUPITER ASPECT DISSOCIE ASCENDANT

Il y a un décalage, une relation permanente, mais discontinue, dissociée, duelle, tendue et conflictuelle entre votre besoin d'insertion professionnelle, votre besoin d'espace vital, votre philosophie, vos enseignements et votre personnalité apparente, votre vision de la vie, votre façon de vous exprimer dans la vie, votre façon de vous affirmer et d'exercer un ascendant sur le monde car ces deux parties de vous vibrent à deux fréquences totalement différentes et s'expriment dans deux états d'esprits totalement différents. Vous devrez donc vivre chacune des deux parties en pleine conscience et faire des efforts pour exprimer les qualités de la planète pour vous affirmer, pour vous exprimer, pour exercer un ascendant sur le monde et pour réaliser votre mission de vie. L'une des clefs pour vous pouvoir exprimer votre Etre incarné et pour faire ce que vous êtes venu faire sur Terre consiste à exprimer les valeurs positives de Jupiter. Cela vous demandera un effort de conscience.

Si Jupiter domine au détriment de l'Ascendant.

Si Jupiter est valorisé chez vous, vous avez besoin de vous insérer dans votre société, d'être utile et reconnu, de confort et d'épanouissement, d'aventure, de vie et d'action, de faire la fête, de coopérer au sein d'un groupe ayant des objectifs communs, d'élargir vos horizons à travers des voyages ou à travers une activité culturelle, philosophique, religieuse ou spirituelle, d'affirmer votre autorité, d'exercer un pouvoir et de faire la loi. Vous avez besoin de repères, d'un sentiment d'identité, d'un idéal, de valeurs et de principes directeurs. Vous pouvez alors être très sensible aux effets perturbateurs ou aux influences néfastes que peuvent avoir la pression des événements, la nécessité d'être efficace et rapide, le face à face avec la réalité, la mobilisation de vos énergies, les efforts à fournir et l'affirmation de votre personnalité lorsque vous êtes en situation professionnelle, lorsque vous intégrez des enseignements, lorsque vous occupez l'espace ou lorsque vous êtes en voyage. Vous pouvez alors avoir des difficultés à vous motiver et vous décider, à vous battre, à franchir les obstacles, à prendre des risques, à être offensif, agressif et efficace, à vous affirmer ou à faire ce qu'il faut pour obtenir des résultats lorsque vous vous insérez dans un groupe ayant des objectifs communs, lorsque vous participez à un travail d'équipe ou à un mouvement général, lorsqu'il vous faut promouvoir et propager une culture, un marché, des produits ou des services ayant une valeur marchande, lorsqu'il faut tenir compte des codes, des normes et des règles officielles, lorsqu'il s'agit d'exploiter une opportunité ou de provoquer la chance, ou lorsqu'il s'agit d'organiser, d'éduquer, de légiférer, de négocier, de conseiller, de guider ou de vous rendre utile.

Peut-être que vos règles, vos projets professionnels ou votre philosophie ne sont pas toujours pratiques et fonctionnels parce qu'ils ne tiennent pas compte des impératifs de la réalité extérieure, des nécessités pratiques du terrain, des opportunités et des contraintes ou de vos propres possibilités d'action ? Ou peut-être qu'ils vous empêchent d'exprimer vos élans naturels, qu'ils limitent vos possibilités d'actions, qu'ils vous empêchent de vivre certaines expériences ou de faire ce qu'au fond vous auriez envie de faire ? Vous pouvez être insatisfait parce que vous avez l'impression de ne pas vraiment exister dans votre contexte professionnel, de ne pas obtenir les résultats voulus malgré les efforts déployés ou qu'ils n'y a pas assez de vie et d'action dans la situation.

Une tendance à ne pas vous exprimer réellement et à ne pas extérioriser votre colère lorsque vous en éprouvez le besoin provient parfois d'une peur de vos instincts, de votre propre force et de l'animal qui vous habite, ou d'une peur d'être sanctionné si vous les exprimez.

Vous avez alors parfois tendance à museler vos instincts dans une cage faites de règles, de jugement et de lois. Mais vos instincts cherchant à s'extérioriser le font alors d'une façon violente, au risque que votre violence soit sanctionnée par la loi et par des jugements défavorables, ou au risque de vouloir quitter brusquement votre travail parce que vous ne supportez plus les contraintes.

Si l'Ascendant domine au détriment de Jupiter.

Si l'Ascendant prédomine chez vous, vous avez besoin de vous affirmer dans la vie, d'assurer, d'agir et de réagir, de vivre intensément dans le présent et sur terrain, de mobiliser vos énergies pour obtenir des résultats, de vous confronter aux réalités concrètes du monde extérieur, d'extérioriser vos instincts, d'exprimer votre sexualité ou de vous engager dans un combat. Vous pouvez alors être fortement sensibilisé aux difficultés ou aux effets perturbateurs que peuvent causer toute manifestation d'autorité, tout élargissement de vos horizons à travers les voyages ou la culture, toute recherche philosophique ou spirituelle, le système fiscal, éducatif, juridique ou médical, toute différence de nationalité ou de culture et l'insertion dans la société, avec ses codes, ses lois, son uniformité, ses obligations et les sacrifices qu'elle impose dans votre vie active ou sur votre situation concrète. Peut-être avez-vous cru à un moment donné dans votre vie que vous ne pourriez pas faire ce que vous voulez si vous obéissiez à l'autorité ?

Cela peut vous inciter à renier et à rejeter tout ou une partie de ce que représente Jupiter, c'est à dire par exemple la société, les symboles d'autorité comme les hommes de lois ou les patrons, les voyages et les étrangers. Dans ce cas, vos instincts, votre combativité et vos élans naturels ne sont alors pas toujours influencés, canalisés, gérés et pris en main par des normes sociales, par une volonté d'insertion professionnelle, par un idéal culturel, philosophique ou spirituel, ou alors pas comme il le faudrait pour obtenir des résultats constructifs. La relation dissociée Jupiter-Ascendant vous pose le défi de canaliser de façon positive la vitalité souvent excessive dont vous disposez. Vos initiatives ne sont pas toujours orientées vers des objectifs professionnels ou vers des activités utiles et d'intérêts collectifs, et elles ne tiennent pas toujours compte du contexte général et des conséquences de vos actes sur l'entourage.

Si vous ressentez avec force le besoin de faire ce que vous avez envie de faire et de vivre la situation présente avec intensité, vous pouvez par contre avoir du mal à supporter, à respecter ou à appliquer les codes, les normes, les consignes et des lois extérieures en vigueur parce que vous les considérez comme étant hypocrites ou parce que vous avez l'impression qu'elles vous étouffent, vous agressent et qu'elle vous empêchent de vous exprimer pleinement. Peut-être que la société tout entière vous agresse quelque part ? Cela peut parfois vous inciter à des comportements " hors la loi ", vous attirer des conflits avec les autorités ou être synonyme de difficultés à vous intégrer dans un groupe, dans un contexte ou dans une société quelconque.

Peut-être manquez-vous d'optimisme, de chance ou de confiance en vos moyens d'action ? Peut être aussi avez vous des difficultés pour percevoir les bons cotés d'une situation ou les opportunités et contraintes qu'elle renferme, pour évaluer si vos moyens correspondent à vos ambitions, pour adapter vos ambitions à vos capacités, pour vous donner les moyens de les réaliser, pour permettre de faire profiter aux autres de vos expériences et de votre savoir-faire. Vous pouvez également avoir des difficultés pour arriver à gérer les différentes situations et à en tirer des enseignements, pour comprendre le sens et les exigences de tout événement, pour évaluer les sacrifices nécessaires par rapport aux bénéfices escomptés dans vos engagements, pour rentabiliser, optimiser et prendre vos responsabilités, ou encore pour trouver un sens, une signification et une utilité à ce que vous faites. Ce refoulement peut se traduire par un manque d'organisation, de bon sens, de jugement ou d'autorité dans vos entreprises ou dans votre vie active, par une difficulté à négocier et à faire des compromis et par une difficulté à être satisfait.

Vous pouvez ainsi être insatisfait parce que vous avez l'impression que ce que vous faites n'est pas assez reconnu, pas assez rémunéré, pas assez utile ou ne vous apporte pas de réels bénéfices.

Quand Jupiter est dominant en excès.

L'influence excessive de Jupiter peut se traduire par une tendance à ne vivre qu'à l'extérieur (sans tenir compte des besoins de développement personnel de votre âme et en ignorant toute notion de travail sur soi), par un coté bruyant et tapageur, par un optimisme trop confiant qui n'arrive pas toujours à cerner les difficultés qui peuvent se présenter, par un opportunisme excessif, par un désir exagéré de vous faire valoir, d'être reconnu, d'être utile ou d'être récompensé. Jupiter peut alors engendrer une tendance à tout le temps justifier, expliquer et comparer vos actes à ceux des autres, une tendance à comparer ce qui n'est pas comparable, une tendance aux généralisations abusives, une tendance aux emballements et à amplifier des faits sans importances, ou une tendance à trouver trop facilement ce que vous faites normal alors que cela ne l'est pas forcément.

Cette influence peut également vous conférer une tendance au fanatisme idéologique ou religieux ou aux préjugés de race, une tendance à abuser de la confiance d'autrui et à pratiquer la fraude et l'escroquerie, une tendance à l'hypocrisie, un goût exagéré des fêtes, une tendance à être gonflé et sans gêne, une tendance au gaspillage, à la démesure, et aux excès de toutes sortes.

Certaines personnes chercheront systématiquement à acquérir du pouvoir, à faire la loi en donnant des leçons aux autres, même s'il faut pour cela abuser de leur pouvoir et employer la force ou des moyens douteux, au point d'être autoritaire, despote, encombrant, étouffant et au point de se comporter en colonialiste. D'autres chercheront à respecter les normes et les lois et à faire ce que la société attend d'eux au point de devenir affreusement conformiste, au point de perdre cette part de liberté qui leur permettrait s'exprimer librement.

Peut être avez vous peur d'être sanctionné si vous vous exprimez librement ou si vous n'êtes pas dans les normes ? Peut-être vivez-vous à tel point en fonction des circonstances extérieures que vous avez tendance à vous dépersonnaliser et à vivre une vie qui ne vous correspond pas. Il se peut alors que votre vie professionnelle vous mobilise à tel point en temps et en énergie, à travers des responsabilités, des réunions ou des voyages, que vous n'avez plus la disponibilité pour vous consacrer à ce que vous auriez envie de faire ou pour vivre votre vie à vous. Il se peut aussi que votre besoin énorme d'espace et de liberté interprète toute forme d'autorité, même justifiée, comme une entrave à votre besoin d'expansion, d'où parfois des réactions d'indépendance ou de rébellion dès qu'on vous impose quelque chose. Et si vous pouvez être dur et virulent envers les symboles autorité (les patrons, les hommes de lois, la société), vous pouvez également être dur et virulent lorsque vous incarnez vous-même l'autorité.

Pour positiver cette relation.

Pour transformer la relation Jupiter-Ascendant dissociée en relation consciente et dynamique, il peut être utile d'effectuer un travail sur le rôle que doivent avoir la motivation, la prise de décision, l'engagement, la combativité et l'action au sein de votre personnalité et de votre vie, mais aussi et aussi sur le rôle que doivent avoir la société avec ses règles et ses lois, la formation professionnelle, le monde extérieur, les voyages, l'optimisme et la confiance en soi. Un travail sur la conscience corporelle (Tai-chi, Tantrisme, Yoga, danse et expression dans l'espace, arts martiaux) et du sport peuvent vous faire le plus grand bien. Ils peuvent vous aider à canaliser votre énergie.

L'étude et l'expérience des cultures et des langues étrangères peuvent contribuer à élargir vos horizons intérieurs et extérieurs. La prise de conscience que l'humanité a toujours immigré depuis 60.000 ans et que vos lointains ancêtres n'habitaient pas là où vous habitez actuellement peut vous permettre de changer de perspective. Ces deux parties de vous peuvent être vécues dans des états d'esprit, dans des lieux ou à des moments très différents, de façon à ce que chacune rectifie l'autre au moindre excès. Vous pouvez ainsi vivre des moments où vous faites ce que vous avez envie de faire, où vous exprimer vos instincts, où vous assurez, où vous faites face aux événements et ou vous prouvez aux autres que vous existez. Vous vous exprimez alors en toute liberté. Vous avez appris à gérer et à canaliser votre agressivité, votre dynamisme, vos colères et votre besoin de résultats immédiats. Puis vous pouvez vivre d'autres moments où vous vous consacrez à votre vie professionnelle, où vous faites des études ou de la formation, où il vous faut respecter un ordre établi, des règles du jeu, faire des sacrifices et vous intégrer dans un groupe. Vous ne faîtes alors fi des règles qu'en cas de danger. Bien maîtrisée, la relation Jupiter-Ascendant peut vous conférer un ensemble d'aptitudes qui sont alors vécues d'une façon particulièrement consciente et dynamique. Cela peut par exemple se traduire, par un dynamisme, une combativité, une capacité à vous motiver et à prendre des décisions, un courage, un sens de l'efficacité et des capacités physiques qui sont hors du commun et qui peuvent vous permettre d'atteindre une position sociale élevée et par des aptitudes à faire des affaires et à produire des richesses, à assumer un pouvoir et de lourdes responsabilités, à incarner l'ordre et la loi, à vous cultiver et à enseigner qui sont hors du commun.

Le monde est alors le terrain d'expression de votre force de frappe, de votre dynamisme et de votre besoin de vie et d'action. Le monde vous passionne et vous avez besoin de vie et d'action. Vous êtes particulièrement capable de vous battre, de déployer les grands moyens et d'être offensif ou agressif lorsqu'il s'agit de conquérir votre place dans la société, lorsque vous exercez votre activité professionnelle, lorsqu'il s'agit de vous insérer dans un groupe ayant des objectifs communs, lorsqu'il vous faut convaincre et vous imposer, lorsque vous participez à un travail d'équipe ou à un mouvement général d'ordre collectif, lorsqu'il vous faut défendre, propager, nationaliser ou internationaliser une culture, un idéal, un marché, des normes, codes et règles officielles ou des produits et services ayant une valeur marchande. De même, vous savez vous mobiliser lorsque vous avez besoin d'élargir vos horizons ou d'acquérir un certain confort matériel, lorsqu'il s'agit d'exploiter une opportunité ou de provoquer la chance ou lorsqu'il s'agit de légiférer, de représenter, d'organiser, de coordonner, de gérer, d'administrer, de distribuer, d'éduquer, de conseiller, de guider, de faire des affaires ou de vous rendre utile.

L'euphorie de la victoire et la grisaille de la défaite vous motivent dans la lutte pour le pouvoir, la domination et la réussite professionnelle. Vos instincts, votre combativité et vos élans naturels tendent à être influencés, canalisés, gérés et pris en main par des normes sociales, par un idéal philosophique, religieux, culturel ou spirituel et par une conscience des conséquences de vos actes sur l'entourage. Cela vous permet d'orienter, en conscience et de façon constructive, votre dynamisme vers des objectifs sociaux, utiles et d'intérêt collectif. Concrètement, pour affirmer votre personnalité et pour réaliser votre mission de vie, il est nécessaire, tout en évitant les excès que vous connaissez trop bien, d'acquérir les enseignements qui vous permettent de vous intégrer socialement, de connaître les lois, les règles et les codes utilisés dans votre environnement, d'exprimer votre autorité, de gérer votre besoin d'espace vital, d'exercer une activité professionnelle, d'élargir vos horizons à travers la culture et les voyages, de comprendre et d'exploiter les mécanismes financiers, sociaux, culturels et politiques, d'assimiler, d'organiser puis de gérer une quantité croissante d'informations et d'exprimer des qualités comme l'optimisme, le dynamisme, la générosité, la capacité à conseiller, à guider et à enseigner et le sens des affaires.

Vous avez les capacités pour être un modèle d'intégration ainsi qu'un parfait voyageur ou pédagogue si vous le voulez. Vous pouvez avoir des goûts, des aptitudes et des talents pour enseigner, légaliser, légiférer, représenter, organiser, administrer, pour vous insérer socialement et aider d'autres à le faire, pour vous cultiver, pour voyager ou organiser des voyages et des expéditions, pour éduquer, philosopher, coordonner, pour découvrir le monde, pour organiser des transports, pour avoir des liens avec l'étranger, pour négocier et faire des affaires.

SATURNE ASPECT POSITIF ASCENDANT

Lorsque vous abordez la vie, lorsque vous exprimez votre Etre incarné, lorsque vous exercez un ascendant sur le monde, vous avez besoin de travailler sur vous-même et d'assumer vos responsabilités dans le monde extérieur, de construire et vous construire, de prendre conscience des difficultés et d'y faire face, de vous fixer des objectifs à long terme, d'élaborer des plans, de définir des étapes et de poursuivre votre chemin avec acharnement sans vous laisser détourner ni influencer par l'extérieur, d'utiliser les chiffres et des schémas, de travailler à la perfection pour avoir la satisfaction du travail bien fait et pour avoir la conscience tranquille, de faire preuve de simplicité et de savoir aller à l'essentiel, d'aller en profondeur au fond de vous-même pour prendre conscience de votre nature éternelle, de pratiquer l'introspection et la méditation, de faire preuve d'une grande conscience professionnelle et d'avancer vers votre vérité profonde.

Votre sens inné de l'organisation et de l'introspection, votre conscience des structures de la vie, votre capacité à vous poser des questions, votre profondeur et votre discernement, votre juge moral très développé et vos puissantes capacités de travail vous aident à vous exprimer et à faire ce que vous êtes venu faire sur Terre. Vous savez dépouiller les formes et réduire les choses à l'essentiel. Vous êtes simple dans le bon sens du terme, sincère et avez tendance à rejeter la comédie, le maquillage, les artifices, les formes creuses et la superficialité, ce qui peut vous rendre austère voire sévère.

Vous pouvez être doué pour prendre du recul face aux événements, pour vous détacher du monde extérieur, pour faire preuve de discernement, pour analyser objectivement une situation et pour voir les choses de loin et d'en haut. Cela vous permet fréquemment d'avoir une vision profonde de la vie.

Par contre, vous ne ressentez pas forcément le besoin de vous extérioriser et pouvez avoir des difficultés à le faire. Vous n'aimez guère les foules, les lieux bruyants, et les réunions mondaines. Vous disposez souvent de peu de vitalité ce qui vous oblige à gérer votre énergie. Votre coté discret, réservé, calme, silencieux, n'aimant pas se faire remarquer, peu communicatif et peu démonstratif, peut être interprété comme un manque de sociabilité. Ces comportements peuvent décourager les autres à communiquer avec vous, vous donner des difficultés à créer des liens avec autrui et vous gêner dans la vie extérieure.

Vous avez besoin de votre dose quotidienne de solitude mais devez éviter de vous replier sur vous même et de vous enfermer dans un monde solitaire, silencieux, triste et monotone. Il est donc important pour vous de saisir l'utilité du monde extérieur et de savoir vous extérioriser quand c'est nécessaire. Vous avez un rapport particulier avec le temps. Vous êtes lent et avez besoin de temps pour tout. L'important pour vous n'est pas d'avancer lentement mais d'avancer tout de même. Et vous avez besoin, à votre rythme, d'évoluer et de faire avancer les choses dans le temps.

Vous êtes de nature secondaire dans le sens où les sollicitations extérieures mettent un certain temps avant de produire des effets. Cela vous permet sur le coup de résister aux pressions et de garder votre sang froid, et peut vous donner une apparence d'indifférence. Vous mettez un certain temps pour apprendre, pour réagir, pour ressentir etc.

Par contre, lorsque le message est enregistré, lorsque la leçon est apprise, cela s'ancre dans les profondeurs de votre être et reste longtemps voire à vie. De même quand une décision ou une direction est prise, vous faites difficilement marche arrière.

Cette capacité à intégrer le temps et à vous situer dans le temps peut vous conférer un sens de l'histoire, une capacité à vous fixer des objectifs à long terme, la capacité à être prévoyant et à préparer longtemps à l'avance ce que voulez faire, une grande patience, un sens de la persévérance qui tourne parfois à l'obstination ou à l 'entêtement et la capacité d'inscrire vos comportements, vos démarches ou vos réalisations dans la durée. Vous êtes fidèle et constant. Vous savez faire preuve de fermeté, de dureté et de sévérité.

Prédomine en vous une impulsion d'autolimitation, d'organisation et de structuration dans le but d'être en sécurité. Vous pouvez ainsi être capable de vivre avec peu, de limiter vos besoins, de faire avec les moyens du bord et d'être économe. Si ces tendances vous rendent prudent, ne font agir qu'après mûre réflexion et vous permettent d'assurer vos arrières, la tendance à ne jamais prendre de risques par peur de ne pas être en sécurité et à manquer d'audace peut vous empêcher d'une part de vivre des expériences qui pourraient vous faire évoluer et d'autre part de saisir les opportunités que la vie peut vous offrir.

Vous êtes particulièrement doué pour résister aux choses, aux difficultés et à l'usure du temps, mais aussi pour élaborer des barrières, des systèmes ou des mécanismes de défense afin de vous protéger. Cela peut vous permettre d'être résistant, solide, immunisé contre les tumultes du monde extérieur, imperméable, in influençable, mais aussi inaccessible aux sollicitations extérieures et inabordable par autrui.

Votre sens inné de l'ordre, de l'organisation, de la discipline, de la gestion, de la méthode, de l'architecture et des structures peut déboucher sur une grande maîtrise de votre personnalité, sur la possibilité de vous structurer d'une façon logique et ordonnée, sur la capacité à exploiter des systèmes organisés et sur la capacité à organiser la matière et sur la possibilité de construire quelque chose de concret. Vous avez les pieds sur terre, un esprit pratique et pragmatique, un sens de l'utilitaire et une bonne dose de réalisme. Cette fonction psychologique vous permet d ' être détaché intérieurement tout en étant ancré dans la réalité matérielle et dans le concret. Dans le monde extérieur, c'est à travers le travail et les responsabilités, à travers un projet à long terme, à travers une forme de recherche ou d'expérimentation, en participant à l'organisation de la matière que vous intégrerez cette fonction. Votre besoin d'évolution et d'élévation prend dans le monde extérieur la forme de l'ambition. Ambitieux, vous êtes un travailleur acharné capable d'abattre des quantités impressionnantes de travail, de fournir des efforts soutenus dans le temps, de surmonter des obstacles, d'assumer de grosses responsabilités et d'effectuer des travaux long et difficiles.

Vous pouvez être doué pour vous fixer des objectifs précis, pour élaborer des plans, pour définir des étapes, pour sélectionner des cibles et pour poursuivre votre chemin avec acharnement sans vous laisser détourner ni influencer par l'extérieur. Vous avez parfois des facilités pour tout ce qui touche aux chiffres, aux plans et aux schémas. Vous avez besoin de travailler à la perfection pour avoir la satisfaction du travail bien fait et pour avoir la conscience tranquille, et vous faites preuve d'une grande conscience professionnelle. Vous savez être précis, méthodique et prendre en compte tous les détails.

Dans la mesure où vous faites rarement confiance aux autres ou au hasard, et où vous avez tendance à croire que demander de l'aide est synonyme de faiblesse, vous avez tendance à ne compter que sur vous-même et êtes plutôt fait pour le travail en solitaire. Le besoin de sécurité matérielle et de stabilité professionnelle prédomine chez vous. Vous avez parfois trop tendance à vous consacrer à votre carrière ou à vos ambitions et à négliger votre vie privée, affective et familiale. Vous supportez mal l'inactivité et vos excès de travail sont parfois une réaction à la peur du vide et du néant. D'après la tradition, vous réussirez grâce à votre travail et vos efforts personnels, lentement, parfois tardivement, mais sûrement.

Dans le but de vous faire évoluer, de vous faire prendre conscience du travail à faire et des difficultés à franchir pour évoluer, cette fonction psychologique vous sensibilise à ce qui ne vas pas dans votre personnalité, dans votre vie et autour de vous. Elle vous incite à vous posez des questions, entre autres des questions existentielles. Elle vous fait douter pour vous pousser à acquérir des certitudes. Elle vous permet de voir les difficultés en face, de déceler l'inachevé et l'imperfection, de faire une critique objective, puis, à travers l'effort, de faire évoluer la situation dans le bon sens.

Il est important pour vous de comprendre que votre sensibilité aux manques, aux imperfections et à ce qui ne va pas est un moyen de vous faire évoluer et non une fin en soi, car alors, lorsque ces outils d'évolutions ne sont pas utilisés pour ce à quoi ils servent, ces comportements peuvent devenir synonyme de pessimisme et d'une tendance à voir des difficultés, des obstacles et des lacunes partout. Cela peut alors gêner voir bloquer l'expression de votre personnalité et l'évolution de votre vie. Ces tendances vous rendent exigeant, intransigeant, perfectionniste et très sensible à la qualité des choses. Toujours dans le but de vous faire évoluer, cette fonction vous confère le besoin d'acquérir des principes sûrs, des opinions, des croyances profondes, des lois, des vérités et des jugements moraux qui vous permettront de construire les bases et les racines de votre personnalité et de votre vie.

Et vous avez besoin d'avoir des bases solides et structurées vous permettant d'être en sécurité et en paix. Tous ces éléments forment votre juge moral, qui est chez vous particulièrement développé. Votre juge moral, avec ses jugements, ses croyances profondes et ses opinions qui se cristallisent au plus profond de vous même devraient, pour vous permettre d'évoluer vers la sagesse et la paix intérieure, correspondre aux lois spirituelles éternelles, aux vérités universelles et être animés par un besoin d'évolution et de développement personnel. Si vous allez dans ce sens, vous pouvez alors avoir le besoin et les capacités de découvrir ainsi les bases, les racines, les fondements, les structures éternelles de l'existence et le sens de votre vie.

Votre sens de l'introspection peut vous permettre d'aller au plus profond de vous même, de tirer des leçon des choses, d'acquérir de l'expérience, de mûrir, d'acquérir une certaine sagesse et de tendre vers la paix intérieure. Une identification à votre juge moral peut faire de vous une personne calme, sérieuse, intègre, honnête, responsable, ayant un sens profond du respect, capable de tenir ses engagements et de respecter la parole donnée, bref d'être quelqu'un sur qui l'on peut compter. Votre juge moral peut, en vous permettant d'évaluer si une attitude, une démarche est en harmonie avec les lois universelles et avec votre destin vous protéger contre la corruption et les erreurs de parcours. Par contre lorsqu'il n'a pas été formé pour correspondre aux lois universelles éternelles il peut engendrer des blocages vous empêchant d'évoluer. Les ouvrages de l'écrivain et guide spirituel Bô Yin Râ peuvent vous aider à structurer votre juge moral en harmonie avec les lois universelles éternelles.

Vous pouvez avoir des goûts, des aptitudes et des talents naturels pour structurer, bâtir, construire, pour gérer une organisation, organiser, contrôler, veiller à la bonne qualité, analyser, prohiber, fixer des limites, administrer, réfléchir, chercher, gérer le temps et tenir compte du temps, travailler la terre ou la pierre, pour créer des formes ou des objets et pour apporter sagesse et vérité.

SATURNE ASPECT DISSOCIE ASCENDANT

Il y a un décalage, une relation permanente, mais discontinue, dissociée, duelle, tendue et conflictuelle entre votre juge intérieur, votre besoin de structuration, d'organisation et d'évolution dans le temps et votre personnalité apparente, votre vision de la vie, votre façon de vous exprimer dans la vie, votre façon de vous affirmer et d'exercer un ascendant sur le monde car ces deux parties de vous vibrent à deux fréquences totalement différentes et s'expriment dans deux états d'esprits totalement différents.

Vous devrez donc vivre chacune des deux parties en pleine conscience et faire des efforts pour exprimer les qualités de la planète pour vous affirmer, pour vous exprimer, pour exercer un ascendant sur le monde et pour réaliser votre mission de vie. L'une des clefs pour vous pouvoir exprimer votre Etre incarné et pour faire ce que vous êtes venu faire sur Terre consiste à exprimer les valeurs positives de Saturne. Cela vous demandera un effort de conscience.

Si Saturne domine au détriment de l'Ascendant.

Vous vivez votre Saturne lorsque vous avez besoin de sécurité, de vous poser les questions essentielles, de prendre du recul pour réfléchir, d'entreprendre une forme de recherche ou de quête de vérité, de vous construire un avenir, d'effectuer un travail sur vous pour évoluer, de vous consacrez à votre carrière ou à vos ambitions, d'expérimenter pour découvrir, de vous organiser avec rigueur et précision pour atteindre un certain idéal de perfection, d'assumer des responsabilités, de poursuivre vos objectifs à long terme avec acharnement ou d'acquérir une certaine sérénité intérieure.

Vous pouvez alors être très sensible aux effets perturbateurs ou aux influences néfastes que peuvent avoir la pression des événements, la nécessité d'être efficace et rapide, le face à face avec la réalité, la mobilisation de vos énergies, les efforts à fournir et l'affirmation de votre personnalité lorsque vous assumez vos responsabilités, lorsque vous êtes dans une démarche de construction où lorsqu'il s'agit de prendre du recul. Cela peut vous donner tendance à ne pas exprimer votre personnalité. Peut-être rejetez-vous votre propre corps et ses instincts, les relations sexuelles, toute participation à la vie, toute action et initiatives, toute expression de vos besoins et la vie elle-même ?

Peut-être êtes-vous trop pris par votre recherche, votre carrière, vos responsabilités, vos réflexions ou ce que vous construisez pour avoir le temps de vivre, de vous exprimer ou de faire les choses que vous auriez envie de faire ? Peut-être que vos réflexions, votre morale, vos recherches, vos responsabilités d'ordre professionnelles et votre tendance à tout vouloir contrôler sont un moyen pour vous, de façon inconsciemment voulue, d'éviter de combattre, de faire face à certaines réalités de la vie, de prendre certains engagements, d'assumer un rôle d'époux ou de père, ou de prendre les initiatives qui seraient nécessaires. Peut-être refusez-vous de vous engager parce que vous avez peur que cela vous enferme dans une triste monotonie ou dans une routine synonyme d'ennui ? Ou peut-être avez-vous tellement l'impression de déranger que ne faîtes pas ce que vous pourriez faire ?

Vous pouvez avoir des difficultés à vous battre, à mobiliser vos énergies, à franchir les obstacles, à réagir de façon offensive et efficace en faisant ce qu'il faut lorsque vous avez affaire à de grosses responsabilités, lorsque vous avez à faire un travail sur vous-même dans le but d'évoluer et d'atteindre un état de paix intérieure, lorsqu'il s'agit de poser les vrais questions et de voir les problèmes en face, de vous organiser de façon pragmatique ou d'incarner des principes moraux. Peut-être que vos recherches, vos principes, vos réflexions et spéculations, vos ambitions à long terme ne sont pas pratique et fonctionnels ou qu'ils ne donnent pas les résultats voulus parce qu'ils ne tiennent pas assez compte des réalités environnantes, des faits concrets, des opportunités et contraintes de votre situation ou de vos propres moyens. La non-expression de Mars peut également vous donner des difficultés à assumer ou à gérer les rapports de force, les heurts, les conflits, les discussions et les tensions, à vous engager dans une entreprise quelconque, dans un combat ou dans la vie sans que soient perturbés votre sécurité, vos principes ou votre conscience morale. Au pire, vous refusez la confrontation avec la réalité en fuyant le monde et ses combats.

Si l'Ascendant domine au détriment de Saturne.

Si l'Ascendant prédomine chez vous, vous avez besoin de vous affirmer dans la vie, d'assurer, d'agir et de réagir, de vivre intensément dans le présent et sur terrain, de mobiliser vos énergies pour obtenir des résultats, de vous confronter aux réalités concrètes du monde extérieur, d'extérioriser vos instincts, d'exprimer votre sexualité ou de vous engager dans un combat. Vous pouvez alors être fortement sensibilisé aux difficultés ou aux effets perturbateurs que peuvent causer l'ordre et les structures, le fait de concrétiser, vos obligations et responsabilités professionnelles, votre carrière, votre âge, votre idéal de perfection, votre morale, toute introspection, toute remise en question, toute interrogation, toute forme de recherche, d'expérimentation et d'investigation, tout obstacle ou difficulté, la vérité et vos peurs, comme par exemple la peur d'être abandonné(e) ou la peur d'être jugé(e), la solitude, les effets du temps et l'influence du passé sur votre vie active. Vous pouvez aussi être très sensible aux difficultés à vaincre pour pouvoir exprimer pleinement vos besoins, pour faire ce que vous avez envie de faire où pour être efficace.

Une tendance à refouler tout ou une partie de Saturne peut se traduire par une difficulté à vous structurer et à fixer des limites, à analyser les événements de façon réfléchie, à observer avec détail et précision, à prendre du recul, à poser les vraies questions et à chercher les réponses, à comprendre le sens et les causes profondes de toute situation, à voir les problèmes en face et à faire le nécessaire pour réagir efficacement, à vous remettre en question ou de faire preuve de maturité, de sérieux, d'honnêteté, de sagesse ou de moralité vis à vis de vous-même ou des autres.

Vous pouvez avoir du mal à faire preuve de discernement, de prudence, de rigueur, d'organisation, de discipline, de stratégie et de perfectionnisme, à élaborer des plans, à vous fixer des étapes et à aller jusqu'au bout des objectifs fixés avec la persévérance et l'acharnement nécessaire, à fournir des efforts soutenus dans le temps, à assumer des responsabilités, à faire preuve de simplicité, de bon sens, de pragmatisme, de maturité, d'honnêteté, de sérieux et d'intégrité, à respecter les besoins d'autrui, à évoluer intérieurement à travers un travail sur soi, une structuration intérieure et une connaissance pratique des lois éternelles permettant d'acquérir une paix de l'âme. Il peut également être difficile pour vous, même si vous faîtes beaucoup de choses, d'envisager votre vie comme un cheminement ou comme une œuvre en construction, de construire quelque chose, mais aussi de tenir compte du temps et de voir les choses à long terme, de respecter l'heure ou de supporter ceux qui ne la respecte pas, de vous occuper de votre vie intérieure et en fin de compte d'évoluer.

Certaines personnes seront trop prises par leur vie active, par leurs engagements et par leurs combats pour prendre le temps de se consacrer à des moments de réflexion, d'introspection, de recherche ou de construction d'un avenir.

Et cette intense activité est parfois un moyen pour elles, de façon inconsciemment voulue, d'éviter de se consacrer à cette part d'introspection, de solitude, de silence, de réflexion, de se regarder en face, ou de se poser les questions existentielles qui quelques part effraient. Il faut alors parfois des coups durs et un "coup de pied aux fesses " pour qu'une remise en question ai lieu. Vous pouvez néanmoins être insatisfait ou frustré dans votre vie active, dans vos initiatives, dans vos combats, dans les relations avec le père ou avec un homme, ou dans les résultats que vous obtenez parce que vous avez l'impression qu'il vous manque ce que vous refoulez. Ce peut être la sécurité, la possibilité de construire quelque chose à long terme, une structure organisée, une évolution positive, une compréhension profonde des événements, un réel contrôle de la situation ou un sentiment de sérénité, de tranquillité et de paix intérieure.

Quand Saturne est dominante en excès.

Lorsque vous êtes identifié à La fonction psychologique Saturne, vous pouvez alors avoir tendance à l'être excessivement. Les difficultés engendrées par Saturne, qui se manifestent en général jusqu'à la trentaine, peuvent provenir d'une tendance à vous poser trop des questions dans vos entreprises, à vous remettre trop souvent en question, à vous interroger sur la possibilité d'obtenir des résultats, sur la valeur de vos moyens, sur le pourquoi des événements, sur le sens de la vie et de votre vie.

Vous pouvez avoir tendance à vouloir tout contrôler et tout calculer, à douter de vos moyens, à manquer de confiance en vous, à voir des problèmes et des obstacles partout ou à vous sentir bloqué au moindre obstacle, à être trop facilement inquiet et en insécurité, à avoir peur de l'avenir, à vous compliquer la vie en réfléchissant lorsqu'il faut agir et à dresser vous-même des murs et des obstacles dans votre vie. Une difficulté à vous faire confiance peut se traduire par une difficulté à faire confiance aux autres, vous rendre méfiant et rendre difficile la création de relations intimes. Vous pouvez également être doué pour provoquer chez autrui des remises en questions et pour faire douter autrui. Un juge moral particulièrement fort peut vous faire culpabiliser à chaque initiative, lorsque vous ne faîtes pas de votre mieux ou que vous n'êtes pas parfait, et vous donner une tendance à tout le temps vous demander si ce que vous allez faire est bien. Cela tend à freiner et parfois à paralyser vos élans naturels, votre dynamisme, votre spontanéité et l'affirmation de votre personnalité.

Ce juge moral mal canalisé peut également induire un blocage au niveau de la sexualité qui est parfois injustement considérée comme quelque chose d'immoral. Vous pouvez avoir tendance à être trop sur la défensive, à entretenir une morale rigide, des préjugés et une inaccessibilité qui freine l'action, à vouloir tout le temps tout analyser, intellectualiser, théoriser, comprendre, expliquer, justifier, contrôler et maîtriser, à ruminer et à vous poser trop de questions avant d'agir, à être trop sévère, dur, exigent envers vous-même et envers autrui et à vous rendre la vie compliquée. Peut-être ne vous sentez-vous exister que dans des situations rigides où tout est prévu, géré, structuré, organisé et contrôlé ?

Une tendance à sélectionner ou trier de façon excessive ce qui vous semble bon à vivre en écartant systématiquement tout ce qui est extérieur à la situation et à croire dur comme fer dans une attitude pessimiste et défaitiste, et donc d'échec, que ce que vous faîtes n'aboutira pas ou ne durera pas peut considérablement limiter le champs de vos expériences et vous faire passer à coté d'opportunités. Ces tendances peuvent également étouffer toute expression spontanée de vos instincts, de votre corps et de votre besoin d'affirmation. Votre profondeur de conscience vous faisant constater à quel point le monde manque de vertu, de morale, de sagesse et de valeurs authentiques, vous pouvez être tenté de vous détacher du monde extérieur pour faire cavalier seul, en reniant les conseils de votre entourage et les lois extérieures régissant votre cadre de vie.

Vous pouvez avoir tendance à refuser d'obéir aux lois sociales pressenties comme corrompues, à sortir des sentiers battus et vivre vos propres expériences et votre propre vie à l'écart du monde et parfois à vous révolter intérieurement ou par des actes contre les structures en place. Ou vous pouvez simplement développer un sens critique percutant, une méfiance spontanée et une tendance à résister aux événements. L'influence de Saturne peut se traduire par un détachement excessif de la vie, par une difficulté à vous incarner, par un repli sur vous-même dans vos mondes intérieurs, par une tendance à l'ascétisme ou à martyriser votre corps, par des excès de prudence, de lenteur, de lourdeur, d'arrivisme, d'ambition et de sécheresse de cœur. Une impression de n'en faire jamais assez ou d'être très difficilement satisfait de la qualité de ce que vous faîtes peut vous donner tendance à vouloir tout assumer, à vouloir porter la terre entière sur vos épaules comme Atlas dans la mythologie Grecque et vous pousser aux excès de travail, à un tel point que vous risquez de perturber votre santé.

Pour positiver cette relation.

Pour transformer la relation Saturne-Ascendant dissociée en relation consciente et dynamique, il peut être utile d'effectuer un travail sur le rôle que doivent avoir la motivation, la prise de décision, la confiance en soi, l'engagement, la combativité et l'action au sein de votre personnalité et de votre vie mais aussi sur le rôle que doivent avoir dans votre vie et au sein de votre personnalité le juge moral, les structures, l'effort, le silence, la sécurité, la gestion du temps, la valeur que vous avez et la paix intérieure. Sans doute devrez-vous donc dépasser et remettre en question vos doutes, vos peurs, vos exigences, vos préjugés, certaines croyances et certains comportements, mais aussi apprendre à vous laisser allez, à vous organiser et à ne pas systématiquement vouloir tout contrôler dans votre vie, à être plus accessible et disponible et à vous accorder le droit au bonheur. Notre juge intérieur existe pour nous mettre sur le chemin de notre vérité, pour nous faire prendre conscience des lois éternelles de la vie (d'où nous venons, ce que nous sommes et où nous allons après la mort du corps physique).

Les structures sont là pour nous permettre de nous tenir debout et pour permettre à la vie de s'exprimer. L'âme, pour fleurir et s'épanouir, a besoin de silence. Cette facette de votre personnalité peut être gérée et canalisée en oscillant entre les deux fonctions psychologiques qui sont vécues dans des états d'esprit très différents de façon telle que chaque fonction rectifie l'autre au moindre excès et sans que l'une des fonctions psychologiques gène l'expression de l'autre. Vous pouvez ainsi vivre des moments où vous faites ce que vous avez envie de faire, où vous exprimer vos instincts, où vous êtes dans l'action, où vous assurez, où vous faites face aux événements et ou vous prouvez aux autres que vous existez. Vous vous exprimez alors en toute liberté.

Vous avez appris à gérer et à canaliser votre agressivité, votre dynamisme, vos colères et votre besoin de résultats immédiats. Vous pouvez être alors d'autant plus efficace que vous savez attendre le bon moment pour agir. Vous pouvez ensuite vivre d'autres moments où vous savez vous discipliner, réfléchir en profondeur, voir les choses à long terme, prendre du recul, prendre votre temps, vous consacrer à une forme de recherche, vous posez des questions existentielles, faire face aux problèmes et vous organiser. Vous savez que la vie extérieure et l'action sont des champs d'expérience nécessaires pour vous structurer et pour évoluer, ce qui vous permet de vous affirmer à l'extérieur, mais vous savez que des moments de retraite sont également nécessaires et vous avez vos périodes de solitude.

Bien maîtrisée, la relation Saturne-Ascendant peut vous conférer un ensemble d'aptitudes qui sont alors vécues d'une façon particulièrement consciente et dynamique. Cela peut par exemple se traduire, pour ce qui concerne Mars, par un dynamisme, une combativité, une capacité à vous motiver et à prendre des décisions, un courage, un sens de l'efficacité et des capacités physiques qui sont hors du commun et qui peuvent vous permettre d'atteindre une position sociale élevée et pour ce qui concerne Saturne par une exceptionnelle maîtrise de votre énergie, de votre sexualité et de votre force, par un sang froid, une objectivité, une solidité et une puissance de travail hors du commun, par une aptitude à assumer de grosses responsabilités, par une capacité à travailler sur votre personnalité afin de tendre vers la perfection, à appliquer les lois éternelles qui régissent l'univers et par la possibilité d'acquérir un puissant éveil spirituel. Les sports de précision et le yoga peuvent être un moyen d'organiser et de canaliser votre énergie.

Lorsque la relation Saturne-Ascendant est vécue en conscience, vous êtes particulièrement capable de vous battre, de vous motiver, de déployer les grands moyens dans une recherche de résultats, d'être offensif voire agressif lorsqu'il s'agit d'assumer des responsabilités, lorsque l'essentiel est en jeu, lorsqu'il s'agit d'acquérir ou de préserver une certaine sécurité, lorsque vous êtes face à des difficultés, lorsqu'il s'agit de mettre de l'ordre ou de vous imposer une certaine discipline, lorsque vous abordez l'inconnu ou entreprenez une recherche, une quête ou une étude mais aussi lorsqu'il s'agit de parcourir les différentes étapes de l'évolution spirituelle. Votre sens de l'organisation et de la précision, des systèmes et des structures, votre sens de l'effort et vos capacités à construire, votre sens pratique, votre réalisme, votre logique et votre sens de l'expérimentation peuvent vous conférer de puissantes aptitudes réalisatrices.

Vous pouvez être à la fois un excellent théoricien parce que pratique et fonctionnel et un excellent homme de terrain de part votre bon sens, votre pragmatisme organisé, votre rigueur et votre sérieux. Concrètement, pour vous vous affirmer et réaliser votre mission de vie, il est nécessaire, tout en évitant les excès que vous connaissez trop bien, de travailler sur vous-même et d'assumer vos responsabilités dans le monde extérieur, de construire et vous construire, de prendre conscience des difficultés et d'y faire face, de vous fixer des objectifs à long terme, d'élaborer des plans, de définir des étapes et de poursuivre votre chemin avec acharnement sans vous laisser détourner ni influencer par l'extérieur, d'utiliser les chiffres et des schémas, de travailler à la perfection pour avoir la satisfaction du travail bien fait et pour avoir la conscience tranquille, de faire preuve de simplicité et de savoir aller à l'essentiel, de faire preuve d'une grande conscience professionnelle. Il est aussi nécessaire de prendre conscience des structures de la vie, de vous poser des questions existentielles, de positionner votre juge intérieur à sa juste place, d'aller en profondeur au fond de vous-même pour prendre conscience de votre nature éternelle, de pratiquer l'introspection et la méditation afin de découvrir votre vérité profonde. Vous avez les capacités pour être un modèle de profondeur, de sagesse, de qualité et de réussite professionnelle si vous le voulez.

URANUS ASPECT POSITIF ASCENDANT

Lorsque vous abordez la vie, lorsque vous exprimez votre Etre incarné, lorsque vous exercez un ascendant sur le monde, vous avez besoin de vous libérer des conditionnements de votre milieu natal ou familial, des influences de votre passé ou de vos souvenirs, des cadres de références éducatifs, pour suivre votre propre voie et atteindre un état de liberté, d'indépendance et d'autonomie. Cela peut se faire à travers différents stages de développement personnels. Vous avez besoin de sortir des sentiers battus, de vous démarquer des autres, de conquérir votre identité individuelle, d'exprimer votre différence et votre spécificité, de vous affirmer en adulte responsable et de vous élever au-dessus de la mêlée pour apporter votre contribution à l'humanité, à la société moderne.

Vous avez également besoin d'utiliser votre intelligence technologique ou psychologique, de vivre l'expérience du groupe en participant à des projets, de vous intégrer dans un réseau et d'avoir un cercle d'amis, d'utiliser les outils et les techniques modernes de communication, de vous adapter à la vie moderne, d'incarner une idéologie et des valeurs humaines, de trouver des solutions, d'être un expert dans ce que vous faîtes, d'apporter votre aide aux autres quand vous le pouvez.

Votre capacité à œuvrer pour être une personne libre et heureuse, votre sens de l'amitié, votre capacité à vous intégrer dans un réseau et votre grande intelligence vous aident à vous exprimer et à faire ce que vous êtes venu faire sur Terre. Vous avez une tendance naturelle à être détaché du monde extérieur, à vous soustraire aux influences de la société, à vous situer en retrait par rapport au milieu ambiant et à filtrer puis à écarter ce qui ne va pas dans le sens de votre évolution. Vous savez cependant qu'une absence de relations, d'engagements et de participation active à la vie socio-économique et au progrès collectif ne vous permettrait pas de remplir vos devoirs envers l'humanité, empêcherait votre âme d'accéder à l'évolution recherchée, qui ne peut se faire que par la vie et l'action et ouvrirait la voie à toutes sortes de peurs, de frustrations et d'inhibitions allant dans le sens contraire de votre émancipation psychologique.

Vous avez donc besoin de vous affirmer dans la vie en fonction d'une idée, d'une idéologie, d'un projet ou d'un concept. Vous le faîtes en définissant des objectifs clairs et précis, en organisant de manière rigoureuse la logistique et les moyens qui vous sont nécessaires, en disciplinant, en organisant et en concentrant toutes vos forces vers le but à atteindre et en cherchant à maîtriser d'une main ferme la situation sans vous laisser influencer par d'éventuelles pressions extérieures. Votre volonté est inflexible. Pas question de céder, de plier ou de subir. Vous avez horreur du flou, de l'indéfini et de l'à peu près. L'efficacité dont vous pouvez faire preuve et les résultats que vous pouvez obtenir peuvent parfois paraître incroyables. Votre besoin d'affirmation et de maîtrise peuvent prendre la forme d'une véritable volonté de puissance et d'une soif d'aventure pouvant vous amener à diriger des Hommes.

Vous pouvez paraître paradoxal dans le sens où vous manifestez d'une part un besoin d'autonomie, d 'indépendance, de prendre votre vie en main, de détachement et de liberté, le tout teinté d'une certaine indifférence et d'un coté individualiste tandis que d'autre part vous faites preuve d'une puissante volonté d'affirmation, d'un coté fraternel et très humain, d'un sens communautaire développé et d'une tendance à ne vous sentir réellement exister qu'en participant à une cause impersonnelle, à une association, à un travail de groupe ou à une activité dont la finalité est d'apporter un mieux être à vos concitoyens. Vous êtes d'ailleurs parfois beaucoup plus doué pour vous occuper des autres que de vous même.

Une des caractéristiques essentielles de votre tempérament se trouve dans votre besoin permanent de progrès, de nouveauté, d'amélioration, de perfectionnement, d'évolution et de dépassement de la situation présente. Vous avez facilement tendance à bouleverser, à ébranler, à renverser, à foudroyer, à balayer, à nettoyer d'un souffle purificateur et à faire éclater les situations stables, rigides, stagnantes et monotones, la routine, les croyances, les habitudes et les conventions fermement établies. Il vous faut sans cesse aller de l'avant, en inventant et en innovant.

Vous pouvez donc vous sentir à l'aise et être attiré par des activités où une amélioration, des réparations et une rénovation sont nécessaire, où il faut redresser des situations difficiles ou apparemment sans espoir, où il faut remettre les choses en ordre ou faire redémarrer une situation qui était dans l'impasse.

Vous pouvez être doué pour inventer quelque chose de nouveau à partir de vieilles pièces dénichées ici et là, pour faire du neuf avec du vieux et pour recycler. Vous avez parfois un coté Saint Bernard dans le sens où vous vous positionnez facilement en sauveur tendant la main à une victime, dans une attitude d'amitié et de fraternité. Vous êtes toujours prêt à conseiller, à consoler, à secourir et à aider votre prochain en atténuant ses souffrances morales, en lui indiquant le meilleur chemin à suivre tout en lui laissant sa liberté d'action ou en améliorant ses conditions de vie.

De même, votre besoin d'être sans cesse en éveil, d'être tendu intérieurement et de vivre dans la réalité objective vous pousse à secouer et à réveiller ceux qui vivent dans leurs illusions et dans leurs rêves, dans un état de léthargie ou d'avachissement. Vous ne vous retrouvez guère dans les schémas classiques ou dans les modes de vie qui ont fait leur temps.

Vous êtes naturellement adapté à l'inconnu, à l'imprévu et à la nouveauté et vous sentez très à l'aise dans la vie moderne et dans tout ce qui est avant-gardiste. Vous avez une facilité naturelle pour vous projeter dans l'avenir, pour élaborer des projets et pour voir l'avenir dans le présent. On dit que vous êtes souvent en avance sur votre temps.

Dans la vie quotidienne, ces besoins peuvent se traduire par des changements et des revirements brusques et soudains de situation ou de direction, par une tendance à provoquer, consciemment ou non, des ruptures franches avec la situation antérieure et par des comportements, qui, vus de l'extérieur, peuvent paraître instables ou imprévisibles. Votre cheminement dans la vie peut donc être parsemé de surprises, d'imprévus et paraître mouvementé, et cependant beaucoup de choses dans votre vie sont comme programmées d'avance, comme si vous aviez une voie toute tracée, une voie vous faisant cheminer sur les rails de votre destinée.

Votre intelligence, parce qu'elle est reliée à des forces universelles qui peuvent provoquer de soudaines intuitions, est le plus souvent au dessus de la moyenne.

Elle va de pair avec un sens très développé de l'analyse, de la différenciation, de l'organisation, de l'expérimentation, de la spécialisation et avec une capacité à comprendre puis à exploiter les structures des sociétés humaines, de la matière et de l'âme humaine. L'intellect prédomine chez vous au détriment des émotions et des sentiments, et votre remarquable intelligence capable de trouver des solutions et d'apporter des réponses aux problèmes d'ordre techniques ou psychologiques est votre outil principal pour vous faire progresser et pour faire progresser autrui.

Suivant l'orientation plutôt matérielle ou mentale de votre personnalité, vous pouvez avoir des goûts et aptitudes pour tout ce qui touche aux sciences, aux techniques modernes, à l'aviation, aux télécommunications, à l'électricité et à l'exploration de mondes inconnus, pour la psychologie, la sociologie, l'astrologie, la politique, les multinationales et les échanges internationaux, les organisations humanitaires, pour adhérer à un groupe partageant des idées et les valeurs communes (syndicats, partis et associations), pour élaborer des projets allant du simple au très complexes, pour développer des idées sociales avancées et parfois pour alimenter ou participer à un courant révolutionnaire visant à renverser des structures, des idées, des valeurs ou des personnes en place.

C'est néanmoins en effectuant un travail sur votre personnalité, en vous insérant dans une démarche de développement personnel, en cherchant à connaître et à appliquer les lois qui régissent l'évolution de notre univers, en dépassant vos peurs, vos préjugés, les mythes et comportements collectifs stéréotypés, en accédant à un haut degré de liberté intérieure et en mettant au profit des autres les fruits de votre évolution et de vos connaissances que vous intégrerez pleinement cette fonction psychologique.

Vous pouvez alors devenir sensible aux relations de cause à effets existant dans l'univers, aux signes imperceptibles du hasard, à des coïncidences et synchronicités survenant dans votre vie mais aussi à la présence d'êtres spirituels annonciateurs d'espoir qui vous éclairent du fond de votre sensibilité. Vous pouvez donc avoir tendance à vous situer dans un cadre de référence universel et beaucoup plus vaste que la plupart des gens, quitte parfois à passer pour un excentrique ou un extra- terrestre. Cette disponibilité pour recevoir et intégrer les messages subtils de votre Ange Gardien peut vous permettre de faire ce qu'il y a de mieux à faire à tout instant, de vivre en harmonie avec votre propre évolution et avec l'évolution générale de l'humanité, d'accéder aux vérités spirituelles et dans certains cas de devenir un intermédiaire entre l'univers et les hommes. Le puissant magnétisme dont vous pouvez disposer et que vous pouvez apprendre à maîtriser peut parfois vous permettre de soulager les souffrances physiques d'autrui.

La propreté est pour vous une valeur importante, qu'elle soit matérielle ou psychologique. Vous êtes le plus souvent sain de corps et d'esprit, n'aimez pas la saleté ni les ondes négatives et avez besoin de nettoyer régulièrement toute impureté physique ou psychologique. L'espoir est également pour vous une valeur importante. Vous pouvez être très sensible à tout ce qui permet d'entretenir l'espoir et être capable de le susciter chez autrui. Vous pouvez avoir des goûts, des aptitudes et des talents naturels pour travailler en groupe, pour organiser des projets ou pour faire de la logistique, pour les sciences, les techniques et les télécommunications, pour gérer un réseau, pour coopérer, réformer, nettoyer, être à l'avant garde, pour vous consacrer à une cause universelle, pour trouver des solutions, pour les métiers d'aide et de conseils, pour soulager des maux physiques et moraux, pour participer au progrès collectif et à la vie moderne, pour vous spécialiser, pour innover ou inventer, pour participer à un mouvement humanitaire, à une grande société ou à une association.

URANUS ASPECT DISSOCIE ASCENDANT

Il y a un décalage, une relation permanente, mais discontinue, dissociée, duelle, tendue et conflictuelle entre votre besoin de liberté, d'affirmer votre spécificité, de vous adapter à la vie moderne et votre personnalité apparente, votre vision de la vie, votre façon de vous exprimer dans la vie, votre façon de vous affirmer et d'exercer un ascendant sur le monde car ces deux parties de vous vibrent à deux fréquences totalement différentes et s'expriment dans deux états d'esprits totalement différents. Vous devrez donc vivre chacune des deux parties en pleine conscience et faire des efforts pour exprimer les qualités de la planète pour vous affirmer, pour vous exprimer, pour exercer un ascendant sur le monde et pour réaliser votre mission de vie. L'une des clefs pour vous pouvoir exprimer votre Etre incarné et pour faire ce que vous êtes venu faire sur Terre consiste à exprimer les valeurs positives d'Uranus. Cela vous demandera un effort de conscience.

Si Uranus domine au détriment de l'Ascendant.

Vous vivez votre Uranus lorsque vous affirmez votre individualité ou votre puissance, lorsque vous affichez vos convictions, votre idéologie, vos valeurs spirituelles, vos revendications pour une vie meilleure, ou lorsque vous cherchez à évoluer vers une maîtrise de vous-même et de votre vie dans le but d'atteindre un état de liberté, d'indépendance et d'autonomie.
Vous pouvez alors être très sensible aux effets perturbateurs ou aux influences néfastes que peuvent avoir la pression des événements, le face à face avec la réalité, la mobilisation de vos énergies, les efforts à fournir et l'affirmation de votre personnalité.

Cela peut vous donner des difficultés à vous battre, à mobiliser vos énergies, à franchir les obstacles, à être efficace et à vous exprimer réellement lorsqu'il s'agit d'acquérir ou de préserver une certaine liberté d'action, lorsqu'il s'agit de vous adapter à l'inconnu, de faire face à la nouveauté ou à l'imprévu, d'adopter des attitudes responsables visant à maîtriser la situation et lorsqu'il s'agit de prendre votre vie en main de façon à être autonome. Peut-être avez-vous tendance à rejeter ou à mépriser toute spontanéité, les besoins de votre corps, l'expression de votre personnalité au non d'un certain idéal ou de certaines valeurs universelles ?

Au pire, vous refusez la confrontation avec la réalité en fuyant le monde et ses combats. Vos projets, vos idéologies, vos idées, vos convictions, votre façon d'affirmer votre individualité ou de rechercher à vivre libre ne sont pas toujours pratiques, fonctionnelles ou efficaces parce qu'ils ne tiennent pas forcément compte des faits et des circonstances, des nécessités concrètes qui s'imposent sur le terrain, des opportunités et des contraintes de la situation, de vos possibilités d'action ou de vos moyens, de la concurrence et des obstacles à franchir. Ou alors ils peuvent être tellement personnels, hors normes et rigides qu'ils vous empêchent de vous adapter concrètement sur le terrain et de vous exprimer vraiment.

Peut-être avez-vous tendance à idéaliser, à intellectualiser, à faire des projets, à théoriser les événements, à envisager un avenir meilleur mais sans passer aux actes, en manquant de réalisme, sans concrétiser vos idées dans la pratique, ou en vivant en fonction d'un avenir hypothétique virtuel au lieu de faire face à la situation présente avec efficacité. Peut-être avez-vous des difficultés à vous impliquer réellement dans vos projets, dans vos obligations, dans vos relations amicales, dans une association, dans un mouvement humanitaire et dans votre participation aux événements de votre environnement social ?

Une tendance à intellectualiser de façon excessive peut vous compliquer la vie et amoindrir votre efficacité. Peut-être que vos convictions, vos idées, vos projets avant-gardistes ou les preuves résultant de vos expériences contredisent et dérangent les vérités admises par la société ou les lois scientifiques en vigueur, même si ces dernières sont fausses? Peut-être que vos idées, vos projets et vos convictions sont complètement utopistes et irréalisables dans l'ici maintenant parce qu'ils sont irréalistes ou parce que les circonstances ne permettent pas de les appliquer.

Si l'Ascendant domine au détriment d'Uranus.

Si l'Ascendant prédomine chez vous, vous avez besoin de vous affirmer dans la vie, d'assurer, d'agir et de réagir, de vivre intensément dans le présent et sur terrain, de mobiliser vos énergies pour obtenir des résultats, de vous confronter aux réalités concrètes du monde extérieur, d'extérioriser vos instincts, d'exprimer votre sexualité ou de vous engager dans un combat. Vous pouvez alors être fortement sensibilisé aux effets perturbateurs que peuvent avoir tout besoin de liberté, les événements indépendants de votre volonté, la société moderne et ses technologies, les responsabilités et obligations auxquelles vous avez à faire face, la discipline et la rigueur, les idéologies, toute conception de projets, les relations amicales, toute affirmation de votre spécificité, toute recherche spirituelle, tout travail de développement personnel ou tout travail en groupe et les valeurs d'indépendance, de liberté et d'originalité. La tendance à considérer tout ou une partie de Uranus comme perturbatrice, ou à ne voir que l'aspect négatif de la planète peut engendrer un rejet et un refoulement de tout ou une partie de ce que représente Uranus dans votre vie.

Si c'est le cas, peut être avez-vous alors tendance à rejeter les idéologies, les valeurs spirituelles, l'évolution psychologique et le travail de développement personnel, les prévisions qui ne correspondent d'après vous rarement aux faits, les grandes théories, les spéculations de la pensée, le capitalisme, la politique, la discipline et l'ordre des choses, l'espoir et le progrès, les obligations et les contraintes, les valeurs de liberté, d'indépendance et d'originalité, l'organisation rigoureuse et la liberté d'action. Cela peut amoindrir l'efficacité de vos résultats. Vous pouvez avoir une difficulté à être réellement indépendant dans votre vie active, à assumer vos responsabilités, à maîtriser votre corps et votre situation, à faire preuve de rigueur, de logique, de bon sens, de réflexion ou de sens psychologique, à faire face à l'inconnu et à l'imprévu et à vous adapter aux progrès techniques.

Quand Uranus est dominant en excès.

L'influence excessive d'Uranus peut se traduire par un tempérament stressant voire explosif et par un besoin démesuré de liberté et d'indépendance dans votre vie active, au point que vous supportez difficilement les contraintes d'une existence régulière, les pressions extérieures, l'autorité et les ordres. Peut-être êtes-vous tellement convaincu de ce qu'il faut faire que vous n'en faites qu'à votre idée et que vous acceptez difficilement qu'il puisse exister d'autres possibilités que celles que vous aviez envisagées ?

Vous pouvez alors être complètement imperméable aux circonstances, faire preuve d'un individualisme exacerbé qui sort systématiquement des sentiers battus en ne faisant jamais comme les autres, avoir tendance à vous accrocher à vos idéaux, à vos projets, à vos théories, à vos valeurs et à vos convictions même s'ils ne vous mènent nul part, à être complètement sourd aux arguments d'autrui et à ne changer que difficilement votre trajectoire.

Ou à l'inverse, peut-être avez-vous tendance à vouloir tout le temps passer à quelque chose de nouveau dès que vous avez une impression de déjà vu ou dès que vous avez impression d'avoir fait le tour de la situation, mais sans forcément finir et aller jusqu'au bout de ce que vous aviez commencé. Cela peut être synonyme d'une excessive instabilité. Votre originalité tourne parfois à l'excentricité, et à l'inadaptation. La discipline et les exigences que vous vous imposez, notamment en ce qui concerne votre corps et vos instincts, votre environnement ou les autres, et les contraintes ou obligations auxquelles vous avez à faire face peuvent en retour vous empêcher d'exprimer votre nature instinctive, de faire ce que vous auriez envie de faire et de permettre à ceux qui vous côtoient d'agir librement. Au pire vous vous comportez comme un dictateur. Mais dans le fond, peut-être êtes-vous trop sensible aux différences et aux incompatibilités qu'il peut avoir entre l'ange et l'animal humain avec ses instincts et pulsions ? Une peur de votre côté animal, de votre agressivité, de votre force et de votre propre puissance vous incite à l'enchaîner pour éviter de soit disant dégâts éventuels. Mais qui veut faire l'ange fait parfois la bête, et lorsque celle-ci se déchaîne après avoir été trop longtemps muselée, elle peut vous entraîner vers la révolte et vers le conflit systématique.

Une activité en lien avec l'informatique, une idéologie, des valeurs universelles ou humanitaires, une association, des relations amicales, un grand groupe ou une multinationale peuvent vous demander un tel investissement d'énergie que vous n'avez plus la disponibilité pour vous occuper de vous-même, pour être présent dans votre foyer, pour faire ce que vous auriez eu envie de faire et pour vous exprimer spontanément. Votre existence peut alors être très impersonnelle ou faire de vous une marionnette de la société moderne. Vous pouvez avoir tendance à revendiquer brutalement, sans concertation et de façon agressive, vos droits à une vie meilleure (salaires, horaires, avantages sociaux) au point d'irriter vos supérieurs.

Votre corps, votre énergie vitale et vos décisions sont influencées par des énergies cosmiques à haute tension venant de l'inconscient collectif mais sans que vous maîtrisiez forcément très bien cette influence.

Une difficulté à gérer ces énergies peut se traduire par les différents symptômes propres à la paranoïa, c'est à dire par une tendance à se sentir constamment persécuté, par une tendance à être excessivement exigent, sectaire et fanatique, par une tendance à imposer vos convictions et vos théories d'une façon tyrannique et à vous comporter comme un dictateur, par une surtension nerveuse mal contrôlée, par une instabilité d'humeur et une grande susceptibilité, par une tendance à être facilement irritable, par des comportements intolérants, par une tendance à être survolté, électrique, brusque, imprévisible, parfois déstabilisant voire violent, par un goût pour les situations explosives ou par une tendance à vivre comme un avion à réaction. Cette paranoïa peut également conférer une difficulté à établir des relations avec autrui en se situant autrement qu'en sauveur ou en dominant tendant la main à un dominé, ou autrement dit lorsqu'une supériorité affichée n'est pas reconnue. Lorsqu'elle n'est pas intégré, la relation Uranus-Ascendant peut prédisposer à planer au-dessus des réalités concrètes, à avoir excessivement besoin de tout intellectualiser, conceptualiser et schématiser, à vivre dans le virtuel, dans le mental ou dans le projet au point de donner l'image d'un extraterrestre inadapté aux réalités concrètes.

Pour positiver cette relation.

Pour transformer la relation Uranus-Ascendant dissociée en relation consciente et dynamique, il peut être utile d'effectuer un travail sur le rôle que doivent avoir la motivation, la prise de décision, la confiance en soi, l'affirmation de soi, l'engagement, la combativité et l'action au sein de votre personnalité et de votre vie mais aussi sur le rôle que doivent avoir dans votre vie et au sein de votre personnalité la société moderne, la nouveauté, les projets, la virtualité et les ordinateurs, le groupe, les ami(e)s, l'autonomie, la liberté, la relation à l'univers et le progrès au sein de la personnalité et dans votre vie. Un travail sur la conscience corporelle (Tai-Chi, Tantrisme, Yoga, Danse) et un peu de sport peuvent vous faire le plus grand bien. Les deux parties de votre personnalité peuvent être vécues dans des états d'esprit, dans des lieux ou à des moments très différents, de façon à ce que chacune rectifie l'autre au moindre excès et sans que l'une des fonctions psychologiques gène l'expression de l'autre. Il y a alors des moments où vous savez vous discipliner, vous maîtriser, assumer vos responsabilités et vos obligations, vous consacrer à une activité de groupe et au progrès universel, vous organiser de façon logique, faire preuve de réflexion en tenant compte de la nécessité et du sens des événements, faire avancer les choses en tenant compte de vos intuitions et en trouvant des solutions originales adaptées au terrain, préparer des projets, être inventif et vivre selon vos convictions personnelles.

Puis il y a d'autres moments où vous vous lancez dans le feu de l'action en fonction des nécessités immédiates qui s'imposent, où vous faites ce que vous avez envie de faire, où vous exprimez librement vos besoins et vos instincts et où vous vous battez pour obtenir les résultats recherchés. Vous savez alors éviter d'être trop dans la spéculation et revenir aux faits concrets, vous discipliner sans museler vos instincts, vous affirmer avec force mais d'une façon démocratique et concevoir des projets en les adaptant aux réalités présentes. Bien maîtrisée, la relation Uranus-Ascendant peut vous conférer un ensemble d'aptitudes qui sont alors vécues d'une façon particulièrement consciente et dynamique. Cela peut par exemple se traduire, en ce qui concerne Mars, par un dynamisme, une combativité, un courage, une rapidité, un sens de l'efficacité et des capacités physiques qui sont au-dessus de la moyenne et pour ce qui concerne Uranus par un puissant caractère, par une capacité à être libre et autonome, par un pouvoir libérateur, par des capacités d'autodiscipline, par le pouvoir d'infléchir le cours des événements et par un éveil spirituel hors du commun.

La puissance considérable que vous confère cet aspect peut alors, lorsqu'il est bien maîtrisé, vous permettre de lutter efficacement pour réaliser vos objectifs, pour faire les réformes nécessaires ou pour améliorer vos conditions de vie ou celles de vos semblables.

Lorsque la relation Uranus-Ascendant est vécue en conscience, vous êtes particulièrement capable de vous battre, de vous motiver, d'être offensif et agressif lorsqu'il s'agit d'acquérir ou de préserver une certaine liberté d'action dont vous avez besoin, lorsqu'il s'agit de concrétiser vos projets, lorsqu'il s'agit de vivre des expériences inconnues ou d'explorer de nouveaux horizons ou lorsqu'il s'agit de faire des réformes visant à améliorer les situations. Vous savez également vous mobiliser pour vous affranchir des contraintes sociales, des pressions extérieures, des tentatives d'accaparement ou de manipulation de votre personnalité, pour vous vous détacher intérieurement des mythes, des préjugés, des rumeurs, des influences de l'entourage et du passé mais aussi pour aider autrui. Vos puissantes capacités réalisatrices, votre force de frappe et votre action foudroyante sont alimentées par une capacité à prendre rapidement les bonnes décisions, par un courage peu banal et par un dynamisme percutant et redoutablement efficace. Concrètement, pour réaliser votre mission de vie, il est nécessaire, tout en évitant les excès que vous connaissez trop bien, de vous libérer des conditionnements de votre milieu natal ou familial, des influences de votre passé ou de vos souvenirs, des cadres de références éducatifs, pour suivre votre propre voie et atteindre un état de liberté, d'indépendance et d'autonomie. Cela peut se faire à travers différents stages de développement personnel.

Vous avez besoin de sortir des sentiers battus, de vous démarquer des autres, de conquérir votre identité individuelle, d'exprimer votre différence et votre spécificité, de vous affirmer en adulte responsable et de vous élever au-dessus de la mêlée pour apporter votre contribution à l'humanité, à la société moderne. Il est également nécessaire d'utiliser votre intelligence technologique ou psychologique, de vivre l'expérience du groupe en participant à des projets, de vous intégrer dans un réseau et d'avoir un cercle d'amis, d'utiliser les outils et les techniques modernes de communication, de vous adapter à la vie moderne, d'incarner une idéologie et des valeurs humaines, de trouver des solutions, d'être un expert dans ce que vous faîtes, d'apporter votre aide aux autres quand vous le pouvez. Vous avez les capacités pour être un modèle de personne libre et heureuse si vous le voulez.

NEPTUNE ASPECT POSITIF ASCENDANT

Lorsque vous abordez la vie, lorsque vous exprimez votre Etre incarné, lorsque vous exercez un ascendant sur le monde, vous avez besoin d'écouter et d'utiliser votre intuition, votre imagination et votre capacité à exprimer l'émotion, d'avoir la foi et d'exprimer la force de la foi, de savoir vous relaxer et lâcher prise, de vivre votre besoin de rêve, d'évasion et de transcendance, d'effectuer une recherche spirituelle et un travail de développement personnel, de pratiquer la méditation, de vous libérer de vos mémoires généalogiques et de vos vies passées, de soulager les souffrances et les misères du monde, d'être en communion avec votre environnement et avec la vie, de participer à la vie d'une collectivité et d'exprimer les qualités de charité, de dévouement, de générosité, de compassion et d'amour inconditionnel que vous portez en vous. Votre intuition, votre clairvoyance, votre foi, votre amour inconditionnel, vos mémoires généalogiques ou vos mémoires de vies passées et votre ouverture spirituelle vous aident à vous exprimer et à faire ce que vous êtes venu faire sur Terre.

Vous êtes particulièrement capable de vous battre, de faire preuve de courage, de mobiliser vos énergies, de tenir compte des réalités concrètes du terrain et d'être offensif voire agressif lorsqu'il s'agit de vivre des moments de rêve et d'évasion, de faire rêver autrui, d'accéder à des niveaux de conscience plus élevés ou à des vérités spirituelles qui permettent de dépasser et de transcender les réalités quotidiennes, lorsqu'il s'agit de faire face à l'épreuve ou à l'adversité, à la souffrance ou à la maladie, lorsqu'il s'agit de participer à un mouvement collectif, à un courant idéologique, à des initiatives de groupe ou à des actions de sauvetage et surtout lorsque vous avez la foi.

Vous pouvez besoin que vos initiatives, vos conquêtes, vos résultats et l'expression de votre personnalité correspondent à des aspirations secrètes plus profondes et qu'elles soient approuvées, soutenues, confirmées et bénites par le hasard, par les dieux, par le cosmos, par les personnes présentes dans votre situation ou par ce en quoi vous croyez. Vos initiatives prennent alors la forme d'une mission sacrée envers laquelle vous savez vous dévouez corps et âme, comme si vous vous sentiez être l'instrument d'une volonté collective ou d'une puissance cachée agissant à travers vous. Cela vous permet de vous consacrer à de nobles causes et peut vous donner un sens aigu du sacrifice. Vous vous contentez difficilement d'une vie ordinaire et pouvez avoir besoin de donner un sens magique à votre vie et à ce que vous faîtes.

Vous pouvez avoir des facilités pour comprendre le sens caché des événements, pour prendre conscience que votre existence terrestre n'est qu'une toute petite partie de votre existence éternelle et avoir l'impression de venir à l'origine d'un autre monde, d'un autre état de conscience, d'ailleurs. Cela peut vous permettre de donner à votre vécu et à votre existence un sens plus vaste, une signification plus profonde et une dimension inhabituelle. Par contre, vous avez moins de facilité pour vous motiver et vous mobiliser si ce que vous faites n'a pas de sens, si " vous n'y croyez pas " ou si "vous ne le sentez pas ".

Plus que d'autres vous fonctionnez au feeling, de façon inconsciente et involontaire, au radar, au pif, à la boussole, en fonction de comment vous le sentez, grâce à la force de la foi ou grâce à une force psychique qui vous guide dans vos actes. Et lorsque vous y croyez, lorsque vous avez la foi, lorsque ce que vous faîtes a un sens à vos yeux ou lorsque le hasard est de votre coté, vous foncez tête baissée en improvisant sur le champ en fonction des nécessités qui s'imposent.

Vous réagissez alors d'instinct, vivez au jour le jour sans réflexion préalable, sans calcul, sans avoir besoin de preuves concrètes et sans toujours savoir où vous mettez les pieds, pourquoi vous faîtes ce que vous faîtes, où cela va vous mener et quels seront les résultats susceptibles d'être obtenus. Mais parce que vous avez la foi, parce que vous connaissez la force de la foi, parce que vous croyez que tout est possible et que vous ne faîtes pas vraiment la différence entre le possible et le rêve, vous pouvez remuer des montagnes et obtenir des résultats surprenants, incroyables voire miraculeux, comme si les événements se produisaient d'eux même sans démarche consciente de votre part.

Vos puissantes inspirations vous permettent de faire ce qu'il faut, comme il faut ou et quand il faut. Votre foi peut devenir un véritable catalyseur. La foi soulève des montagnes et engendre des actes magiques quand on sait s'en servir. Il peut être bénéfique pour vous de cultiver la force de la foi. Vous n'allez pas toujours directement au but et atteignez parfois vos objectifs par des moyens et des chemins détournés. Vous avez parfois besoin d'un certain désordre pour agir et dans vos initiatives, vous agissez souvent en fonction d'inspiration, de pressentiments ou d'informations que vous puisez dans l'air ou dans l'inconscient collectif.

Très émotif, réceptif, intuitif voire hypersensible, influençable et impressionnable, vous sentez les choses et les gens. Vous captez tout ce qui se qui se trouve dans votre environnement. Vous vivez et agissez en fonction de détails subtils souvent imperceptible pour autrui, en fonction de votre ressenti et de vos inspirations, en fonction d'une logique qui vous est propre et qui le plus souvent n'est pas rationnelle. Votre très sensibilité peut prendre la forme d'un don de voyance capable d'extraire des informations dans l'inconscient collectif.

Cette intuition peut vous permettre de saisir les modes, les rumeurs et les bruits qui courent, l'ambiance ou l'énergie vibratoire d'un lieu, d'une personne ou d'un groupe, de vous mettre dans la peau d'autrui, de deviner le temps qu'il va faire ou les événements qui se préparent, de vous familiariser avec l'invisible, l'occulte, le paranormal et le mystérieux mais aussi d'être réceptif aux vérités spirituelles.

Vous pouvez également être capable de voir clair et de naviguer dans le brouillard mais aussi de naviguer au radar ou à la boussole, sans avoir besoin des repères classiques. Votre mode de communication privilégiée étant l'image et la télépathie, vous pouvez vivre des relations particulièrement riches. Il suffit bien souvent qu'une personne pense à vous pour que vous la ressentez dans l'astral en ayant son image astrale dans votre cerveau. Il est particulièrement important pour vous d'apprendre à gérer et à utiliser consciemment d'une part votre hypersensibilité (et donc à différencier ce que vous captez, c'est à dire à faire la différence entre ce qui vient de votre être intérieur et ce qui vient de l'extérieur puis à identifiez à quoi correspond ce que vous ressentez) et d'autre part votre tendance à vous imprégner, telle une éponge, de tout ce qu'il y a dans votre environnement car sinon, ces tendances peuvent engendrer des épreuves douloureuses.

En effet, la tendance à vous imprégner de mauvaises énergies ou des microbes qu'il y a dans l'air peut être source de malaise voire de maladie.

De même, vous pouvez vous faire pomper ou vampiriser votre énergie par votre environnement si vous n'arrivez pas à gérer votre énergie vitale et psychique. De nombreuses maladies inexpliquées par le corps médical sont dues au fait que des personnes se font vider de leur énergie par leur environnement, ce qui engendre des états de fatigue et parfois des maladies. Par contre, dans un sens positif, votre capacité à vous imprégnez d'énergies extérieures peut vous permettre d'adhérer à la vie, d'apprendre intuitivement et peut constituer un enrichissement considérable.

On vous dit, discret, secret, calme et réservé, souvent effacé, animé d'un regard translucide, troublant, insaisissable et souvent perdu dans le lointain. Vous cherchez rarement à vous imposer ou à être sur les devants de la scène. Vous avez besoin et savez vous absentez ou être ailleurs quand les événements sont trop durs. Vous avez besoin de votre part de rêve et d'évasion, d'un brun de folie et de vivre des moments où vous êtes dans un état second et déconnecté de la réalité matérielle. Vous ne vous sentez pas toujours concerné par les réalités extérieures, par le monde, par son agitation et ses combats perpétuels. Vous vivez parfois dans un monde à part, sur une autre planète, loin des préoccupations terrestres et pouvez éprouver des difficultés à vous adapter au monde matériel et à vous organiser de façon pratique. Vous êtes par contre naturellement adapté au monde de l'émotion et aux situations impliquant l'expression ou la gestion d'émotions.

Dans la mesure où vous avez le besoin et la tendance à vous exprimer en fonction d'une volonté collective en faisant ce que le groupe veut que vous fassiez et en vous fondant dans un ensemble plus vaste, c'est en participant à la vie d'une entreprise ou d'une filiale faisant partie d'un groupe national ou international, à une collectivité, à un parti, à un courant idéologique ou à un groupe archétypique (ex les médecins, les pompistes, les marchands de tabac etc.) que vous vous réaliserez au mieux. La dynamique de groupe vous stimule et vous porte. Vous êtes particulièrement sensible à la souffrance et plus votre conscience sera reliée à l'inconscient collectif et plus vous percevrez toutes les souffrances existant sur la planète Terre. La perception de la souffrance est l'une des épreuves majeures apportée par cette fonction psychologique et votre vie dépendra en partie de la façon dont vous aurez su gérer votre perception de la souffrance des autres et vos propres souffrances. L'un des moyens de canaliser cette fonction et de soulager la maladie et la souffrance des autres à travers des activités médicales, para médicales et à travers les métiers d'assistance et de secours. Votre générosité, votre sens de la charité, du dévouement et du sacrifice, votre douceur toute maternelle, votre sens du partage et de la compassion peuvent être vos qualités principales.

Le rôle de cette fonction étant de vous faire évoluer spirituellement, vous pouvez ressentir le besoin de religion, d'adhérer à un courant religieux, de développer votre foi en Dieu et votre sens du sacré, d'apprendre à prier correctement, de participer à des groupes de prières et de vivre des expériences mystiques. Les épreuves rencontrées sur votre parcours et les renoncements, pertes et sacrifices qui s'ensuivent ont le plus souvent pour rôle de vous orienter vers la voie spirituelle et de vous apprendre à discerner le sens des événements de votre vie. Vous pouvez ainsi transcender les réalités terrestres, (c'est à dire arriver à voir les affaires terrestres comme des illusions engendrées par l'esprit un peu comme une caméra projette de la lumière faisant apparaître des scénarios). C'est en vivant dans la foi et dans un amour pur que vous intégrerez pleinement cette fonction psychologique. En devenant ainsi comme un bras de l'Eternel Créateur et en utilisant votre foi, tout ce que vous faites peut réussir comme par magie.

Vous êtes particulièrement doué pour lâchez prise. Dans la mesure où vous cherchez rarement à intervenir sur les événements, où vous tendez à laisser les choses venir, se faire au hasard ou au gré de vos inspirations, à vous laisser guider et porter par les événements, le hasard et l'irrationnel jouent souvent un rôle important dans votre destinée. L'influence de vos ancêtres ou de vos " vie antérieure » peut également jouer un rôle important dans votre vie actuelle. Vous pouvez avoir des goûts, des aptitudes et des talents naturels pour explorer l'ailleurs, pour soulager et soigner les souffrances et misères du monde à travers une activité sociale, médicale ou paramédicale, pour utiliser votre foi et votre intuition, pour capter et ressentir ce qui se passe, pour inspirer et être inspiré(e), pour rêver et faire rêver, pour vous dévouer, pour utiliser un sens communautaire et humanitaire, pour relaxer et détendre, pour assister, pour explorer l'invisible et l'inconscient, pour sonder, pour participer à une entreprise collective, pour communier, pour faire de la magie à votre façon, pour vous évader et pour communiquer par l'image et les émotions.

NEPTUNE ASPECT DISSOCIE ASCENDANT

Il y a un décalage, une relation permanente, mais discontinue, dissociée, duelle, tendue et conflictuelle entre votre intuition, votre foi, votre besoin d'évasion, votre besoin de transcendance et votre personnalité apparente, votre vision de la vie, votre façon de vous exprimer dans la vie, votre façon de vous affirmer et d'exercer un ascendant sur le monde car ces deux parties de vous vibrent à deux fréquences totalement différentes et s'expriment dans deux états d'esprits totalement différents.

Vous devrez donc vivre chacune des deux parties en pleine conscience et faire des efforts pour exprimer les qualités de la planète pour vous affirmer, pour vous exprimer, pour exercer un ascendant sur le monde et pour réaliser votre mission de vie. L'une des clefs pour vous pouvoir exprimer votre Etre incarné et pour faire ce que vous êtes venu faire sur Terre consiste à exprimer les valeurs positives de Neptune. Cela vous demandera un effort de conscience.

Si Neptune domine au détriment de l'Ascendant.

Si Neptune domine chez vous, vous vivez alors selon vos inspirations profondes et vos valeurs spirituelles, selon votre sensibilité et votre foi, selon la volonté de vos ancêtres, dans des rêves ou dans un état parfois second, en vous laissant porter par le courant des événements et en laissant beaucoup de choses se faire au hasard. Vous pouvez avoir besoin d'adhérer à un mouvement religieux ou de participer à une action collective, à une action de groupe.

Sans doute croyez-vous alors que l'existence terrestre n'est qu'une toute petite partie de l'existence éternelle et que vous venez à l'origine d'un autre monde, d'un autre état de conscience, d'ailleurs. Vous pouvez avoir tendance à considérer le monde terrestre, l'affirmation de votre personnalité, la vie et l'action, l'usage de la force, la colère, le face à face avec la réalité comme gênant, perturbateur ou comme étant trop bassement matériel, et vous servir de vos croyances pour justifier votre manque d'activité dans le monde extérieur.

Cela peut engendrer une difficulté à vous affirmer, à prendre des risques, à vous motiver et vous mobiliser, à vous engager dans une entreprise quelconque, à incarner votre idéal de vie, à réaliser vos rêves, parce que vous ne vous donnez pas les moyens nécessaires pour le faire ou parce que vos rêves ne tiennent pas assez compte des réalités concrètes du terrain, et à prendre conscience de votre force réelle, de vos moyens d'action, des réalités extérieures ou des dangers qui vous entourent. Vous vous empêchez parfois, par manque de sens pratique, de réalisme, de courage et de dynamisme, de faire face à la vie, de lutter pour conquérir votre place au soleil et de vous adapter aux réalités du monde qui vous entoure.

Vous pouvez avoir des difficultés à vous battre, à faire preuve de courage, à mobiliser vos énergies lorsqu'il s'agit de vivre des moments de rêve et d'évasion, lorsqu'il s'agit d'accéder à des niveaux de conscience plus élevées ou à des vérités spirituelles permettant de transcender les réalités quotidiennes, lorsqu'il s'agit de faire face à l'épreuve, à l'adversité, à la souffrance, à la maladie ou à des expériences dures à vivre, lorsqu'il s'agit de participer à un courant collectif, à des initiatives de groupe ou à une action de sauvetage. Cela peut vous rendre insatisfait parce que vous avez l'impression que vos aspirations spirituelles, vos rêves et vos fantasmes, vos croyances ou une situation de dépendance envers une personne ou envers une collectivité ne servent pas à grand chose ou ne vous aident pas à faire face aux réalités concrètes, parce que votre vie vous parait dépourvue d'action, de combats, d'événements, ou parce que vous avez l'impression, par rapport à votre idéal, de ne jamais obtenir les résultats voulus.

Si l'Ascendant domine au détriment de Neptune.

Si l'Ascendant prédomine chez vous, vous avez besoin de vous affirmer dans la vie, d'assurer, d'agir et de réagir, de vivre intensément dans le présent et sur terrain, de mobiliser vos énergies pour obtenir des résultats, de vous confronter aux réalités concrètes du monde extérieur, d'extérioriser vos instincts, d'exprimer votre sexualité ou de vous engager dans un combat. Vous pouvez alors être fortement sensibilisé aux difficultés ou aux effets perturbateurs que peuvent causer les énergies venant de l'inconscient collectif atteignant votre sensibilité, les hasards de l'existence, le souvenir d'une déception ou d'une souffrance, vos mémoires généalogiques, les souvenirs de vies antérieures (cela est souvent associé à un sentiment diffus de culpabilité), votre hypersensibilité et vos fantasmes, l'influence de la société, l'adhésion à des croyances religieuses (Judéo-chrétiennes ou autres), le sacré ou votre désir d'évasion, d'être ailleurs, d'évolution spirituelle et de transcendance.

La tendance à considérer tout ou une partie de Neptune comme perturbante ou inefficace, ou à ne voir que l'aspect négatif de la planète peut engendrer un rejet et un refoulement tout ou une partie de ce que représente Neptune dès lors qu'il s'agit d'agir et de vous affirmer. Vous avez alors peut-être peur de la maladie, de la souffrance, des moments d'euphorie et d'exaltation, du désordre et de l'anarchie, de l'étrange et du paranormal, ou vous avez peut-être peur d'être submergé, débordé, envahi ou infecté par les richesses de votre inconscient, par vos mémoires généalogiques ou vos vies passées.

Cela peut se traduire par un rejet de toute croyance religieuse, spirituelle ou mystique, de vos aspirations secrètes, du sacré, de tout ce qui n'est pas visible et concret et de tout ce qui est synonyme de rêve et d'évasion. Vous pouvez avoir une difficulté à être à l'écoute de votre corps et de vos motivations et une difficulté à comprendre ou à accepter le sens réel de ce que vous vivez.

Vous pouvez également avoir du mal à « avoir la Foi » en ce que vous faîtes, à vous laisser porter par les événements, à faire confiance au hasard et à la vie, à vous laisser allez et à lâchez prise dès lors que vous êtes en action. Peut être croyez-vous que vos désirs ne pourront pas être satisfaits et que vous n'obtiendrez aucun résultats si vous vous laisser-aller ? Mais à cause de ce que vous refoulez, vous pouvez être insatisfait lorsque vous vous affirmez.

Vous pouvez avoir l'impression que ce que vous faîtes n'a pas vraiment de sens, que cela ne correspond pas à vos aspirations secrètes, que le hasard, la collectivité, les dieux, vos ancêtres ou ce en quoi vous croyez jouent contre vous et qu'il vous manque cette part de magie, de subtile complicité, de communion, de résonance, de rêve et d'évasion, une approbation des Dieux, du hasard ou de vos ancêtres et de ne pas pouvoir vivre des valeurs spirituelles ou les émotions profondes qui vous sont chères et auxquelles vous aspirez. Cela peut déclencher de violentes réactions de compensation.

Quand Neptune est dominante en excès.

Lorsque vous êtes identifié à Neptune, vous pouvez avoir tendance à l'être excessivement. L'influence mal intégrée de Neptune peut se traduire par besoin excessif de rêve, d'évasion et de transcendance et par une tendance à fuir l'engagement, le face à face avec la réalité et la situation présente. Cette fuite peut prendre la forme d'une recherche de sensations fortes et enivrantes à travers l'alcool, les paradis artificiels, le tabac et les médicaments.

La relation Neptune-Ascendant peut vous jouer des tours ou être cause de difficultés voire de souffrances. Vous avez parfois tendance à vous déterminer en fonction de mirages ou d'illusions, par idéalisation des événements et à prendre les vessies pour des lanternes. Vos réactions sont parfois amplifiées, exagérées et disproportionnées par rapports aux stimuli ressentis. Parce que vous y croyez, parce que tout vous parait possible, parce que vous vous sentez porté par les événements, vous vous précipitez dans le feu de l'action, vous vous emportez et vous emballez en faisant preuve de manque de contrôle, d'organisation, de stratégie et de réflexion, ce qui peut vous conduire vers des sables mouvants, vers des échecs, vers des déceptions et vers des désillusions.

Au niveau de la sexualité, Neptune peut engendrer des illusions trompeuses, des fantasmes troubles, une tendance à vivre la sexualité uniquement à travers des fantasmes, une tendance au sadomasochisme et des comportements sexuels contre nature.

Certaines personnes ont tendance à vivre incarcéré dans un brouillard plein d'illusions. Elles ont une difficulté à émerger hors d'un état somnambulique ou d'une passivité léthargique. Elles ont une tendance à compter exclusivement sur le hasard pour faire avancer les choses, en attendant que les événements arrivent tout seul, sans prendre les décisions et les initiatives qui seraient nécessaires. D'autres ont tendance à agir de façon désordonnée et chaotique, compliquée, anarchique et incohérente. Les résultats partent alors en fumée.

D'autres encore ont une tendance à vouloir obtenir des résultats par des moyens détournés et louches, une tendance à errer dans la vie sans but précis, à galérer, à fuir la vie, à vivre dans un état de confusion, à tourner en rond et à subir les événements et la volonté des autres à travers une sorte d'emprise psychique hypnotique.

Votre corps, vos décisions et vos actes peuvent être influencés par des énergies ou des informations qui sont dans l'air, dans l'inconscient collectif, dans l'astral, dans l'invisible et par une sorte de sensibilité médiumnique au faits qui vous entourent. Mais cette hypersensibilité à ce qui se passe autour de vous, aux gens, aux vibrations ambiantes et aux événements peut être vécue comme perturbatrice et être mal gérée, mal contrôlée. Vous captez tout tel un radar, vous imprégniez des énergies ambiantes comme une éponge et pouvez être facilement influençable par les désirs ou groupe ou par les autres au point parfois de vous dépersonnaliser.

Vous vous sentez parfois trop facilement concerné, affecté et impliqué au moindre événement. La façon dont sera vécu cet aspect dépendra de la façon dont vous aurez su gérer votre hypersensibilité, vos émotions et votre besoin d'évasion. Parce que vous réagissez au monde et à l'impact des événements avec vos émotions et non avec votre raisonnement, vous commettez facilement des erreurs d'interprétation quant aux causes, au sens et à la signification des faits et de vos expériences vécues. Cela peut être source de malentendus ou de difficultés dans votre vie active.

Votre agressivité n'est pas toujours bien maîtrisée et peut s'exprimer de façon inconsciente, en se diffusant autour de vous comme un gaz, en tissant comme une toile d'araignée invisible sur autrui. Vous luttez à distance, dans l'invisible, sans que se soit vous qui déteniez les commandes. Vous êtes à tel point hypersensible à l'agressivité, aux rivalités et aux différences qu'il y a entre vous et les autres que vous voyez des ennemis partout, sans que cela soit fondé sur des preuves concrètes, et vous pouvez donner l'apparence de combattre des moulins à vent comme Don Quichote.

D'après la tradition, cette agressivité mal contrôlée peut induire des rivalités secrètes, des ennemis cachés, des coups fourrés, des guet-apens et des réactions virulentes de la part d'autrui sans que vous compreniez toujours très bien ce qui se passe.

Votre façon d'agir et de décider s'exprime parfois en fonction d'une logique qui vous est propre, une logique irrationnelle, floue, indéfinie et difficilement explicable. Vous agissez en fonction d'inspirations, de pressentiments, de façon inconsciente, au feeling, au pif, à la boussole, au radar et pouvez avoir tendance à foncer dans le feu de l'action en vous emballant, en idéalisant la situation, avec une foi et un dévouement aveugle, parce que vous y croyez à fond ou parce que cela vous fait rêver.

Mais vous ne tenez pas toujours assez compte des limites et des possibilités réelles de la situation, des faits concrets, de vos moyens, des obstacles et de la concurrence. Cela ne vous rend pas toujours très efficace et les rappels à l'ordre de la réalité peuvent alors être douloureux. Et vous pouvez donner l'apparence d'être une personne secrète, mystérieuse, difficile à cerner, subtile, étrange, compliquée et pas toujours très claire.

Certaines personnes peuvent être particulièrement douées pour tromper leur monde en faisant croire ce qui les arrange, pour bluffer ou pour abuser de la confiance d'autrui. Cela rend alors les situations très compliquées. D'autres seront douées pour utiliser l'émotion ou l'illusion comme une arme dont ils usent ou abusent pour parvenir à leurs fins, pour mesurer leur force ou simplement pour alimenter une tension permanente.

La relation Neptune-Ascendant dissociée peut prédisposer à osciller entre des moments d'enthousiasme et d'engagement intempestifs et des périodes d'avachissement ou de laisser-aller total. Il peut être important pour vous d'apprendre à vous affirmer au grand jour, de définir des objectifs et des projets clairs, de vérifier vos croyances et votre ressenti par des faits, de gérer vos émotions et de vous battre activement pour atteindre des objectifs afin de réaliser quelque chose dans votre vie.

Pour positiver cette relation.

Pour transformer la relation Neptune-Ascendant dissociée en relation consciente et dynamique, il peut être utile d'effectuer un travail sur le rôle que doivent avoir la motivation, la prise de décision, la confiance en soi, l'engagement, la combativité et l'action au sein de votre personnalité et de votre vie mais aussi sur le rôle que doivent avoir dans votre vie et au sein de votre personnalité la joie et la souffrance, la force de la foi et des émotions, les facultés de voyance et le développement spirituel.

Un travail sur l'arbre généalogique, la méditation et les chants sacrés peuvent vous faire le plus grand bien.

Cette facette de votre personnalité peut être gérée et canalisée en oscillant entre les deux parties de votre personnalité qui sont vécues dans des états d'esprit très différents de façon telle que chaque fonction rectifie l'autre au moindre excès et sans que l'une des fonctions psychologiques gène l'expression de l'autre. Vous pouvez ainsi vivre des moments où vous faites ce que vous avez envie de faire, où vous exprimer vos instincts, où vous êtes dans l'action, où vous assurez, où vous faites face aux événements et ou vous prouvez aux autres que vous existez. Vous vous exprimez alors en ayant la foi, avec la force de vos ancêtres.

Vous avez appris à gérer et à canaliser votre agressivité, votre dynamisme, vos colères et votre besoin de résultats immédiats. Vous pouvez être alors d'autant plus efficace que vous savez sentir à quel moment et comment agir. Puis vous pouvez vivre d'une autre façon à d'autres moments votre besoin de rêve et d'évasion, vos moments de folie, vos convictions religieuses, vos aspirations spirituelles et votre vie intérieure, des moments de détente ou vous vous laisser allez en fonction de vos humeurs, de l'air du temps et du hasard, ou vous vous consacrez à donner une dimension plus vaste à votre vie.

Vous savez alors gérer les moments où il faut attendre et ceux où il faut agir. Votre vie active ne vous empêche alors pas de rêver et vos rêves ne vous empêchent pas d'être réaliste et d'assurer dans la vie, parce que vous savez entre autre vous évader lorsque vous vous sentez trop ancré dans les réalités brutes de la vie tout comme vous savez revenir à la réalité dès que vos rêves, vos fantasmes ou vos illusions vous emmènent trop loin dans l'irréel.

Bien maîtrisée, la relation Neptune-Ascendant peut vous conférer un ensemble d'aptitudes qui sont alors vécues d'une façon particulièrement consciente et dynamique. Cela peut se traduire par une foi qui fait des miracles, par la capacité à agir de façon inspirée, par des capacités à faire rêver, par des capacités artistiques, par une intuition, une clairvoyance et un éveil spirituel au-dessus de la moyenne.

Concrètement, pour réaliser votre mission de vie, il est nécessaire, tout en évitant les excès que vous connaissez trop bien, d'écouter et d'utiliser votre intuition, votre imagination et votre capacité à exprimer l'émotion, d'avoir la foi et d'exprimer la force de la foi, de savoir vous relaxer et lâcher prise, de vivre votre besoin de rêve, d'évasion et de transcendance, d'effectuer une recherche spirituelle et un travail de développement personnel, de vous libérer de vos mémoires généalogiques et de vos vies passées, de soulager les souffrances et les misères du monde, d'être en communion avec votre environnement et avec la vie, de participer à la vie d'une collectivité et d'exprimer les qualités de charité, de dévouement, de générosité, de compassion et d'amour inconditionnel que vous portez en vous. Vous avez les capacités pour être un modèle de dévouement et d'amour inconditionnel si vous le voulez.

PLUTON ASPECT POSITIF ASCENDANT

Lorsque vous abordez la vie, lorsque vous exprimez votre Etre incarné, lorsque vous exercez un ascendant sur le monde, vous avez besoin d'être relié à votre vérité profonde, de canaliser vos pulsions instinctives et les puissantes émotions qui bouillonnent au fond de votre être, d'exprimer constructivement votre pouvoir personnel et votre besoin de dominer, de vous engager dans un combat, de faire preuve d'authenticité, d'être toujours à 100% présent, de pressentir les non-dits, les angoisses et les craintes non exprimées, de flairer les rapports de forces, les dangers et les enjeux présent dans toute situation, de déceler les tentatives de manipulations et vous y adapter, de décoder les signes et les symboles, de capter l'envers du décor, de tirer des conclusions à partir du moindre indice, de percer les mystères de la vie et de l'au-delà, d'être lucide, d'effectuer une recherche spirituelle et un travail de développement personnel, de cerner ce qui se passe dans les coulisses ou dans les profondeurs de votre inconscient afin de le transformer, d'évacuer vos toxines physiques et psychologiques, de faire face à l'inconnu, de résister à de très fortes pressions, de vivre l'intensité, de vous régénérer tel le phœnix qui renaît de ces cendres, d'utiliser vos capacités pour franchir les différentes étapes de l'initiation, de gérer les crises et les difficultés, de vous transformer et de jouer un rôle initiatique ou un rôle d'agent de transformation dans le monde. Votre intelligence instinctive, votre flair et votre pouvoir personnel vous aident à vous exprimer et à faire ce que vous êtes venu faire sur Terre.

Vous avez tendance à prendre du recul vis à vis des modèles, des idéaux, des explications admises, des systèmes et des gens, à voir votre propre vie de très loin, un peu comme une pièce de théâtre dont vous seriez l'auteur, le spectateur ou le pantin. Supportant difficilement toute pression sociale, toute interdiction ou toute contrainte ainsi que toute volonté extérieure cherchant à vous influencer, vous tendez à n'admettre que vos propres lois et ne tolérez l'autorité que si vous avez une réelle estime pour celui qui l'exprime.

Si les modèles parentaux ont pu avoir, par leur présence ou leur absence, un impact fort sur votre personnalité, vous avez néanmoins besoin d'avoir et d'être votre propre modèle, celui qui exprime ce qu'il y a au plus profond de vous. Cela peut faire de vous le type du cavalier seul qui veut s'affirmer sans rien devoir à personne et qui prend de préférence les chemins qui ne sont pas ceux de tout le monde. Vous pouvez avoir un coté flic ou justicier pas toujours très humain, mais si vous êtes aussi inflexible avec les autres qu'avec vous même, vous pouvez vous montrer fort aimable quand il s'agit de vous sortir de situations délicates. Vous pouvez avoir une tendance à juger les âmes, à les peser, à tendre des pièges à l'autre pour le tester, à lui projeter ses failles et faiblesses, à le rabaisser pour mieux les mettre à nu et parfois à démolir ce qui n'est pas authentique pour transformer. Votre regard translucide peut passer à travers les plus résistantes carapaces.

Alimenté par un perpétuel feu intérieur, animé par des pulsions instinctives violentes et habité par des émotions, des sentiments et des idées qui bouillonnent au fond de vos tripes, vous vivez intensément et recherchez l'intensité. Vivant dans un combat perpétuel avec votre violence intérieure, vous avez pu prendre l'habitude de vous dominer mais aussi de dominer tout ce qui se trouve à votre portée, en manipulant et en tirant les ficelles quand vous le pouvez, d'ou parfois un coté un peu psychopathe. Votre goût du pouvoir et votre instinct de domination peuvent néanmoins, lorsqu'ils sont bien canalisés, vous permettre d'accéder à de hautes sphères sociales et d'assumer de lourdes responsabilités, avec l'aisance matérielle qui s'ensuit.

Lorsque prédomine en vous le besoin de vous opposer pour vous définir, d'aller contre pour vous sentir exister, de vous affirmer dans la différence, de suivre votre voie personnelle en faisant fi de ce qui est extérieur à vous et que vous ne vous sentez réellement bien que dans les problèmes, les crises, les situations ou prédominent une part de suspens et d'angoisse ou lorsque vous jouer un rôle initiatique, vos efforts n'aboutissent pas toujours aux résultats recherchés et ce malgré l'intensité de l'activité dont vous pouvez faire preuve.

Vous pouvez avoir un coté extrémiste, avoir tendance à adopter une politique du tout ou rien, à mépriser les tièdes et les médiocres, à faire preuve d'une certaine intolérance et à n'en faire qu'à votre tête. Vous pouvez avoir un coté secret et méfiant, avoir tendance à vous dissimuler et à ne vous dévoiler que difficilement. Vous pouvez avoir des facilités pour vous détacher de l'opinion des masses, pour éclaircir votre propre domaine, pour dire non d'une façon constructive et pour faire triompher votre vérité face aux vérités officielles. La fonction de rejet et d'évacuation est très développée chez vous. C'est par le rejet que vous résistez.

Vous êtes très sensible aux questions d'insécurité ou de sécurité. Vous êtes également très sensible à ce qui ne va pas. Vous pouvez avoir un don inné pour détecter les anomalies et les gens susceptibles de menacer votre sécurité, de menacer la sécurité d'un lieu ou de menacer des individus dont vous êtes responsable. Vous êtes capable de transformer et de faire renaître une situation par la force de votre caractère, par un mélange de pouvoir occulte, de foi, d'acharnement et de lucidité psychologique, et avez besoin de façonner la matière pour la transformer.

Vous avez un sens aigu de la survie et prenez souvent pleinement conscience de votre valeur dans circonstances adverses, lors de crises ou de bouleversements, circonstances auxquelles vous êtes très bien adapté. Votre vie est souvent centrée sur votre sexualité et c'est par elle ou plus précisément par sa maîtrise que vous trouvez votre force, votre raison d'être mais aussi vos exceptionnelles facultés à vous régénérer, tel le phœnix qui renaît de ces cendres.
Les nombreuses impressions que vous ressentez peuvent vous permettre de vivre une sorte d'échange médiumnique avec votre milieu. Vous pouvez ainsi avoir des facilités pour flairer d'instinct ce qui se déroule derrière les apparences visibles et les événements.

Vous pouvez être capable de déceler instinctivement les motivations, les demandes, les intentions et les besoins cachés derrière les paroles, les actes, les décisions et les comportements d'autrui, de lire entre les lignes, de percer les mystères et énigmes échappant aux autres, d'élucider après les avoir décortiquer des problèmes complexes, de décoder les symboles et de tirer des conclusions à partir du moindre indice. Vous êtes d'ailleurs fréquemment attiré par les mystères, les énigmes, les romans policiers ou d'espionnage, par tout ce qui est synonyme de révélation et par tout ce qui apporte une vision plus claire de l'envers du décor. Mais dans la mesure où vous agissez en fonction de perception pas toujours perçues par autrui, vous pouvez donner l'impression d'être compliqué et de fonctionner dans une logique du « pourquoi faire simple quand on peut faire compliqué ».

Vous pouvez donc être très lucide sur le monde qui vous entoure, notamment sur ses magouilles et ses hypocrisies, ses injustices et ses lâchetés. Votre sensibilité médiumnique peut parfois vous donner l'impression qu'il existe dans ses mondes invisibles qui échappent aux sens et à la logique, ou dans votre inconscient des forces, des créatures, vos propres démons qui peuvent vous influencer voir vous manipuler de façon subtile mais implacable, en faisant entre autre ressortir vos coté négatifs et en vous incitant à croire des choses inexactes.

Vous ressentez souvent d'un coté la tentation tendant à vous entraîner vers la corruption et la déchéance et de l'autre l'appel vers l'évolution spirituelle et vers la lumière. Si vous arrivez à développer les forces de votre âme, votre volonté, vos capacité de résistance à la tentation et de régénération et votre combativité par la vie et l'action, à maîtriser votre ego et à tendre vers une évolution spirituelle, vous pouvez parvenir à maîtriser vos puissances intérieure, à conquérir votre âme, à percer les secret de la vie et de la mort, à maîtriser les sorties hors du corps et explorer l'invisible et à vous identifier à l'archétype de l'aigle, du magicien, du sorcier ou de l'exorciste. Vous pouvez ainsi être amené à initier autrui sur le chemin de la lumière. Avant d'en arriver là, les expériences occultes mais aussi les pièges et traquenards que vous apporte cette fonction psychologique sont souvent vécues comme des crises ou comme des morts et renaissances symboliques, bref comme une initiation.

Vous pouvez avoir des goûts, des aptitudes et des talents naturels pour diriger dans l'industrie, pour transformer, régénérer, de percer les secrets de la vie et de la mort, diagnostiquer, surveiller, garder, sécuriser et gérer les affaires de sécurité et d'assurance, utiliser des dons occultes ou des facultés psychiques, évacuer, pour gérer les crises et les conflits et pour vous occuper de difficultés ou de personnes en difficultés, pour les activités liées aux forges et métaux (mécanique), ou nécessitant un maniement d'outils ou d'armes et pour tout ce qui concerne les machines, pour les disciplines de combats (police et justice), les professions libérales et les métiers où il y a de l'indépendance et parfois pour certaines activités médicales qui nécessitent l'utilisation d'objets en métal ou de machines.

PLUTON ASPECT DISSOCIE ASCENDANT

Il y a un décalage, une relation permanente, mais discontinue, dissociée, duelle, tendue et conflictuelle entre d'une part votre besoin de vivre selon votre vérité profonde, votre besoin de vivre vos pulsions et votre sexualité, votre besoin d'initiation, de contrôle, de sécurité et d'autre part votre personnalité apparente, votre vision de la vie, votre façon de vous exprimer dans la vie, votre façon de vous affirmer et d'exercer un ascendant sur le monde car ces deux parties de vous vibrent à deux fréquences totalement différentes et s'expriment dans deux états d'esprits totalement différents. Vous devrez donc vivre chacune des deux parties en pleine conscience et faire des efforts pour exprimer les qualités de la planète pour vous affirmer, pour vous exprimer, pour exercer un ascendant sur le monde et pour réaliser votre mission de vie.

L'une des clefs pour vous pouvoir exprimer votre Etre incarné et pour faire ce que vous êtes venu faire sur Terre consiste à exprimer les valeurs positives de Pluton. Cela vous demandera un effort de conscience.

Si Pluton domine au détriment de l'Ascendant.

Si Pluton prédomine chez vous, vous ressentez un besoin de vivre selon votre vérité, d'exercer le pouvoir, d'initiation, de percer les secrets de la vie, d'être détaché de tout en vivant les choses de très loin, d'être sexuellement épanoui, de développer votre instinct de survie et de résistance à de fortes pressions, d'être lucide, de vivre intensément, de suivre votre voie personnelle sans rien devoir à personne, d'expérimenter le développement personnel et d'effectuer une recherche spirituelle.

Vous pouvez alors être très sensible aux effets perturbateurs ou aux influences néfastes que peuvent avoir la pression des événements, la nécessité d'être efficace et rapide, le face à face avec la réalité, la mobilisation de vos énergies, les efforts à fournir et l'affirmation de votre personnalité lorsque vous chercher à être authentique, à vivre votre vérité profonde et à vous transformer. Cela peut vous inciter à ne pas vous exprimer.

Vous pouvez alors avoir des difficultés à vous battre, à mobiliser vos énergies, à franchir les obstacles, à réagir de façon offensive, à être efficace, à tenir compte des réalités environnantes et des faits concrets sur le terrain ou à être pratique, fonctionnel et opérationnel lorsque vous avez affaire à l'inconnu, au mystère, à des révélations, à la mort, à de fortes pressions, à des tentations, à des tentatives d'influence et de manipulation, à des crises et problèmes, lorsque des changements et des transformations s'imposent, lorsqu'il s'agit d'exorciser vos propres démons ou ceux des autres ou lorsqu'il s'agit d'influencer le cours des événements.

Peut-être refusez-vous la confrontation avec la réalité en fuyant le monde et ses combats ? Vous pouvez être insatisfait au plus profond de vous-même parce que vous avez l'impression de ne pas réellement exister, que votre existence est monotone, qu'il ne se passe rien ou que vous ne servez à rien, que votre lucidité, votre vérité profonde, vos pulsions, votre haine ou votre dégoût, vos expériences et vos connaissances des secrets de la vie et de la mort vous empêchent de vivre ou de faire ce que vous auriez envie de faire.

Si l'Ascendant domine au détriment de Pluton.

Si l'Ascendant prédomine chez vous, vous avez besoin de vous affirmer dans la vie, d'assurer, d'agir et de réagir, de vivre intensément dans le présent et sur terrain, de mobiliser vos énergies pour obtenir des résultats, de vous confronter aux réalités concrètes du monde extérieur, d'extérioriser vos instincts, d'exprimer votre sexualité ou de vous engager dans un combat.

Vous pouvez alors être fortement sensibilisé aux difficultés ou aux effets perturbateurs que peuvent impliquer le décès d'une personne qui comptait pour vous, une expérience sexuelle malsaine, les effets pervers de la jalousie, de la haine, des conflits, des rapports de force, de la guerre, de catastrophes naturelles ou de pratiques occultes malsaines, l'influence de personnes louches et dangereuses ou l'influence d'une personne qui vous a mis sur le mauvais chemin, qui vous a dévalorisé, manipulé, rejeté, trahi ou qui vous a fait menée une vie infernale.

Cela peut se traduire par une peur que des influences mystérieuses, une force occulte, la fatalité, une personne manipulatrice ou que vos propres démons viennent perturber ou anéantir ce que vous faîtes. Où peut-être avez-vous une peur bleue de la mort et des transformations? Vous avez alors tendance à nourrir vos propres angoisses et à rejeter tout où une partie de ce que représente Pluton.

Ce rejet de Pluton peut engendrer des difficultés à voir derrière les formes et les apparences, à ressentir puis à gérer les non-dits, les angoisses, les malaises et les émotions non exprimées, à analyser les événements en profondeur, à comprendre le langage de la nature ou la justice divine, à garder un secret, à être lucide, à détecter les enjeux non exprimés, les tensions et les rapports de force sous jacents, à deviner les besoins, les intentions et les motivations d'autrui, à tenir compte de votre vérité profonde et à bien vivre l'expérience de la relation sexuelle. Vous pouvez également avoir du mal à voir les problèmes en face, à accepter les crises et transformations nécessaires à l'évolution de toute vie, à gérer crises et conflits, à vous régénérer après des moments difficiles, à percer les mystères de l'existence et à vivre l'expérience initiatique, à réagir aux pressions, aux manipulations et aux magouilles, à influencer discrètement le cours des événements ou à tenir compte de vos exigences profondes. Si votre vie n'est pas tout à fait tel que vous le souhaiteriez, peut être en trouverez vous là la cause? Peut-être vous laissez-vous dominer ou abuser par les événements ou par des personnes présentes dans votre situation ?

Quand Pluton est dominant en excès.

Lorsque vous êtes identifié à Pluton, vous pouvez avoir tendance à l'être excessivement. Vous risquez alors d'amoindrir votre efficacité et les résultats que vous obtenez, ou de perdre ce pour quoi vous vous êtes battu par une tendance excessive à vouloir vivre votre part d'intensité, par vos excès ou par vos réactions de rejet.

L'influence excessive de Pluton peut se traduire par une tendance à vouloir systématiquement tirer les ficelles, à manipuler votre entourage, à influencer les événements, à dominer et à transformer tout ce qui vous tombe sous la main en imposant vos décisions de façon impérieuse et en laissant rarement le choix aux autres, à faire monter la pression, la tension, le suspens et l'angoisse quand les événements vous paraissent trop calme ou à vouloir systématiquement fasciner, influencer, impressionner ou diviser pour mieux dominer. Et lorsque vos besoins ne sont pas satisfaits, c'est parfois l'ultimatum, le drame, la crise, le chantage, les explosions de colère, la violence, la négation et le rejet en bloc. Rien ne va plus !

Ou peut être faites-vous preuve d'une mentalité policière, culpabilisante et punitive dès qu'il y a chez vous ou chez autrui une manifestation spontanée de besoins, d'affirmation, de vie et d'action ? Certains ne se sentent exister que dans des situations violentes ou infernales, que lorsqu'ils prennent des risques insensés, que lorsque qu'ils défient la mort ou la provoque, qu'en compagnie de gens pas clairs, que lorsqu'ils ont de gros problèmes, que dans des luttes perpétuelles pour le pouvoir ou que dans un climat d'intensité extrême, de tourmente, de conflit, d'excès et de crise. Chez l'homme cet aspect peut quelque fois conférer la tendance à ne voir en la femme qu'un objet sexuel permettant de satisfaire les instincts de la bête et à subir les conséquences douloureuses d'une telle attitude.

D'autres auront tendance à n'en faire qu'à leur tête, à résister aux opinions des autres et aux événements, à suivre leur voie personnelle de façon égoïste et individualiste en méprisant le reste du monde, à fonctionner selon une logique tellement différente de la logique commune que cela les marginalise, à se rebeller systématiquement contre les contraintes ou contre toute forme d'autorité, à dénigrer les codes, les modèles et les idéaux admis dans leur contexte socioculturel ou à se révolter contre eux.

Pluton-Ascendant peut conférer la tendance à se laisser aller à une agressivité caustique, à magouiller pour satisfaire des besoins personnels en ne respectant ni les lois sociales, ni les droits de l'homme, ni les sentiments d'autrui, ni la morale, à semer le désordre et les ennuis en toutes circonstances, à détruire systématiquement les œuvres d'autrui.

Il peut engendrer une tendance à détruire ce qui a été réalisé par la force du poignet, à se laisser dominer par la jalousie, la haine, un esprit de vengeance ou par une forme de cruauté, à se lancer dans des débordements passionnels ou dans une recherche malsaine de violence et de sensations fortes au point de brûler la chandelle par les deux bouts et d'obscurcir la conscience. Cette recherche d'initiation, d'intensité ou de violence se traduit parfois par un attrait pour la guerre, pour les stupéfiants, pour la pornographie ou le sadomasochisme, pour des expériences occultes dangereuses et par une tendance à l'auto destruction. Cet aspect peut donner une tendance, peut être par compensation à un sentiment de vide ou suite à des pulsions difficilement contrôlable, à passer de conquête en conquête sans être jamais satisfait, à vivre des passions dévorantes qui aboutissent parfois à des maladies sexuellement transmissibles ou à éprouver un rejet et un dégoût de la sexualité.

Une sensibilité excessive à tout ce qui ne vas pas dans toute situation et aux problèmes rencontrés peut vous donner tendance à dramatiser, à croire que le pire va toujours arriver ou à être tout le temps en train de critiquer, de vous plaindre, de gémir et de grogner. Une sensibilité excessive à des détails subtils qui passent inaperçus aux autres fait qu'un stimulus de très faible intensité peut vous faire réagir et que le moindre obstacle, la moindre contrariété ou le moindre désaccord peut vous agresser. Cela peut vous rendre méfiant et vous donner tendance à vous compliquer la vie. Une tendance excessive à prendre de la distance par rapport aux événements, à les comparer de façon particulièrement critique à l'éternité, à l'au-delà ou à l'ensemble de votre existence peut vous donner l'impression que tout combat, tout engagement, toute initiative n'est qu'illusoire, temporelle, accidentelle et dérisoire.

Peut-être voudriez-vous donner à vos actes une dimension d'éternité, une dimension dépassant le quotidien, tout en ayant peur de cette façon de voir chaque acte en fonction de votre vie éternelle ? Il peut parfois en résulter une croyance que votre vie concrète n'a aucun sens, que rien ne vaut vraiment la peine d'être vécu ou entrepris parce que selon vous cela ne marchera pas de toute façon et que la vie n'est qu'une farce absurde. Cela vous coupe parfois l'envie d'agir, de vous battre et de prendre des initiatives, et peut engendrer un état général d'indifférence, de rejet, mais aussi de peur, de vide et d'ennui. «On est peu de chose » dites-vous alors.

Votre efficacité peut, suite à ces comportements, être diminuée. Mais peut-être vous servez-vous mal de votre lucidité ? Peut être qu'à force de ne rien faire parce ce que les autres ou les circonstances risquent d'anéantir vos efforts, vous n'obtenez naturellement pas les résultats voulus dans votre vie ?

Mais vos attitudes de rejet, de détachement et de négation ne sont t'elles pas un prétexte pour ne pas vous exprimer, pour ne pas affronter la vie et pour ne pas faire face aux réalités présentes ?

Une tendance à être indifférent aux conséquences de vos actes, à vous croire tout permis, à vous croire au-dessus des lois sociales, de toute morale et des droits de l'homme peut vous donner tendance à faire n'importe quoi n'importe comment, et ce que vous semez et alors aussi douloureux que ce que vous récoltez.

Votre tendance à tout le temps manipuler peut se retourner contre vous et provoquer des situations où c'est vous qui êtes durement manipulé. Il peut donc être important pour vous de ne pas poursuivre des buts douteux, des buts qui ne vont pas dans le sens de votre évolution ou de ceux de la société.

Pour positiver cette relation.

Pour transformer la relation Pluton-Ascendant dissociée en relation consciente et dynamique, il peut être utile d'effectuer un travail sur le rôle que doivent avoir la motivation, la prise de décision, la confiance en soi, l'engagement, la combativité et l'action au sein de votre personnalité et de votre vie mais aussi sur le rôle que doivent avoir dans votre vie et au sein de votre personnalité les notions de purification et de transformation, les pulsions instinctives, la sexualité, l'au-delà et les voyages astraux (sorties hors de corps), les forces secrètes de la nature ainsi que l'initiation aux vérités spirituelles et à votre vérité profonde.

Un travail sur la conscience corporelle (Tai-Chi, Tantrisme), la pratique d'un art martial et un peu de sport peut vous faire le plus grand bien.

Les deux parties de votre personnalité peuvent être vécues dans des états d'esprit, dans des lieux ou à des moments très différents, de façon à ce que chacune rectifie l'autre au moindre excès et sans que l'une des fonctions psychologiques gène l'expression de l'autre.

Vous pouvez ainsi vivre des moments où vous faites ce que vous avez envie de faire, où vous exprimer vos instincts, où vous êtes dans l'action, où vous assurez, où vous faites face aux événements et ou vous prouvez aux autres que vous existez. Même si votre vie peut vous paraître monotone, cela ne vous empêche pas de la vivre et de vous rattraper sur d'autres expériences qui vous permettent de vivre cette part d'intensité, de mystère, de subtilité et d'exploration de l'inconnu dont vous avez également besoin.

Sachant qu'il existe au-delà des réalités concrètes du terrain une partie de votre personnalité plus profonde, plus lucide, plus authentique et plus exigeante qui demande à s'exprimer à travers vous, vous pouvez vivre d'autres moments ou vous vous investissez dans une forme d'investigation ou de recherche spirituelle, où vous allez au-delà du monde des apparences.

Vous pouvez alors vivre des expériences intenses qui correspondent à une vérité plus profonde que celle de vos désirs et de votre corps, en sachant éviter les excès dès que vous sentez votre équilibre menacé. Vous pouvez maîtriser l'art de dédramatiser sans pour autant renier. Vous pouvez aussi être capable de tempérer votre violence intérieure et de la canaliser dans une activité productive.

Bien maîtrisée, la relation Pluton-Ascendant peut vous conférer un ensemble d'aptitudes qui sont alors vécues d'une façon particulièrement consciente et dynamique. Cela peut se traduire par un dynamisme, une combativité, une capacité à vous motiver et à prendre des décisions, un courage, un sens de l'efficacité et des capacités physiques, par une capacité à faire face aux crises et aux difficultés, à lutter contre la bêtise humaine, l'injustice, la corruption, la fatalité, les « magouilles », à affronter des situations complexes, à être initié les secrets de la vie et de la mort, à manier des énergies subtiles, à vous transformer et à infléchir le cours des événements qui sont hors du commun et qui peuvent vous permettre d'atteindre une position sociale élevée.

Tel l'aigle volant en hauteur, vous savez garder vos distances, observer avec lucidité, puis frapper sans laisser aucune chance à l'adversaire. Votre lucidité vous permet du lutter pour des causes justes et parce que vous savez que l'on récolte ce que l'on sème, vous employez votre agressivité et votre énergie constructivement.

Lorsque la relation Pluton-Ascendant est vécue en conscience, vous êtes particulièrement capable de vous battre et d'être offensif voire agressif lorsque vous êtes face à une situation difficile, à des crises ou des obstacles, à des pressions occultes, à des manipulations insidieuses, lorsque votre sécurité et votre survie sont en jeu, lorsque vous êtes en temps de guerre ou face à l'ennemi, lorsqu'il s'agit d'élucider un mystère, d'influencer le cours des événements ou de parcourir les différentes étapes de l'initiation. Votre force peut être de faire preuve d'un courage qui ne tremble devant rien.

Vous pouvez être attiré par des activités comportant des combats, des risques et des dangers, procurant des sensations fortes ou pouvant vous permettre de vaincre la peur et de défier la mort. Vous disposez souvent d'une énorme réserve d'énergie que vous puisez dans les profondeurs de votre inconscient. Cette énergie peut vous rendre capable de grandes réalisations et vous conférer de puissantes capacités de travail.

Vous avez cependant parfois besoin d'être en situation de crise pour vous motiver à agir. Vous tirez votre force de votre énergie sexuelle et vous avez des besoins sexuels puissants. De cette maîtrise de la sexualité peut naître une aptitude à influencer votre entourage, un certain magnétisme, une aptitude à manier des énergies subtiles ainsi qu'un épanouissement sexuel pour vous et votre partenaire.

Concrètement, pour vous affirmer et pour réaliser votre mission de vie, il est nécessaire, tout en évitant les excès que vous connaissez trop bien, d'être relié à votre vérité profonde, de canaliser vos pulsions instinctives et les puissantes émotions qui bouillonnent au fond de votre être, d'exprimer constructivement votre pouvoir personnel et votre besoin de dominer, de vous engager dans un combat, de faire preuve d'authenticité, d'être toujours à 100% présent, de pressentir les non-dits, les angoisses et les craintes non exprimées, de flairer les rapports de forces, les dangers et les enjeux présents dans toute situation, de déceler les tentatives de manipulations et vous y adapter.

Cela passe souvent par la capacité de décoder les signes et les symboles, de capter l'envers du décor, de tirer des conclusions à partir du moindre indice, de percer les mystères de la vie et de l'au-delà, d'être lucide, d'effectuer une recherche spirituelle et un travail de développement personnel, de cerner ce qui se passe dans les coulisses ou dans les profondeurs de votre inconscient afin de le transformer, d'évacuer vos toxines physiques et psychologiques, de faire face à l'inconnu, de résister à de très fortes pressions, de vivre l'intensité, de vous régénérer tel le phœnix qui renaît de ces cendres, d'utiliser vos capacités pour franchir les différentes étapes de l'initiation, de gérer les crises et les difficultés, de vous transformer et de jouer un rôle initiatique ou un rôle d'agent de transformation dans le monde.

LES NŒUDS LUNAIRES EN SIGNES ET EN SECTEURS

Au niveau astronomique, les nœuds, dits lunaires, sont des endroits sur l'écliptique où l'orbite de la Lune croise l'écliptique, c'est à dire la projection de l'équateur du Soleil. Les nœuds lunaires sont avant tout des portails d'énergie et des points symboliques. Pour comprendre leur signification, il faut avoir intégré les notions de karma, la conscience qu'il existe une vie, dans un autre état de conscience, avant l'incarnation de votre âme dans la matière sur la Terre, et la croyance en l'existence d'une autre forme de conscience dans l'au-delà, après la mort de votre corps physique. Les nœuds lunaires correspondent à un axe de vie karmique, c'est à dire qu'ils sont liés à des mémoires de vies passées et à des décisions prises avant cette incarnation. Ils correspondent à un chemin de vie, qui part d'un état d'esprit associé à des d'expériences d'où vous venez (Nœud sud), à un second état d'esprit associé à un second champ d'expériences, où vous allez, et où vous devez aller pour vous libérer de votre karma (Nœud Nord).

Le Nœud sud en signes :

Le nœud sud décrit un bagage, c'est à dire des mémoires, souvent des savoirs-être et des savoirs-faire, que vous maîtrisez, que vous emmenez avec vous sur Terre, à votre naissance. Mais bien souvent, les tendances du signe où se trouve votre nœud sud ont été vécues dans le sens d'un excès, d'un déséquilibre et utilisées d'une façon néfaste, abusive, violente ou sans sagesse ni discernement. Il est premièrement nécessaire d'en prendre conscience puis d'effectuer un rééquilibrage grâces aux énergies et valeurs de votre nœud nord.

LE NOEUD SUD EN BELIER

Si vous avez le nœud sud en BELIER, vous êtes arrivé sur Terre avec une puissante combativité aimant lutter pour obtenir la victoire, vous affirmer en ayant confiance en vous, mener votre barque de façon autonome et utiliser votre force de frappe dans l'action, l'entreprise individuelle et les réalisations personnelles. Energique, courageux, entreprenant, vous savez être centré sur vous, être à 100% dans l'instant présent, être efficace et performant, prendre des risques, relever des défis et vous donner les moyens de réaliser vos objectifs. Mais vous avez sans doute fait preuve, dans de précédentes incarnations, d'agressivité, de violence, de barbarie, d'égoïsme, d'égocentrisme, d'une tendance à être sans arrêt dans la rivalité et la confrontation, d'une tendance à surchauffer en brûlant la chandelle par les deux bouts, d'une incapacité à tenir compte des autres et à créer des liens harmonieux avec autrui et à vivre cette part de douceur, de tendresse, de paix, d'harmonie et d'amour qui existe en vous.

LE NOEUD SUD EN TAUREAU

Vous êtes arrivé sur Terre avec une grande sensualité qui aime goûter aux plaisirs charnels, avec une capacité à profiter des plaisirs de la vie, avec une capacité à être incarné dans la matière et dans la vie, une joie de vivre et une douce inconscience, avec un entourage familial affectueux et stable, un sens de la gestion des biens et du patrimoine, des capacités relationnelles, esthétiques ou artistiques, un goût prononcé pour acheter et posséder et sans doute avez-vous créé assez tôt une vie de couple et une vie familiale baignant dans l'amour.

Animé d'un sens inné de la gestion et de l'utilitaire, vous savez prendre racine là où vous êtes, vous installer dans la vie et cultiver les plaisirs terrestres et la joie de vivre. Vous êtes pragmatique, productif, un peu artiste, animé d'une certaine lenteur, réaliste et plein de gentillesse.

Mais vous avez sans doute fait preuve, dans de précédentes incarnations, d'un goût excessif pour les plaisirs, d'une paresse indolente engendrant l'immobilisme, d'un entêtement persistant, de préjugés rigides, d'inadaptation à l'inconnu et à la nouveauté, d'une tendance à accumuler les biens matériels ou à vous embourber dans des dépendances familiales, affectives ou sensorielles. Sans doute avez-vous été incapable de tenir compte des besoins d'évolution de votre âme, des changements à mettre en place, de la prise en comptes des réalités invisibles, du chemin vers la transformation, des valeurs spirituelles de développement personnel et de la conscience de la vie après la mort.

LE NOEUD SUD EN GEMEAUX

Vous êtes arrivé sur Terre avec une grande facilité pour multiplier les contacts, les déplacements et les centres d'intérêt, pour écouter, pour communiquer avec éloquence, pour faire du commerce, étudier, satisfaire votre insatiable curiosité, vous amuser, faire le clown ou faire preuve d'humour et pour explorer l'environnement.

Souple, intelligent et débrouillard, vous savez vous adapter à toute situation.

Mais vous avez sans doute fait preuve, dans de précédentes incarnations, de superficialité, d'immaturité, de frivolité, d'une difficulté à trouver votre place dans le monde, d'une tendance à errer, d'une tendance à la dispersion et à l'instabilité, d'une tendance à vous perdre dans des bavardages inutiles ou à vous comporter comme une girouette changeant au gré des dernières idées émises par vos interlocuteurs, d'une tendance à être comme un courant d'air qui ne tient pas en place et ne construit rien, d'une tendance à raconter n'importe quoi pour arriver à vos fins et d'une incapacité à vous attacher loyalement à autrui. Vous n'avez sans doute pas pu vous intégrer pleinement dans votre société, acquérir maturité et envergure, transmettre votre savoir, élargir votre esprit à la culture, à la philosophie et la métaphysique ou vivre l'expérience du voyage et de l'étranger.

LE NOEUD SUD EN CRABE

Vous êtes arrivé sur Terre avec une imagination débordante et un goût pour la rêverie, une forte émotivité et une grande facilité pour créer des relations émotionnelles intimes avec autrui, pour être naturel voire enfantin, pour vous détendre et vous ressourcer à travers des valeurs refuges, pour materner ou vous faire materner, pour être attentionné, proche des gens ou de vos racines familiales, pour perpétuer le passé et les traditions, pour vous fondre dans une famille ou un clan, pour fonder un foyer, pour entretenir des relations avec un public et pour mener une vie simple, proche des réalités quotidiennes. Mais vous avez sans doute fait preuve, dans de précédentes incarnations, de dépendance émotionnelle envers la mère, votre partenaire ou votre famille parce qu'une certaine fragilité, un besoin excessif de sécurité ou d'être materné vous empêchait d'évoluer vers l'autonomie et vers la faculté d'assumer des responsabilités professionnelles. Vous avez pu vivre en étant assisté ou vous complaire dans la passivité et à manquer de maturité. Vous avez pu faire preuve d'une émotivité excessive, être accroché(e) au passé ou à vivre dans un monde de rêve déconnecté des réalités matérielles. Vous n'avez sans doute pas pu couper le cordon ombilical et grandir suffisamment, tenir debout de façon autonome, faire face aux réalités brutes du monde extérieur et assumer vos responsabilités, vous construire et construire quelque chose ou prendre conscience des réalités éternelles, du nécessaire chemin vers la sagesse et de l'ordre qui sous-tend toute existence.

LE NOEUD SUD EN LION

Vous êtes arrivé sur Terre avec un grand désir d'absolu, une ambition débordante aimant se fixer des objectifs, une grande confiance en vous, un fort sentiment d'identité et de valeur personnelle, une puissante volonté qui aime s'imposer, une vision synthétique, des capacités créatrices, des talents pour diriger et manager, la capacité à maîtriser votre trajectoire de façon autonome et des qualités de loyauté, de générosité et d'engagement personnel.

Mais vous avez sans doute fait preuve, dans de précédentes incarnations, d'orgueil, d'arrogance, de luxure, d'un goût excessif du paraître et d'une trop grande importance accordée à l'image, de démesure, de mégalomanie, d'abus de pouvoir, d'excès de générosité, d'un complexe de supériorité engendrent parfois un autoritarisme tyrannique et antidémocratique, d'un optimisme naïf vous empêchant de voir les problèmes en face, d'une tendance à vous enfermer dans une relation privilégiée exaltante, à faire preuve d'un attachement excessif à votre personne et à la parure au risque de vous dépersonnaliser, de vous couper de votre vie intérieure. Cela a pu vous rendre égoïste et égocentrique. Vous n'avez sans doute pas trop cherché à comprendre les autres et vous n'avez sans doute pas pu développer un idéal de fraternité universelle, une conscience de groupe et des valeurs humaines, vous faire des ami(e)s, participer à des projets ou à des actions de groupes, vous adapter à la nouveauté et à l'inconnu, développer un sens psychologique, des aptitudes techniques et une conscience sociale, participer à l'évolution de la société, acquérir le sentiment de faire partie de l'humanité et vous libérer psychologiquement.

LE NOEUD SUD EN VIERGE

Vous êtes arrivé sur Terre avec une raison surdimensionnée, avec une intelligence technique ingénieuse et débrouillarde, avec un sens des limites, du détail, de la précision, de l'organisation et de l'analyse, un réalisme prudent et pragmatique, un sens du service, avec une forte sensibilité aux questions d'hygiène et de santé, avec une aptitude à contrôler et discipliner vos réactions émotionnelles et avec une grande facilité pour vous adapter au monde matériel. Mais vous avez sans doute fait preuve, dans de précédentes incarnations, d'une tendance à vous enfermer dans les carcans de la raison, dans un monde de règles et de principes plombants ou dans une vie monotone où tout était contrôlé et soigneusement réglé, à vous limiter en vous spécialisant dans une activité spécifique qui vous empêchait d'avoir une vision globale de la vie, à abuser de votre sens critique, à être excessivement matérialiste, c'est à dire à prendre l'illusion de la matière pour l'unique réalité, à être une personne sèche, maniaque ou mesquine ou à vous enfermer dans un univers de livres au détriment de l'expérience de l'âme par la vie et l'action.

Vous n'avez sans doute pas pu vous laisser guider par votre intuition et vos inspirations, aller au-delà de vos limites et intégrer les valeurs de charité, de foi, d'enchantement, de rêve et d'évasion, d'amour inconditionnel et de pardon, soulager les souffrances et les misères du monde, élargir votre conscience au-delà de la raison pour intégrer dans votre vie une dimension spirituelle et accéder, à travers d'autres formes de conscience à la transcendance.

LE NOEUD SUD EN BALANCE

Vous avez le nœud sud en BALANCE. Vous êtes arrivé sur Terre avec une facilité pour entrer en relation autrui et pour faire preuve d'une grande intelligence relationnelle mais aussi avec un sens de l'harmonie et de l'équilibre, une capacité à faire preuve de finesse et de diplomatie, à partager dans un esprit d'équité en étant à l'écoute des désirs d'autrui, à utiliser votre sens esthétique, artistique ou juridique et à vous intégrer à la civilisation ou dans un milieu associatif. Vous portez ainsi en vous beaucoup de douceur, de tendresse et d'amour.

Mais vous avez sans doute fait preuve, dans de précédentes incarnations, d'une tendance à ne vivre que pour et à travers les autres, d'une tendance à vivre dans la dépendance affective ou matérielle en vous faisant prendre en charge par autrui, à vous définir uniquement par l'image qu'autrui vous renvoi, à mener une vie futile et conformiste pauvre en réalisations, à être incapable de faire des choix et de vous engager, à faire preuve de lâcheté, d'immobilisme et de laxisme ou d'une tendance à ne vivre que pour le plaisir.

Vous n'avez sans doute pas pu vraiment mobiliser vos énergies pour prendre des initiatives, vous assumer, vous affirmer et vous confronter aux réalités de la vie de façon efficace et autonome, et pour faire ce que vous, vous aviez envie de faire, avec énergie et confiance en vous.

LE NOEUD SUD EN SCORPION

Vous êtes arrivé sur Terre avec une puissante combativité, un certain sex-appeal et une grande résistance mais aussi avec un sentiment de révolte suite à des épreuves difficiles, avec une force de travail, avec une lucidité capable de voir les secrets, les motivations et émotions non exprimées, une capacité à vous transformer et à vous régénérer, avec une conscience des forces occultes de la nature et de l'existence de la vie après la mort, une capacité à gérer des crises, des affaires de sécurité et des problèmes, avec beaucoup d'angoisses et avec une peur d'être trahi ou manipulé, ainsi qu'avec un fort pouvoir personnel capable de transformer les personnes et les situations. Votre milieu natal était souvent conflictuel et emprunt d'une certaine violence, ce qui vous a permis de vous forger un caractère en acier. Cela induit chez vous une tendance à être un soldat en état de guerre et à toujours sur la défensive, ce qui vous rend très méfiant.

Mais vous avez sans doute fait preuve, dans de précédentes incarnations, d'une tendance à vivre tout le temps dans un état de survie, dans des situations de misère matérielle et psychologique, de conflits ou de guerre, de lutte de pouvoir, d'une tendance à ne pas résister aux basses sollicitations, sexuelles ou autres, qui atteignent votre conscience, en vous laissant envahir par la haine et la colère, ce qui est souvent du à un manque d'amour et à des blessures profondes non cicatrisées. Vous avez sans doute souvent eu peur de manquer et vous avez sans doute vécu dans un environnement hostile où vous étiez obligé d'être tout le temps sur vos gardes. Cela vous a permis de développer votre instinct, votre flair et parfois un sixième sens. Cela a pu engendrer des comportements violents, tyranniques, obsessionnels, pervers, manipulateurs, destructeurs ou autodestructeurs, un esprit de vengeance, une tendance à manipuler les autres d'une façon machiavélique ou une tendance à jouer avec la mort ou la magie noire. Vous avez pu avoir tendance à vous croire tous permis, à être au-dessus des lois sociales, des lois morales et des droits de l'homme, à vous empêtrer dans la corruption, à vivre des situations glauques et finalement à faire n'importe quoi. Vos vies ont alors pu être un véritable enfer.

Vous n'avez sans doute pas pu tout simplement vivre, vous sentir en vie, en aimant la vie, en goûtant aux plaisirs simples de l'existence. Vous n'avez pas pu vous installer quelque part, vivre en paix et créer des relations harmonieuses autour de vous, une vie de couple et une de famille baignant dans le bonheur, la joie et la prospérité.

LE NOEUD SUD EN SAGITTAIRE

Vous êtes arrivé sur Terre avec une grande ouverture d'esprit, avec un optimisme, un enthousiasme, un opportunisme et une autorité naturelle affirmant avec force sa vérité, avec une intelligence sociale capable d'intégrer les codes et les règles permettant de s'insérer professionnellement, de faire des affaires, d'occuper l'espace en savourant votre liberté d'élargir vos horizons, de partir à l'aventure explorer de nouvelles terres ou de nouvelles philosophies, de faire la loi et de transmettre à autrui, en bon pédagogue, les informations nécessaires au bon fonctionnement du monde. Mais vous avez sans doute fait preuve, dans de précédentes incarnations, d'une tendance à errer à la surface du globe tel un globe trotter toujours en voyage, d'un besoin excessif de liberté qui vous a marginalisé, d'une tendance à abuser de votre pouvoir et de votre autorité, d'une tendance à vous comporter en hommes d'affaires peu scrupuleux, ou en guide spirituel, en messie imposant ces lois et ces vérités en étant certain d'avoir toujours raison, ou en philosophe déconnecté de son environnement.

Vous avez peut-être subi l'obligation de partir à l'étranger en exil. Vous avez pu être un citoyen modèle formaté par votre milieu et incapable de développer votre liberté de pensée parce que l'adhésion à une certaine philosophie collective vous empêchait de développer des idées personnelles. Vous avez pu être incapable de vous engager dans une relation personnelle ou de vous intégrer dans un environnement local par crainte de perdre votre liberté, ou vous avez simplement pu être une personne privilégiant la culture, la philosophie, les grandes choses et le lointain, en négligeant vos proches et les bases de la vie pratique quotidienne. Vous n'avez sans doute pas pu être écouté ou dire ce que vous aviez à dire, écouter les autres, exprimer vos idées personnelles, faire du commerce, vous adapter là où vous étiez, ou simplement établir des relations fraternelles avec votre environnement proche.

LE NOEUD SUD EN CAPRICORNE

Vous êtes arrivé sur Terre avec un esprit de bâtisseur, avec un sens aigu de la hiérarchie sociale, avec la capacité de travailler sans relâche à la satisfaction de vos ambitions, de vivre avec peu tel un Hermite dans sa grotte, de satisfaire des ambitions d'élévation sociale et d'acquérir un statut, avec une capacité pour contrôler et maîtriser votre vie ou celle des autres, pour contrôler ou refouler vos émotions et vos instincts vitaux et pour vous assumer de façon autonome, sans toujours tenir compte de l'avis des autres où de votre bien-être. Vous avez ainsi un juge moral puissant, un sens des objectifs à long terme, beaucoup de profondeur et de maturité, une volonté déterminée, des facultés de résistance vous permettant d'être un spécialiste des systèmes de défenses, un sens des structures, de l'organisation, de la gestion et de la logistique développé, des principes et valeurs morales, des capacités à bâtir capable de contribuer à l'ordre et un sens des responsabilités vous permettant de porter la terre sur vos épaules.

Mais vous avez sans doute fait preuve, dans de précédentes incarnations, d'une tendance à vous couper du monde et des gens en vous enfermant dans une tour d'ivoire, à abuser du pouvoir moral ou social dont vous disposiez ou faire preuve de misanthropie, d'arrivisme ou d'ambitions démesurées, de froideur, d'austérité, de matérialisme et de rigidité. Vous avez pu être emprisonné dans une position sociale et dans des règles, des dogmes, des comportements stéréotypés et des principes qu'impliquaient votre statut ou votre fonction et mener une vie très impersonnelle. Ou peut-être avez-vous vécu dans la solitude et le dépouillement le plus total.

Vous n'avez sans doute pas pu exprimer vos émotions et sentiments, vivre des liens émotionnels intimes, bénéficier de la chaleur du foyer, être proche des gens, vous constituer une famille et en prendre soin et vous connecter à la vie.

LE NOEUD SUD EN VERSEAU

Vous êtes arrivé sur Terre avec la capacité de mener une vie indépendante et individualiste, de créer et entretenir des relations amicales et une vie sociale ou associative intense, de vous intégrer au sein d'un groupe ou d'un réseau, de vous consacrer à des valeurs humanitaires, d'aider autrui en apportant des solutions, de participer au progrès collectif grâce à des capacités techniques ou psychologiques, de gérer des projets complexes et de propager des idéologies ou de vous détacher des valeurs matérielles pour vivre selon vos concepts afin de satisfaire votre idéal de fraternité universelle. Mais vous avez sans doute fait preuve, dans de précédentes incarnations, d'une tendance à abuser de votre sens psychologique, de votre aptitude à manier des concepts, de votre liberté ou de vos relations avec d'autres ou vous avez pu vous servir d'un groupe, d'une action collective ou d'une idéologie pour ne pas vous affirmer personnellement. Vous avez pu mener une existence utopique, marginale, irréaliste ou surréaliste, déconnectée des réalités matérielles, vivre identifié(e) à votre mental au détriment du cœur, vous investir dans une multitude de relations humaines impersonnelles au détriment d'un engagement amoureux personnel, compter de façon excessive sur l'aide des autres ou vous consacrer aux autres au détriment de votre évolution personnelle. Vous n'avez sans doute pas pu vivre une relation d'amour privilégiée, vous engager de façon responsable, acquérir un sentiment de votre valeur et de votre identité et atteindre des objectifs qui étaient les vôtres et qui vous auraient permis de vous réaliser en tant qu'individu.

LE NOEUD SUD EN POISSONS

Vous êtes arrivé sur Terre avec la foi et une dimension spirituelle ou religieuse vous permettant d'accéder à la transcendance, avec un cœur rempli d'amour inconditionnel et de charité, avec une capacité à lâcher-prise et à vous déconnecter des réalités matérielles, avec une intuition ou un sixième sens tournant parfois à la clairvoyance, avec des mémoires généalogiques et des acquis de vies passées, avec une sensibilité musicale ou des talents artistiques, avec une aptitude à soulager les souffrances et misères du monde, avec une ouverture à l'irrationnel et à la spiritualité et avec une capacité à participer à la collectivité.

Mais vous avez sans doute fait preuve, dans de précédentes incarnations, d'une tendance à fuir les responsabilités pratiques liées à la vie matérielle en vivant en dehors des réalités terrestres, à errer et à mener une vie dissolue et chaotique, à trop vous laisser influencer voir à vous faire exploiter, à vous réfugier dans des mondes imaginaires, dans des mythes et des illusions, dans des paradis artificiels ou dans un ordre mystico-religieux ou dans la confusion, au détriment d'obligations plus terre à terre. Vous avez pu avoir tendance à souffrir comme un martyr ou vous sacrifier d'une façon qui vous était nuisible et à manquer de maîtrise, de réalisme et de pragmatisme, au point d'être inadapté(e).

Le Nœud nord en signes :

Le nœud nord correspond au chemin qu'il vous faut parcourir, aux peurs et aux obstacles qu'il vous faut affronter, à l'état d'esprit qu'il vous faut développer et aux champs d'expériences qu'il vous faut vivre, pour vous réaliser et vous libérer.

LE NOEUD NORD EN BELIER

C'est en développant l'état d'esprit, les qualités et les expériences qui correspondent au signe du Bélier que vous évoluerez et parviendrez à vous libérer de votre karma, c'est à dire en sachant vous centrer sur vous-même et votre vie à vous, en développant votre courage, votre confiance en vous, votre sens de l'initiative, votre esprit d'entreprise, en prenant des risques et en menant votre barque vous-même, en prenant votre vie en main de façon à devenir autonome. Vous devez apprendre à agir en solo, à exprimer votre esprit novateur, à démarrer de nouvelles activités, à développer des savoir-faire, à vous affirmer dans la vie et dans l'action comme un leader et un gagnant. Vous devez affirmer vos propres valeurs et vos propres vérités mêmes si elles vont à l'encontre de l'opinion d'autrui, savoir dire non et dire ce que vous pensez sans avoir peur des réactions des autres et développer votre libre arbitre. Vous devez assurer et vous assumer de façon autonome et indépendante, en prenant des initiatives, en définissant des objectifs clairs puis en luttant pour les réaliser et vous réaliser. Et vous pouvez faire cela avec toute la tendresse, l'intelligence relationnelle et l'amour que vous portez en vous, en prenant du plaisir à faire ce que vous faîtes, en aimant votre activité et en faisant preuve d'amour et de générosité en toute situation et envers chaque personne, mais sans toutefois négliger les autres, le couple et la civilisation. Vous pouvez ainsi mener une deuxième partie de vie riche en expériences et en réalisations.

LE NOEUD NORD EN TAUREAU

C'est en développant l'état d'esprit, les qualités et les expériences qui correspondent au signe du Taureau que vous évoluerez et parviendrez à vous libérer de votre karma. Vous devez enterrer la hache de guerre et faire la paix avec vous-même et avec autrui. Vous devez apprendre à vivre, à aimer la vie, à vous sentir vivant, à incarner la joie de vivre et à goûter aux plaisirs terrestres et au bonheur d'une relation harmonieuse. Vous devez apprendre à gérer votre énergie, l'argent, des avoirs ou un patrimoine, à intégrer la notion de prospérité et d'abondance, à prendre conscience que la vie pourvoira toujours à vos besoins si vous suivez le chemin de la tranquillité d'esprit. Vous devez mener une vie stable et paisible, vivre en harmonie avec la nature, créer si cela est possible une vie de couple et une vie de famille nageant dans le bonheur, chanter et travailler votre voix, développer vos capacités artistiques et votre sens de la beauté, profiter des plaisirs de la vie à travers vos sens, vivre la sexualité sainement, vivre ancré et de façon harmonieuse dans le monde matériel sur cette bonne vieille terre et vous construire une belle existence, harmonieuse et équilibrée.

Et vous pouvez faire cela avec toute la force et la détermination qui est la votre, sans toutefois négliger votre développement spirituel, votre conscience qu'il existe une vie après la mort, votre capacité à vous transformer et à transformer les personnes et les situations. Votre âme est venue apprendre que le bonheur existe sur terre et que la vie peut-être belle et passionnante.

LE NOEUD NORD EN GEMEAUX

C'est en développant l'état d'esprit, les qualités et les expériences qui correspondent au signe des Gémeaux que vous évoluerez et parviendrez à vous libérer de votre karma. Vous devez ainsi ranger vos valises ou quitter l'étranger, abandonner un tempérament de cheval sauvage pour devenir civilisé et sociable, vous positionner dans un environnement et apprendre à vivre avec votre entourage proche de façon fraternelle, en communiquant avec autrui, en apprenant à écouter sans vous imposer et en vous adaptant avec intelligence là où vous êtes, sans nourrir la croyance que l'herbe est plus verte ailleurs.

Vous pouvez effectuer des échanges commerciaux, jouer un rôle d'intermédiaire dans la civilisation, en développer vos propres idées et faire profiter autrui de vos connaissances, à travers la parole, le conte ou des écrits par exemple. Apprenez à jouer, à rire, à faire le clown et voyez que la vie peut être un jeu très amusant !

Et vous pouvez faire cela avec toute la générosité, l'enthousiasme, l'ouverture d'esprit et l'intelligence sociale que vos avez, sans toutefois négliger de remplir votre rôle social et de vous intégrer dans la société. Vous pouvez ainsi devenir une personne drôle, fraternelle, pétillant d'intelligence, dont la compagnie est très appréciée.

LE NOEUD NORD EN CRABE

C'est en développant l'état d'esprit, les qualités et les expériences qui correspondent au signe du Crabe que vous évoluerez et parviendrez à vous libérer de votre karma. Vous devez ainsi apprendre à vous reposer et à vous ressourcer, à écouter votre sensibilité, à exprimer vos émotions, à utiliser votre imagination, à devenir naturel, sympathique et populaire, à consacrer du temps à votre vie privée en vous occupant des vôtres et à mener une vie simple, en laissant aux autres le poids des grosses responsabilités. Vous devez vous rapprocher des gens, retrouver vos racines, fonder un foyer, construire une vie familiale et vivre des relations intimes et chaleureuses avec des personnes. Vous pouvez aussi développer des capacités à vous exprimer à travers l'émotion et à utiliser des valeurs refuges pour nourrir, materner, ressourcer et contribuer à la continuité de la vie. Vous pouvez ainsi être bien dans la fluidité de la vie. Et vous pouvez faire cela avec tout le sens moral, tout le sens des responsabilités, les capacités d'organisation, de bâtisseur et la détermination qui est la votre, sans toutefois négliger vos occupations professionnelles, votre évolution et votre élévation personnelle. Voyez comme c'est bon d'avoir un chez-soi, d'être en famille dans un cocon d'amour et comme la vie peut être tendre et d'une douceur toute maternelle!

LE NOEUD NORD EN LION

C'est en développant l'état d'esprit, les qualités et les expériences qui correspondent au signe du Lion que vous évoluerez et parviendrez à vous libérer de votre karma. Vous devez ainsi apprendre à prendre conscience de votre identité et de votre valeur en tant qu'individu, développer votre créativité, votre confiance en vous et votre force intérieure. Vous devez donner un sens à votre vie, avoir des objectifs aboutissant à des réalisations, mobiliser votre volonté pour réaliser votre idéal, développer votre pouvoir personnel, votre créativité en apprenant à travailler seul, votre générosité et maîtriser votre trajectoire de façon autonome. Vous devez exprimer votre sens pédagogique naturel. Vous devez rayonner, apprendre à diriger les autres ou à les aider à réussir ou encore incarner un rôle de chef, de responsable ou de modèle et vous réaliser personnellement.

Vous devez vous engager dans une relation d'amour avec une personne unique par rapport à de nombreux liens fraternels avec un nombre croissant d'individus et vous devez écouter votre cœur autant que votre mental. Et vous pouvez faire cela avec toute l'intelligence, l'aptitude à gérer des projets, l'inventivité, les valeurs humaines et les capacités techniques ou psychologiques qui sont les vôtres, sans toutefois oublier que vous faîtes partie de l'humanité, que tout pouvoir vous est donné par la vie et non pour satisfaire des besoins égoïstes et que les ami(e)s sont également importants. Voyez comme c'est bon d'être ouvert aux courants d'amour et de créativité qui inondent l'univers et d'être un enfant du Soleil et de la Lumière de notre tout puissant Créateur !

LE NOEUD NORD EN VIERGE

C'est en développant l'état d'esprit, les qualités et les expériences qui correspondent au signe de la Vierge que vous évoluerez et parviendrez à vous libérer de votre karma. Vous devez ainsi apprendre à vous incarner dans la réalité matérielle pratique, en acceptant les contraintes et la discipline liées à vos obligations professionnelles et familiales et en développant les outils techniques et les connaissances vous permettant de vous adapter. Vous devez apprendre à maîtriser votre sensibilité, vos émotions et vos activités, développer votre ingéniosité, vos capacités de gestion et d'organisation, utiliser votre raison analytique, votre sens critique et votre intelligence technique pour vous adapter au monde du travail et pour vous mettre au service des autres et de la société. Vous pouvez aussi promouvoir tout ce qui touche à l'hygiène, la santé, l'environnement, le bien-être et le développement personnel.

Et vous pouvez faire cela avec tout l'amour inconditionnel, la capacité à accepter les autres tels qu'ils sont et à soulager les souffrances et misères du monde, les valeurs spirituelles ou religieuses, la foi, l'intuition et l'inspiration qui sont les vôtres, sans toutefois oublier votre propre évolution spirituelle. Voyez comme c'est bon de maîtriser sa vie et d'être au service des autres !

LE NOEUD NORD EN BALANCE

C'est en développant l'état d'esprit, les qualités et les expériences qui correspondent au signe de la Balance que vous évoluerez et parviendrez à vous libérer de votre karma. Vous devez ainsi apprendre à développer votre intelligence relationnelle, à découvrir les valeurs d'amour et de partage, à vous rapprocher des autres, en vous associer avec autrui, à vous engager dans une relation sentimentale et à créer une vie de couple.

Vous devez participer à la civilisation, œuvrer pour la paix (la votre et celle des autres) ou pour l'évolution de la civilisation, en coopérant, en étant diplomate, en menant une vie équilibrée, en développant votre capacité à laisser de côté vos opinions personnels et votre ego pour tenir compte de ceux des autres, en étant à l'écoute des désirs d'autrui, avec conciliation et gentillesse. Vous pouvez aussi développer votre sens esthétique ou artistique et votre capacité à apprécier la beauté des êtres et des choses.

Et vous pouvez faire cela avec toute la force, l'enthousiasme, le courage, le sens de l'autonomie, la générosité et le savoir-faire qui est le vôtre, sans toutefois oublier de vous réaliser personnellement dans la vie et dans l'action. Voyez comme c'est bon la civilisation, la tendresse, l'harmonie, le couple et la joie du partage !

LE NOEUD NORD EN SCORPION

C'est en développant l'état d'esprit, les qualités et les expériences qui correspondent au signe du Scorpion que vous évoluerez et parviendrez à vous libérer de votre karma. Vous devez ainsi apprendre à prendre du recul par rapport aux choses et au monde matériel, à développer votre combativité et votre agressivité pour vous engager dans un combat, à prendre des risques, à découvrir le monde des causes et la dimension éternelle de l'existence, le monde de l'émotion et des réalités invisibles immatérielles sous-jacentes aux réalités visibles.

Vous devez apprendre à accepter l'inconnu, les remises en question et les ruptures d'équilibre aboutissant à des transformations qui sont nécessaires à votre évolution, à faire face au danger ou à gérer des crises, des catastrophes ou des situations conflictuelles. Vous devez apprendre à accepter d'être dépossédé, à éliminer tout ce qui vous alourdit et à faire si nécessaire rase table du passé, en acceptant le fait que tout ce qui est matériel est un jour amené à être détruit.

Vous devez accepter la mort comme étant l'une des réalités de la vie, apprendre à faire des sorties hors du corps, et vous intéresser à tout ce qui concerne les mystères, la psychologie, l'astrologie ou l'ésotérisme et trouver un équilibre entre le matériel et le spirituel. Et vous pouvez faire cela avec toute la bonté, l'amour de la vie, la joie de vivre, le sens de la gestion et de l'organisation qui sont les vôtres, et sans toutefois oublier que si vous êtes sur Terre, c'est pour être bien ancré dans la matière. Voyez comme la vie, ses mystères et ses secrets sont passionnants !

LE NOEUD NORD EN SAGITTAIRE

C'est en développant l'état d'esprit, les qualités et les expériences qui correspondent au signe du Sagittaire que vous évoluerez et parviendrez à vous libérer de votre karma. Vous devez ainsi apprendre à vous affranchir de l'influence de votre milieu, à développer un idéal et des objectifs personnels, à dire ce que vous pensez vous personnellement, à ne faire que des promesses que vous pouvez tenir et à avoir une parole impeccable. Vous devez apprendre à élargir vos horizons intérieurs à travers une connaissance des lois spirituelles et des principes philosophiques qui régissent la vie et vos horizons extérieurs à travers une connaissance des différentes cultures existantes sur la planète et à travers des voyages ou des expériences à l'étranger, en devenant un explorateur de nouveaux horizons.

Vous devez développer votre autorité et votre jugement, apprendre à connaître la société et ses mécanismes économiques, politiques, culturels, législatifs, médicaux, éducatifs, sociaux et religieux dans un sens large, à travers des études supérieures, développer votre sens des affaires, à vous engager et à participer activement à la vie socio-économique de votre milieu à travers un poste à responsabilités, à exprimer votre sens pédagogique pour transmettre un enseignement et à vous intégrer pleinement à la société.

Et vous pouvez faire cela avec toute l'intelligence, le sens des contacts, le sens de l'adaptation, de l'humour et du jeu qui est le vôtre, sans toutefois oublier l'importance des relations fraternelles avec votre environnement et la nécessité d'être adapté à votre environnement. Voyez comme c'est passionnant de faire des affaires, d'explorer de nouveaux horizons et comme la Terre est pleine de lieux et de cultures magnifiques !

LE NOEUD NORD EN CAPRICORNE

C'est en développant l'état d'esprit, les qualités et les expériences qui correspondent au signe du Capricorne que vous évoluerez et parviendrez à vous libérer de votre karma. Vous devez ainsi apprendre à sortir de votre monde intime, de votre famille ou de votre clan, de votre milieu natal ou de votre bulle pour assumer avec réalisme vos responsabilités dans le monde extérieur et au niveau de votre évolution intérieure, en donnant un sens à votre vie et en cherchant à concrétiser vos rêves.

Vous devez couper le cordon ombilical, vous prendre en charge, grandir et mûrir pour devenir un adulte autonome qui maîtrise sa vie voire celles d'autres personnes et assumer des responsabilités professionnelles ou morales, en trouvant un équilibre entre vie professionnelle et vie familiale. Vous devez apprendre à vous discipliner et à tenir compte des règles sociales et morales qui régissent la vie, à faire des efforts et à travailler sans relâche à la satisfaction de vos ambitions afin d'acquérir un statut social, en vous engageant dans un projet à long terme. Et vous pouvez faire cela avec toute l'imagination, la sensibilité, le sens des relations émotionnelles, la capacité à être proche des gens qui est la votre, sans toutefois oublier de prendre soin de vous, de vous ressourcer et de vous occuper de votre famille.

LE NOEUD NORD EN VERSEAU

C'est en développant l'état d'esprit, les qualités et les expériences qui correspondent au signe du Verseau que vous évoluerez et parviendrez à vous libérer de votre karma. Vous devez ainsi apprendre à mettre de coté votre ego, votre fierté et votre besoin d'admiration pour vous ouvrir aux autres et au monde, en développant l'esprit d'équipe, en utilisant votre puissante volonté et vos capacités d'engagement pour servir l'humanité, pour participer à une action de groupe ou à la réussite d'un projet commun, pour aider autrui à vivre libre et heureux et pour accepter l'aide d'autrui. Vous devez explorer des concepts, des programmes et des idéologies nouvelles, inventer quelque chose de nouveau, mener une vie sociale ou associative intense, vous consacrer à des valeurs humaines ou humanitaires ou à une cause, créer et entretenir des rapports humains et des relations amicales et utiliser votre mental et votre intelligence technique et pour vous libérer psychologiquement, pour pratiquer une activité thérapeutique et pour contribuer au progrès de la société. Et vous pouvez faire cela avec toute la volonté, la force d'amour, la générosité, les capacités d'organisation et l'énergie du cœur qui est la votre, sans toutefois oublier de vous réaliser vous en tant qu'individu. Voyez comme c'est bon d'avoir des amis, de vous libérer de l'ego, de participer à des projets en groupe et de créer un monde meilleur !

LE NOEUD NORD EN POISSONS

C'est en développant l'état d'esprit, les qualités et les expériences qui correspondent au signe des Poissons que vous évoluerez et parviendrez à vous libérer de votre karma. Vous devez ainsi apprendre à vous laisser porté par la vie et à ne plus vouloir systématiquement tout contrôler, à élargir votre conscience au-delà de la raison et du monde matériel vers les dimensions collectives et spirituelles de l'existence.

Vous devez apprendre à être moins nerveux, moins crispé et à vous détendre ou à aider autrui à se détendre. Vous devez développer votre compassion, votre sens de la charité et contribuer à soulager les souffrances et les misères de l'humanité, en participant à une action collective apportant un mieux être. Vous devez vous intéresser à l'inconnu, à l'irrationnel, à la métaphysique, à la religion ou à l'ésotérisme, accéder à d'autres formes de conscience à la transcendance, à la foi en la vie ou en l'univers et à l'amour inconditionnel. Vous devez apprendre à exprimer vos émotions, votre imagination, vos talents artistiques, votre sensibilité et votre intuition, travailler avec le son et l'image, apprendre à vous connecter aux autres et prendre votre place dans un groupe, dans une collectivité ou dans un courant de développement personnel.

Et vous pouvez faire cela avec toute l'intelligence, les capacités techniques, les capacités d'adaptation, le sens des contacts qui vous appartiennent, et sans toutefois oublier d'être bien ancré dans la réalité matérielle avec réalisme. Voyez comme c'est bon d'être dans l'amour inconditionnel d'avoir la foi, d'incarner des valeurs spirituelles et de fusionner avec le Grand Tout, telle une goutte d'eau dans l'océan !

Le nœud sud en secteurs :

LE NOEUD SUD EN SECTEUR UN

Vous arrivez sur Terre avec de nombreuses expériences personnelles où vous avez fait, en solitaire, ce que vous aviez envie, en étant votre propre maître. Vous avez mené une vie active et riche en événements. Vous avez intégré les valeurs d'entreprise, de dynamisme, de confiance en soi, d'efficacité et de combativité. Sans doute étiez-vous un combattant. Vous avez mobilisé votre énergie, vos idées, et vos intuitions pour créer un modèle et des objectifs auxquels vous vous êtes identifiés. Puis vous vous êtes donné les moyens de réaliser vos idéaux et vos objectifs. Vous étiez bien centré mais sans doute quelque peu égocentrique, sans trop vous préoccuper des autres, de vos relations et des valeurs du couple.

LE NOEUD SUD EN SECTEUR DEUX

Vous vous êtes incarné sur Terre avec des expériences concrètes et une capacité à être bien enraciné dans le monde matériel. Vous avez sans doute usé et abusé des bonnes choses, du plaisir des sens, d'un amour excessif pour la nature. Vous tendiez à vous définir à travers vos avoirs, vos biens matériels et financiers, à travers votre vécu sensuel et sensoriel, à travers l'utilisation de vos sens et à travers vos réalisations concrètes, en utilisant une monnaie d'échange, des objets pouvant être convertis en argent ou une réserve de capital. Vous pouvez avoir des facilités pour concrétiser vos désirs et besoins, pour être bien dans votre corps, pour faire fructifier vos biens et talents, et pour gagner, gérer, rentabiliser et faire circuler un capital qui n'est pas forcément de l'argent. Vous pouvez avoir un sens aigu du « combien ça coûte et qu'est ce que ça rapporte », avoir un bon jugement pour reconnaître les valeurs sures et authentique, ou pour évaluer la valeur marchande, esthétique, gustative ou olfactive d'une chose et vous débrouiller avec sagacité dans les négociations et dans la gestion.

Par contre, vous ne vous êtes guère préoccupé de vous transformer, de prendre conscience que le monde matériel est une expérience éphémère par rapport à l'éternité de l'âme et de consacrer du temps au développement personnel.

LE NOEUD SUD EN SECTEUR TROIS

Vous vous êtes incarné sur Terre avec des expériences liées à la communication, aux échanges commerciaux, à l'utilisation et la transmission d'informations, aux études, aux déplacements et à de nombreuses relations avec l'entourage proche. Vous pouvez avoir des facilités pour associer entre elles différentes informations, pour trouver des liens amusants et inattendus entre des choses qui n'ont en apparence aucun lien entre elles, pour mettre des mots derrière le vécu, les événements ou le ressenti, pour vous informer puis retransmettre des informations et pour nouer des contacts.

Vous avez besoin d'avoir de nombreuses relations, de communiquer avec votre entourage, d'être informé, de vous sentir présent dans son environnement proche et de participer à un processus d'échange. Débrouillard, très curieux, souple, nerveux, à l'écoute d'autrui, habile et mobile, vous pouvez avoir des dons commerciaux, des dons oratoires ou des aptitudes pour l'écriture.

Par contre, il est fort probable qui vous avez eu une tendance à vivre trop dans le mental, dans les mots et donc à la surface des choses au détriment des émotions, du ressenti, des sentiments, des engagements et des réalisations concrètes. Il est possible que votre champ d'expérience se soit trop limité à votre environnement proche ou que vous ayez été superficiel, sans élargir vos horizons à des idées, des philosophies synonymes d'ouverture d'esprit ou des espaces plus vastes.

LE NOEUD SUD EN SECTEUR QUATRE

Vous vous êtes incarné sur Terre avec des expériences liées à un clan, une famille ou une nation. Attaché à votre passé, à votre enfance, à vos souvenirs, vous chercherez parfois à perpétuer les traditions qu'on vous a retransmises, traditions qui vous permettent de vous protéger de la jungle du monde extérieur. La création d'un univers personnel, d'une vie privée, d'un foyer, d'une vie familiale et de valeurs refuges joue un rôle essentiel dans le développement de votre personnalité et tend à être une source principale de préoccupation. Vous vous identifiez parfois à vos ancêtres qui vous servent de repères pour établir les fondements de votre vie et de votre personnalité. La sensibilité, l'émotivité, le sentiment d'appartenance à un clan, à un groupe ou à une communauté sont fortement développés chez vous. Vous pouvez être doué pour établir des liens affectifs et émotionnels avec autrui et donc pour créer des relations profondes et intimes. Par contre, il est fort probable qui vous avez eu des difficultés à vous détacher psychologiquement ou physiquement des influences parentales ou familiales, de la culture de votre milieu natal et du sang hérité de vos ancêtres qui vous ont empêchés de devenir autonome et d'accéder à votre identité éternelle qui se trouve au-delà des formes et des origines familiales terrestres. Vous avez pu vous maintenir dans des relations de dépendance vis à vis des autres, du foyer, du clan ou de la nation, éprouver des difficultés à vous nourrir correctement et à prendre soin de vous ou être excessivement dans vos émotions.

LE NOEUD SUD EN SECTEUR CINQ

Vous vous êtes incarné sur Terre avec des expériences liées à l'affirmation de votre volonté, à l'expression de votre personnalité et de votre créativité, à la réalisation de vos objectifs et à l'expérience des relations amoureuses. Les créations, les enfants, l'expression du cœur et les relations amoureuses ont pu être une source principale de préoccupation et contribuer au développement de votre personnalité. Vous un tempérament généreux et passionné. Vous pouvez être doué pour éveiller chez chacun un potentiel créatif et pour permettre à autrui d'exprimer ses élans du cœur. Vous avez besoin d'être mis en valeur, de jouer un rôle central, d'être autonome et vous savez vous donner les moyens de vous imposer. Vous accordez beaucoup d'importance à votre image et faites parfois preuve d'exhibitionnisme. Par contre, vous avez pu faire preuve d'un égocentrisme excessif, d'une tendance à être excessivement centré sur vous-même, d'une tendance aux excès de toutes sortes ou d'une tendance à ne vivre que pour les distractions, les jeux, les loisirs, les plaisirs personnels au détriment des relations humaines, des relations amicales, d'une participation à la vie de la société et de la possibilité de créer un monde meilleur.

LE NOEUD SUD EN SECTEUR SIX

Vous vous êtes incarné sur Terre avec des expériences liées au labeur, au travail quotidien ou à la santé. Un sentiment d'insécurité et d'infériorité vous incite parfois à vous complaire dans des rôles de subalterne mais plus fréquemment vous êtes simplement serviable et préférez rendre service et servir que régner.

Vous pouvez être doué pour résoudre toutes sortes de problèmes pratiques, pour l'organisation intellectuelle, administrative et technique tandis qu'un certain dévouement peut vous pousser à soulager ceux qui en ont besoin. Vous avez souvent besoin de vous situer sous les ordres d'un supérieur pour être ou pour agir. Un sens aigu de l'analyse et de la critique vous permet de vous protéger, de faire preuve d'objectivité et de logique dans le monde matériel mais aussi de déceler les failles et les points faibles des personnes ou des systèmes. La modestie dont vous pouvez faire preuve provient parfois d'un sentiment que l'être humain est peu de chose par rapport à l'immensité de l'univers ou la société humaine.

Votre modestie va souvent de pair avec une méfiance vis-à-vis des sollicitations extérieures et vis à vis de la société et de ses normes. Elle s'accompagne d'une tendance à prendre de la distance par rapport au culte de la personnalité ou du pouvoir. Vous pouvez être attiré par ce qui se situe en dehors des systèmes, en marge des normes et valeurs officielles, à l'écart des philosophies ou cultures considérées comme représentatives et par les personnes défavorisées, exclues, pauvres, délaissées ou déclassées. Vous avez parfois un rapport très particulier avec votre corps mais aussi avec les plantes et les animaux avec lesquels vous êtes capable de communiquer d'instinct.

Par contre, vous avez pu avoir une tendance excessive à la critique, à la sous estimation de vos moyens, à l'auto critique et à l'opposition systématique. Une identification excessive à l'intellect a pu engendrer un matérialisme étroit incapable d'aller au-delà de ce qui est terrestre, rationnel et explicable ainsi qu'une étroitesse d'esprit. Une tendance à tout le temps vouloir expliquer, prévoir et à vous fixer des limites étroites peut engendrer un complexe d'infériorité et apporter une vie triste, grise et monotone.

Vous ne vous êtes guère préoccupé d'élargir vos horizons, de vous évader du quotidien, de faire des choses qui vous enchantent, de développer votre foi ou des pratiques spirituelles, de vous occuper de vos vies passées et des mémoires de vos ancêtres et de faire l'expérience de la présence divine et de « La Source de toute Vie ».

LE NOEUD SUD EN SECTEUR SEPT

Vous vous êtes incarné sur Terre avec des expériences liées au couple, aux associations et à la création de relations. Sans doute avez vous alors eu très jeune l'envie de vous détacher de votre milieu natal ou familial pour découvrir la société, pour vivre des relations privilégiées avec différentes personnes ou pour partir à la recherche de votre pôle complémentaire. Le sens social, le sens diplomatique et la capacité à sacrifier votre ego pour répondre aux attentes des autres sont développés chez vous. Vous êtes également capable de servir de miroir à autrui et d'équilibrer votre partenaire.

Vous êtes particulièrement sensible aux courants qui passe entre les gens, aux affinités et contres affinités, à tout ce qui vous équilibre ou vous déséquilibre, aux rapports de complémentarité, aux formes et aux nuances. L'esthétique et les apparences peuvent avoir pour vous beaucoup d'importance. Vous pouvez être doué pour tout ce qui concerne la décoration, le maquillage, l'habillement, l'art et le théâtre.

Par contre, vous avez pu avoir tendance à vous situer et à vivre excessivement pour et par les autres ou pour le couple, en fonction de leurs demandes et attentes et à faire dépendre vos états d'âme et votre sentiment de bonheur de ceux des autres ou de votre partenaire, en vous oubliant, en oubliant de vous occuper de vous et de vivre votre vie à vous.

Cela peut provoquer un problème d'identité, une tendance à vous dépersonnaliser ou à vous fuir dans les relations et une dépendance vis à vis des autres. Vous devez donc apprendre à développer un idéal, des objectifs personnels, des stratégies efficaces et obtenir des résultats. Vous devez acquérir un sentiment d'identité en vous basant sur ce que vous êtes, sur vos propres expériences, apprendre à ne pas oublier de vous occuper de vous-même et donc trouver un équilibre entre vous et les autres.

LE NOEUD SUD EN SECTEUR HUIT

Vous vous êtes incarné sur Terre avec des expériences liées à la sexualité, à l'initiation, aux forces secrètes de la nature et vous avez sans doute atterri dans un environnement conflictuel. Vous êtes ainsi particulièrement réceptif à l'envers du décor, à ce qui se cache derrière les apparences, aux causes qui engendrent les événements concrets, aux rapports de force sous jacents et aux sous-entendus cachés derrière les discours. Votre façon de percevoir la réalité est souvent fondée sur la perception d'informations ou d'objets invisibles à première vue et imperceptibles au commun des mortels.

Si vous n'êtes pas forcément médium, vous pouvez être doué dans les domaines nécessitant l'usage du flair et dans les situations où il faut utiliser votre capacité animale à pressentir le danger.

Vous pouvez être à l'aise là où il vous faut surveiller et contrôler en vue de préserver un état de sécurité, là où il vous faut investiguer, analyser, décortiquer, déchiffrer des codes, élucider des énigmes et mettre en lumière ce qui était précédemment obscur; là où il vous faut utiliser l'émotion et le suspens pour faire passer un message ou exercer un pouvoir; là où est requise votre capacité à faire face à de fortes pressions ou votre capacité à manœuvrer dans des situations difficiles et dans les situations où il vous faut réagir à des luttes d'énergie dans l'astral.

Peuvent être développées chez vous la capacité à détecter le mal, les déséquilibres et les anomalies; la capacité à gérer crises et problèmes et la capacité à exploiter tout ce qui touche à l'occulte, au paranormal et aux forces secrètes de la nature. Vous pouvez avoir tendance à vivre en fonction de vos pulsions instinctives, en fonction de ce que vous sentez et en fonction d'une logique personnelle que les autres ne comprennent pas toujours. Vous pouvez être très sensible aux situations de rejet et d'exclusion ou avoir du mal à acquérir un sentiment d'identité dans la mesure où vos repères sont en dehors des valeurs admises par la société.

Par contre, votre lucidité, votre sentiment de ne pas pouvoir partager votre ressenti ou vos valeurs et votre attirance pour les domaines marginaux ont pu vous exclure de la société. Vous avez pu exercer un pouvoir, vous comporter en personne manipulatrice ou au contraire être dominé et assujetti, d'une façon malsaine, à une personne, à vos propres démons ou à une situation. Vous avez pu vivre en permanence dans des situations de crise, de guerre et de violence ou vous avez pu simplement avoir tendance à renier la vie.

LE NOEUD SUD EN SECTEUR NEUF

Vous vous êtes incarné sur Terre avec des expériences liées à l'élargissement de vos horizons, de votre espace, de votre champ de conscience, de vos frontières et de vos limites. Vous avez ainsi besoin d'explorer des terres inconnues, d'acquérir des valeurs nouvelles, de vous dépasser, d'aller plus loin ou d'incarner un idéal philosophique ou spirituel. Cet élan vers l'extérieur sous-entend parfois une tendance à fuir ou à oublier vos origines natales, votre vie privée et vos besoins naturels ou physiologiques. Si vous êtes plutôt de type introverti, alors, poussé par une curiosité encyclopédique, vous chercherez à acquérir de nombreuses connaissances culturelles, philosophiques ou spirituelles.

Vous avez besoin de donner un sens à votre vie et êtes souvent doué pour manier la représentation et le symbole.

Si vous êtes du type voyageur, vous tendrez à avoir l'impression d'exister que lorsque vous faites vos valises. Vous allez d'expéditions en voyages. Vous avez un goût prononcé pour l'aventure et vous arrangez pour trouver les prétextes vous permettant d'aller à l'autre bout du monde. Vous pouvez avoir tendance à mener une vie de nomade sans attaches particulières ou vivre votre besoin d'aventure dans un cadre professionnel.

Si vous appartenez au type social ou conformiste, vous cherchez à vous insérer dans votre société, à représenter une entreprise ou l'état, à exercer votre autorité dans des postes à responsabilités où à faire des affaires. Dans tous les cas, votre capacité à comprendre et à intégrer les mécanismes sociaux, économiques et humains mais aussi les législations qui gouvernent le monde vous apporte des facilités pour vous insérer dans la société et pour participer aux affaires du monde. Dans un sens positif vous savez vous montrer tolérant, compréhensif, généreux, optimiste et opportuniste, sociable mais parfois aussi intéressé, confiant, dynamique et capable d'entraîner les autres dans vos aventures. Vous pouvez avoir des aptitudes pour la pédagogie.

Par contre, il est fort possible que vous avez eu une tendance à vous fuir dans le monde extérieur, dans une philosophie ou des valeurs religieuses, à vous perdre vous-même en vous identifiant à votre masque social, à succomber au piège du pouvoir ou du symbole de pouvoir social que représente l'argent, à donner des mauvais conseils, à être victime d'une inflation psychique pouvant provoquer des délires de grandeurs mégalomaniaques, des abus de confiance et de pouvoir et des excès de toutes sortes. C'est alors le moment, dans cette vie, de vous préoccuper de votre environnement proche, de quitter l'ailleurs ou l'étranger pour réintégrer le quotidien, là où vous êtes.

LE NOEUD SUD EN SECTEUR DIX

Vous vous êtes incarné sur Terre avec des expérience liées à un rôle important dans votre milieu, au fait d'occuper une certaine position dans la société, d'assumer des responsabilités, de vous consacrer à une œuvre à portée collective et de construire quelque chose. Vous tendez ainsi à consacrer votre énergie à votre carrière ou à vos ambitions et à utiliser votre acharnement pour vous réaliser socialement.

Votre sens de l'organisation et des responsabilités, votre maturité et votre intégrité, votre puissance de travail et votre sens du long terme peuvent permettre de vous élever socialement, de gravir les échelons jusqu'aux sommets et d'encadrer d'autres personnes. Les charges et les lourdes responsabilités que vous pouvez être susceptible d'assumer peuvent vous permettre de faire l'expérience du détachement intérieur du monde extérieur, de la solitude du chef et parfois de la désillusion ou du désenchantement. Si vos aspirations spirituelles sont fortes, vous pouvez expérimenter un cheminement spirituel menant vers la sagesse et vers la paix intérieure.

Par contre, vous avez pu avoir une tendance à faire preuve d'arrivisme, d'ambition égoïste et calculatrice, au sein d'une entreprise, d'un parti ou d'une organisation. Peut-être vous êtes-vous dépersonnalisé en vous identifiant à votre moi social, ne devenant qu'un instrument de votre entreprise ou de l'Etat pour lequel vous travaillez, en négligeant votre vie privée, votre famille, vos émotions, votre intimité, vos besoins plus personnels et votre bien-être. Votre égoïsme, votre besoin de tout contrôler et votre détachement excessif ont pu vous isoler des autres et vous rendre triste. C'est alors le moment de retrouver votre clan, votre famille, vos émotions et un lieu à vous où vous pouvez vous ressourcer et être bien.

LE NOEUD SUD EN SECTEUR ONZE

Vous vous êtes incarné sur Terre avec des expériences liées à un groupe, à des relations amicales, fraternelles et sociales, à des relations où vous aidiez l'autre, à une gestion de projets, en apportant votre contribution, en trouvant des solutions originales, en assurant la promotion de valeurs nouvelles ou réformistes, en perfectionnant quelque chose qui existe déjà ou en inventant quelque chose de nouveau. Vous avez besoin de vous libérer de votre passé, de vous débarrasser de vos préjugés, peurs et blocages, de vous détacher des normes socioculturelles, des pressions extérieures, des mythes et légendes et de tout ce qui peut vous empêcher de vous affirmer de façon personnelle, unique et authentique. Vous avez souvent besoin d'aider les autres, de voir votre vie et celle des autres évoluer, de vous libérer psychologiquement, de créer des projets ou de participer à un projet collectif dans le cadre d'une association, d'une grande entreprise ou d'une organisation. Les valeurs d'amitié, de liberté, d'indépendance, de progrès, d'espoir, de nouveauté, d'originalité et d'imprévu peuvent être importantes à vos yeux. Vous avez souvent des facilités pour exploiter et maîtriser des systèmes d'informations complexes, des données psychologiques, scientifiques et techniques ou des activités impliquant une certaine tension psychologique.

Par contre, il est fort possible que vous ayez eu tendance à négliger de vous occuper de vous-même, à vous dépersonnaliser dans des activités collectives extérieures à votre moi ou à ne vivre que dans le projet et dans des concepts virtuels au détriment des réalisations concrètes. Il est à présent temps, dans cette vie, de vous recentrer sur vous, vos créations et votre réalisation personnelle.

LE NOEUD SUD EN SECTEUR 12

Vous vous êtes incarné sur Terre avec des expériences liées à la foi, à la religion, à des valeurs spirituelles et à l'évasion des réalités matérielles. Où vous avez pu venir sur Terre avec un important héritage de mémoires généalogiques et/ou de vie passées. Vous avez parfois tendance à vous laisser porter par les événements et à subir la réalité plutôt que de la maîtriser. Vos besoins d'évasion et de transcendance peuvent vous permettre d'accéder à des vérités spirituelles, à des émotions de type religieuses, à une grande sérénité de l'âme. Ils peuvent vous permettre de développer votre sens du sacré, de donner un sens aux événements et de saisir intuitivement les causes cachées de toute situation.

La foi, l'intuition, le troisième œil et le sixième sens sont particulièrement développés chez vous et vous êtes particulièrement sensible aux souffrances et aux misères du monde. Cela vous permet de capter ce qu'il y a dans l'air, de deviner ce qui est imperceptible aux sens et de faire preuve d'empathie et de compassion envers autrui. Votre logique et vos références morales sont souvent très personnelles et pas toujours accessibles à autrui.

Vous pouvez avoir un sens aigu du karma, de la Justice Divine et des devoirs que tout être humain à envers la société, tant par rapport à votre vie que par rapport à celle des autres. Vous vous sentez parfois envahi par un sentiment de culpabilité diffus que seule l'introspection pourra vous permettre d'élucider. Votre sensibilité et votre émotivité peuvent vous permettre de vivre des relations extrêmement riches et fusionnelles avec autrui.

Si vous êtes de type introverti, vous tendez à vous détacher de votre culture, des valeurs et des références de votre environnement et de votre époque pour vous investir dans une forme de recherche spirituelle et ésotérique. Vous avez tendance à rechercher l'isolement et le recueillement loin de l'agitation du monde.

Si vous êtes de type plus extraverti, vous tendez à participer à un mouvement collectif, telle une fourmi dans la fourmilière et à vous dévouer à votre activité.

En dehors de la recherche spirituelle, l'une des façons pour vous d'intégrer ce secteur peut être de participer à une entreprise ou une organisation dont le but est de subvenir aux besoins collectifs des membres de la société ou d'atténuer les maux et les souffrances des gens. Par contre, vous avez pu avoir une tendance à vivre dans l'errance et la fuite des réalités matérielles, dans des fantasmes, des obsessions ou des paradis artificiels, dans un certain chaos ou dans une grande confusion intérieure et ce de part une hypersensibilité et un impact fort de mémoires généalogiques et de vies passées. Vous avez pu avoir été complètement inadapté à la vie matérielle quotidienne pratique. Vous avez pu vivre des expériences douloureuses en rapports avec l'exil, la prison, les sectes, la trahison, l'esclavage, le scandale, le vol, des troubles psychiques ou de la souffrance. Il est alors temps pour vous, dans cette vie, de développer votre sens du service et des qualités techniques vous permettant de vous adapter à la réalité matérielle.

Le nœud nord en secteurs :

Le nœud nord en secteur indique les expériences de vie que votre âme vous demande de vivre pour grandir, évoluer et, comme ils disent en Inde, pour vous libérer de votre Karma. Le nœud nord fait un tour en 18.5 ans et donc les âges de 18.5 ans, 37 ans et 55 ans sont des caps de vie importants.

LE NOEUD NORD EN SECTEUR 1

Tout en étant en relation avec autrui, vous devez apprendre à vous centrer sur vous-même, à agir et vous assumer de façon autonome, à faire les choses par vous-même et à acquérir des savoir-faire, à vous affirmer, à prendre des initiatives avec confiance, à expérimenter sur le terrain, à créer votre entreprise ou à diriger quelque chose. Objectifs, stratégies, expériences et résultats sont vos maîtres mots.

LE NOEUD NORD EN SECTEUR 2

Tout en gardant vos valeurs spirituelles, votre force occulte et votre maîtrise de l'énergie, vous devez apprendre à vous reconnecter avec la vie, qui peut être belle, à vivre dans la joie, dans une certaine stabilité, dans l'harmonie, le bonheur et la paix. Vous devez apprendre à exploiter vos propres dons en faisant fructifier vos talents, à concrétiser vos désirs et vos besoins, à utiliser vos cinq sens, à vivre votre sexualité de façon saine et naturelle et à gagner vous-même votre pain quotidien. Vous pouvez apprendre à découvrir la beauté des choses et à utiliser votre sens esthétique et artistique pour embellir votre réalité et apporter de la joie là où vous êtes.

LE NOEUD NORD EN SECTEUR 3

Tout en gardant votre conscience de l'espace, votre capacité à vous imposer et faire la loi, votre sens de l'intégration dans la société et vos valeurs philosophiques ou spirituelles, vous devez apprendre à écouter l'autre, à découvrir et apprendre par des études ou des lectures, à communiquer avec simplicité, à vous rapprocher des gens d'une façon fraternelle et de votre environnement proche et pourquoi pas à faire du commerce avec autrui ou à partager vos connaissances par la parole ou l'écrit.

LE NOEUD NORD EN SECTEUR 4

Tout en gardant votre force de travail et votre sens des responsabilités, vous devez apprendre à exprimer vos émotions et à créer des liens émotionnels avec autrui, à faire l'expérience du foyer et de sa chaleur, du clan et de la vie familiale, de la vie intime et privée. On vous demande de cultiver ce qui vous nourrit, de définir vos bases, votre espace personnel, vos traditions, les valeurs refuges qui vous permettent de vous ressourcer et de vous protéger du monde extérieur, de faire preuve d'humilité et de simplicité et à organiser votre vie quotidienne autour de votre univers intime.

LE NOEUD NORD EN SECTEUR 5

Tout en sachant préserver un minimum d'indépendance, votre côté fraternel et vos capacités techniques ou psychologiques, on vous demande d'expérimenter la relation privilégiée, l'amour qui est respect, confiance et engagement, la créativité et l'expression personnelle de vos dons et de ce que vous êtes. On vous demande d'utiliser votre volonté et votre autorité, de renforcer votre sentiment d'identité, de réunir vos forces autour d'une volonté centralisée pour ensuite extérioriser votre énergie à travers des créations, d'exprimer votre générosité et vos élans du cœur, de vous mettre en valeur et de devenir un centre rayonnant pouvant servir de modèle.

LE NOEUD NORD EN SECTEUR 6

Tout en sachant préserver votre sensibilité et vos valeurs spirituelles, on vous demande de vous organiser dans un système de travail, de savoir vous fixer des limites, de développer un savoir-faire technique, des outils de communication, un sens de l'analyse, du réalisme et de la critique constructive, une conscience de l'hygiène, une alimentation saine et une bonne santé, un sens de la modestie et de l'humilité et le sens du service pour œuvrer, vous investir et servir dans le monde matériel.

LE NOEUD NORD EN SECTEUR 7

Tout en gardant votre capacité à entreprendre, à être autonome et efficace, on vous demande de participer à la civilisation en créant des relations sociales harmonieuses avec autrui. On vous demande d'expérimenter la complémentarité du couple en tenant compte des besoins de l'autre et en sachant mettre de côté votre ego pour répondre aux attentes d'autrui, le partage équitable, le monde des associations et l'univers juridique. On vous demande de développer votre intelligence relationnelle, votre sens de la beauté et de l'harmonie, votre sens artistique ou esthétique (la décoration, le maquillage, l'habillement, l'art et le théâtre) et votre capacité à créer de la joie et du bonheur autour de vous. On vous demande d'être en règle avec votre civilisation et avec les lois de la vie ou avec l'ordre naturel des choses.

LE NOEUD NORD EN SECTEUR 8

Tout en étant bien ancré dans la matière, vous devez apprendre à vous transformer pour prendre conscience de votre identité éternelle et des valeurs spirituelles, de faire l'expérience de la transformation, de la dépossession de ce qui ne vous est pas indispensable, des crises, de la douleur et des ruptures d'équilibres, des bouleversements, de la fin des choses, des morts et renaissances réelles ou symboliques, de l'au-delà et des sorties hors du corps, de l'initiation, des forces secrètes de la nature, de la relation sexuelle et du pouvoir de nature émotionnel ou psychique.

LE NOEUD NORD EN SECTEUR 9

Tout en gardant vos capacités d'écoute, de communication, d'adaptation et votre sens du commerce, vous devez élargir vos horizons et ouvrir votre esprit pour expérimenter le monde, l'étranger, les grands espaces, les philosophies, les cultures et participer activement à la vie et aux affaires de votre société, en intégrant ses codes et ses règles. Vous devez utiliser les facultés supérieures de votre intellect, développer vos aspirations religieuses ou métaphysiques, vous cultiver et peut-être devenir un guide ou un enseignant.

LE NOEUD NORD EN SECTEUR 10

Tout en gardant votre capacité à vivre le monde de l'émotion, à vous ressourcer et à avoir un sentiment d'appartenance à un clan, une famille ou un lieu, vous devez développer votre ambition, votre capacité à faire des efforts et à surmonter des contraintes, votre sens des responsabilités sociales, des obligations et des devoirs. Vous devez vous organiser pour vivre une carrière, participer à l'ordre et aux structures du monde et construire quelque chose.

Au niveau de votre vie intérieure, vous devez développer la profondeur, une conscience de l'ordre universel, la notion de travail sur soi et un sens de la maturité. Il est temps pour vous de cheminer vers votre vérité profonde, d'expérimenter la méditation et d'accéder à la paix intérieure.

LE NOEUD NORD EN SECTEUR 11

Tout en gardant le sens de votre valeur et de votre identité ainsi que vos capacités créatrices et votre autorité, vous devez expérimenter l'amitié et l'altruisme, les idéologies, la virtualité, les méthodes modernes de communication, les valeurs humaines et universelles. Vous devez développer votre conscience de groupe, vos compétences techniques, votre sens psychologique, vos capacités à gérer des ressources humaines, votre aptitude à trouver des solutions et à gérer des projets en lien avec les hommes et vous devez participer au progrès de la société.

LE NOEUD NORD EN SECTEUR 12

Tout en gardant votre sens de l'analyse, de l'organisation, du service et votre aptitude à utiliser des outils techniques pour être adapté au monde matériel, vous devez apprendre à développer votre foi, votre aptitude à lâcher prise, une capacité à vous détendre, votre capacité à soulager les souffrances et les misères du monde et votre sens de la charité. Vous devez ouvrir votre conscience aux valeurs spirituelles, à l'amour inconditionnel, aux mondes de l'âme, à la magie de la foi, aux mémoires ancestrales, à la transcendance et à l'enchantement, au sentiment d'unité avec le Divin.

LES MAÎTRES DES NŒUDS APPELES LES REGENTS KARMIQUES

Lorsque vous interprétez une planète dans un thème astral, vous interprétez non seulement la planète en signe et en maison mais vous observez également la position en signe et en maison du ou des maîtres du signe concerné. Il en est de même pour les nœuds lunaires. Ainsi, le Nœud Sud et le Nœud Nord sont régit par deux maîtres, un maitre de signe et un maître de secteur ou maison. Les astrologues les appellent les régents karmiques. Les maîtres du Nœud Sud sont les régents karmiques sud et les maîtres du nœud nord sont les régents karmiques nord. Ces maîtres, c'est-à-dire leurs positions en signes et en maisons, apportent des précisions importantes. Ils viendront renforcer ou nuancer la signification des nœuds en signes et en maisons.

La lune noire en signes :

LA LUNE NOIRE EN BELIER

Avec une Lune Noire en Bélier, vous pouvez ressentir un besoin compulsif mais aussi une peur profonde d'être à 100% dans l'instant présent, de chauffer et de surchauffer, de vous battre, de vous motiver, de prendre des initiatives, de déployer les grands moyens, d'être offensif et agressif, d'être efficace, percutant et performant, de vivre des expériences, d'expérimenter sur le terrain, de vous affirmer dans la vie, de vous mobiliser pour obtenir des résultats, de vous imposer en faisant usage de la force, de vous engager dans un combat, de vous positionner en leader et de diriger, bref d'agir et de réagir.

Ou vous pouvez ressentir des difficultés à vivre ce qui vient d'être dit parce que vous avez en mémoire des expériences traumatiques où le signe du Bélier a été vécu dans son ombre, dans son côté destructeur. Vous avez pu vivre une tendance systématique à vouloir gagner par la lutte et le combat ce que vous obtenez et à n'accepter que ce qui est le résultat d'une victoire, attirant dans votre existence des luttes et des rivalités sanglantes. Lorsque l'énergie débordante qui vous anime n'est pas canalisée, cela peut déboucher sur des comportements agressifs, révoltés et contestataires, insociables et violents, sur des accès de jalousie, des excès sexuels, une tendance à brûler les étapes, à brûler la chandelle par les deux bouts et à gaspiller vos forces.

Il est particulièrement important pour vous d'apprendre à gérer votre impatience, votre colère et votre impulsivité car vous avez parfois la tendance à vous énerver pour des choses insignifiantes, à vivre dans l'urgence, à surchauffer parce que vous ne savez pas vous détendre, à vouloir tout tout de suite et à avoir le don de mettre le feu aux poudres. Des revirements de situations vous obligeant à tout recommencer trouvent souvent leurs origines dans votre impulsivité, votre témérité, le manque de recul et de réflexion dont vous faites preuve, dans des coups de têtes, des actes irréfléchis et dans une tendance à vouloir forcer là où il faut y aller en douceur. Avec votre Lune Noire en Bélier, vous devez transformer en vous la gestion de l'énergie, vos idéaux, votre besoin de conquête et d'aventure, la relation à l'entreprise et au sport, l'énergie de la passion, du combat et de l'action. Vous devez à la fois les vivre en conscience, en trouvant une activité où elles peuvent s'exprimer au service de la Vie et de l'Amour et les équilibrer avec les valeurs du signe de la Balance qui sont la coopération, le partage, la vie de couple, l'intelligence relationnelle et la participation à la civilisation. Vous pouvez alors suivre un parcours initiatique et faire des choses remarquables en lien avec l'action, le sport et l'entreprise, en étant un soldat de la lumière.

LA LUNE NOIRE EN TAUREAU

Avec une Lune Noire en Taureau, vous pouvez ressentir un besoin compulsif mais aussi une peur profonde d'être bien incarné dans la matière, d'utiliser vos cinq sens, de jouissance et de sensualité, d'éprouver de la joie de vivre et du plaisir, de gérer des flux financiers, des terres ou des biens immobiliers, de faire fructifier un patrimoine, de nouer des relations sociales, commerciales ou intimes ou de fonder une famille, d'assouvir vos désirs et vos envies, d'incarner une conscience de l'abondance, un sentiment de bonheur profond et un plaisir d'être vivant.

Ou vous pouvez des difficultés à vivre ce qui vient d'être dit parce que vous avez en mémoire des expériences traumatiques où le signe du Taureau a été vécu dans son ombre, dans son côté destructeur.

Vous avez pu vivre une tendance systématique à être esclave de vos sens, une difficulté à adhérer à un idéal, une tendance à la luxure, à l'immobilisme, à l'obstination, à la rumination, aux préjugés rigides, à l'étroitesse d'esprit, aux excès alimentaires, aux débordements sexuels, aux colères aveugles, aux passions dévorantes, au fanatisme, au matérialisme, au manque de souplesse et d'enthousiasme et à la possessivité. Vous avez pu éprouver une difficulté à voir au-delà des apparences visibles et à évoluer au-delà de buts matériels et à vous adapter à la nouveauté, aux changements et à l'inconnu. Il est particulièrement important pour vous d'apprendre à gérer vos désirs et votre sensualité.

Avec une Lune Noire en Taureau, vous devez transformer en vous la gestion de la matière, le besoin d'utiliser vos sens et de créer des relations ou une famille, le besoin de paix, de stabilité et de tranquillité, la relation à la nature, à l'argent et à l'abondance, l'énergie du plaisir et du désir.

Vous devez à la fois les vivre en conscience, en trouvant une activité où elles peuvent s'exprimer au service de la Vie et de l'Amour et les équilibrer avec les valeurs du signe du Scorpion qui sont la capacité à vous transformer pour accéder aux vérités spirituelles et à votre vérité profonde, la lucidité et l'engagement dans un combat. Vous pouvez alors suivre un parcours initiatique et faire des choses remarquables en lien avec les ressources de la Terre, la nourriture, la beauté, le couple, les relations, l'art, l'argent et l'abondance.

LA LUNE NOIRE EN GEMEAUX

Avec une Lune Noire en Gémeaux, vous pouvez ressentir un besoin compulsif mais aussi une peur profonde de communiquer, d'être bien informé, de traiter l'information, de faire preuve de souplesse, d'adresse, d'agilité et d'intelligence, d'adopter différents angles d'attaques, de trouver des solutions astucieuses, d'apprendre, de faire du commerce, d'utiliser l'humour et le jeu et d'être adapté à l'environnement. Avec une Lune Noire en Gémeaux, vous pouvez transformer et vous transformer à travers la communication, l'apprentissage, les déplacements et les échanges commerciaux. Ou vous pouvez ressentir des difficultés à vivre ce qui vient d'être dit parce que vous avez en mémoire des expériences traumatiques où le signe des Gémeaux a été vécu dans son ombre, dans son côté destructeur.

Vous avez pu vivre une tendance systématique à la dispersion, à l'instabilité et à l'éparpillement, à toucher à tout sans rien finir, à être superficiel, à prendre la vie comme un jeu sans aller au fond des choses, à vous moquer, au mensonge et à la tromperie, à la kleptomanie, à trouvez tout «simplement amusant» au point de ne rien prendre au sérieux ainsi qu'une difficulté à assumer des responsabilités et à vous engager en profondeur. Une absence de frontières, de barrières, de limites et parfois de principes directeurs ont pu vous pousser à mener une vie d'errance dénuée de sens, de qualité, de vérité et de réelle sérénité.

Avec une Lune Noire en Gémeaux, vous devez transformer en vous l'apprentissage et la communication, le mouvement et l'adaptation, le rire et le jeu. Vous devez à la fois les vivre en conscience, en trouvant une activité où elles peuvent s'exprimer au service de la Vie et de l'Amour et les équilibrer avec les valeurs du signe du Sagittaire que sont la capacité à être optimiste, confiant et opportuniste, à faire preuve d'autorité et de générosité, à élargir vos horizons, à explorer de nouveaux espaces, à vous imprégner de culture, à adopter une philosophie de vie, à participer à un groupe ayant des règles et des objectifs communs et à faire des affaires. Vous pouvez alors suivre un parcours initiatique et faire des choses remarquables en lien le jeu, le mouvement, la communication et l'adaptation.

LA LUNE NOIRE EN CRABE

Avec une Lune Noire en Crabe, vous pouvez ressentir un besoin compulsif mais aussi une peur profonde de vous ressourcer et de vous créer un univers personnel ou un monde familier que vous protégez de tout ce qui n'en fait pas partie, de créer des ambiances intimes et sécurisantes, de vous évader du monde en recréant votre propre monde, votre propre chez-soi, d'utiliser des valeurs refuges comme la musique, l'eau ou le dessin, d'exprimer votre sensibilité, votre imagination et vos émotions, de faire preuve de naturel et de sympathie, de poésie et de lyrisme, d'affirmer vos traditions, de tisser des liens familiaux ou des liens émotionnels, de quitter le rythme agité de la pensée pour rentrer dans votre propre rythme, de vivre l'intimité et de trouver le bien-être. Où vous pouvez ressentir des difficultés à vivre ce qui vient d'être dit parce que vous avez en mémoire des expériences traumatiques où le signe du Crabe a été vécu dans son ombre, dans son côté destructeur.

Vous avez pu vivre une tendance systématique à la passivité, à la paresse, à vous accrocher à vos souvenirs et à votre passé, à la dépendance et la subjectivité, à subir le monde et les autres, à vous enfermer dans des mondes imaginaires, dans une bulle et dans des fantasmes, à faire preuve d'une sensibilité et d'une émotivité excessive ou difficilement contrôlées, à vous apitoyer sur votre sort voire à faire du chantage affectif pour qu'on s'occupe de vous, à faire preuve de caprices infantiles, d'instabilité et d'humeurs et une difficulté la difficulté à vous affirmer, à faire face aux réalités brutes du monde extérieur, à assumer des responsabilités et obligations, à grandir, mûrir et à devenir adulte, à vous détacher de la mère, de l'influence familiale et du milieu natal.

Avec une Lune Noire en Crabe, vous devez transformer en vous la relation à la famille, au passé, à la nation et au foyer ainsi que votre sensibilité, votre imagination, vos émotions, ce qui vous nourrit et votre capacité à trouver du bien-être à travers des valeurs refuges. Vous devez à la fois les vivre en conscience, en trouvant une activité où elles peuvent s'exprimer au service de la Vie et de l'Amour et les équilibrer avec les valeurs du signe du Capricorne qui sont la capacité à vous structurer, vous tenir debout de façon autonome, à vous organiser en ayant des objectifs à long terme, à travailler et à chercher votre vérité profonde. Vous pouvez alors suivre un parcours initiatique et faire des choses remarquables en lien avec la famille, les enfants, la musique, la nourriture, les émotions et les valeurs refuges.

LA LUNE NOIRE EN LION

Avec une Lune Noire en Lion, vous pouvez ressentir un besoin compulsif mais aussi une peur profonde de déployer votre volonté, d'y mettre tout votre cœur, de savoir ce que vous voulez, de vous fixer des objectifs, de vous organiser, d'être positif, confiant, audacieux et généreux, d'engager votre être tout entier dans une recherche de perfection et d'absolu, d'en rajouter et de vous dépasser pour que le résultat soit brillant et royal, d'être soucieux de l'image que vous donnez et de votre réputation, de préserver une certaine honorabilité, d'incarner votre idéal, vos valeurs, vos principes, vos objectifs personnels, d'être mis en valeur, de recevoir des marques de reconnaissance, de jouer un rôle central, de créer, de vous montrer, d'être sur les devants de la scène, d'incarner une certaine classe, d'avoir un certain prestige et de vous donner les moyens nécessaires pour réussir.

Où vous pouvez des difficultés à vivre ce qui vient d'être dit parce que vous avez en mémoire des expériences traumatiques où le signe du Lion a été vécu dans son ombre, dans son côté destructeur.

Vous avez pu vivre une tendance systématique à vouloir dominer, à faire preuve d'un complexe de supériorité engendrent parfois un autoritarisme tyrannique et antidémocratique, de luxure, de mégalomanie, de démesure, d'un optimisme vous empêchent parfois de voir les problèmes en face, de naïveté, d'excès de loyauté, d'attachement excessif à votre personne et à la parure, d'égoïsme, d'orgueil, d'arrogance, d'un besoin excessif de vous mettre en valeur et d'exhibitionnisme. Ces défauts et excès ont pu engendrer des problèmes relationnels et vous prédisposer à vivre des périodes de solitude. Avec une Lune Noire en Lion, vous devez transformer votre capacité à engager votre volonté et votre autorité, à vous mettre en valeur mais aussi vos valeurs, vos idéaux, vos objectifs, votre façon de vivre l'Amour et votre créativité, votre image de marque et votre façon d'envisager la réussite.

Vous devez à la fois les vivre en conscience, en trouvant une activité où elles peuvent s'exprimer au service de la Vie et de l'Amour et les équilibrer avec les valeurs du signe du Verseau qui sont la capacité à vous intégrer dans un groupe en œuvrant pour l'humanité, à vous faire des ami(e)s, à utiliser une intelligence psychologique ou techniques et à incarner des valeurs humaines. Vous pouvez alors suivre un parcours initiatique et faire des choses remarquables en lien avec la création, l'image, la lumière et la gestion de la volonté mais aussi en lien avec l'Amour.

LA LUNE NOIRE EN VIERGE

Vous ressentez sans doute un besoin compulsif mais aussi une peur profonde d'être bien informé, de communiquer, d'acquérir un vaste système de connaissance, d'organiser l'information, d'effectuer des échanges commerciaux, de faire le tri, d'analyser chaque détail, d'être méticuleux et perfectionniste, de faire preuve d'intelligence et de stratégie, de sens pratique, de réalisme et de pragmatisme, d'analyse et de précision, d'exprimer votre sens du service, de traiter des questions de sécurité, d'hygiène et de santé, de préserver votre pureté et votre intégrité et de vous adapter intelligemment. Où vous pouvez avoir des difficultés à vivre ce qui vient d'être dit parce que vous avez en mémoire des expériences traumatiques où le signe de la Vierge a été vécu dans son ombre, dans son côté destructeur. Vous avez pu vivre une tendance systématique à faire preuve d'étroitesse d'esprit, en ne respectant que ce que vous pouvez prouver par l'expérimentation ou que ce qui est logique, au point de ne voir le monde qu'à travers les œillères de votre raison, à vous réfugier dans le savoir cérébral pour vous protéger contre l'inconnu, contre l'angoisse et contre toute éventuelle ouverture à l'invisible, à tout découper à l'infini, au fanatisme, à la critique continuelle, à servir en esclave un maître érigé en dieu, à avoir peur de manquer, à avoir peur de la maladie ou des microbes et à avoir excessivement besoin de tout nettoyer et de tout ranger. Vous avez aussi pu vivre une tendance systématique à manquer de confiance en vous, d'enthousiasme, de générosité, de tendresse et de passion, à être limité tellement vous vous fixez des limites, à vous enfermer dans un univers étroit, à vous couper de votre sensibilité et de vos émotions, à vouloir tout contrôler et prévoir au point d'étouffer votre créativité ou celle des autres, à manquer de chaleur, de spontanéité et d'audace, à analyser la vie au lieu de la vivre au point qu'elle en devient monotone, routinière et ennuyeuse, à faire preuve d'un complexe du « je sais tout » et du « j'ai toujours raison », d'un complexe d'infériorité, une tendance à être esclave de votre intellect en voulant toujours tout comprendre, d'une sévérité excessive, d'une sécheresse de cœur et d'un égoïsme de vieux célibataire. Avec une LN en Vierge, vous devez transformer vos idées, votre sens de l'analyse et de la critique, votre sens du service et votre capacité à utiliser des outils et des techniques permettant une adaptation à la matière. Vous devez à la fois les vivre en conscience, en trouvant une activité où elles peuvent s'exprimer au service de la Vie et de l'Amour et les équilibrer avec les valeurs du signe des Poissons qui sont la capacité à développer la foi, la charité, la compassion, l'amour inconditionnel, la capacité à soulager les souffrances et les misères du monde et la capacité à participer à la collectivité. Vous pouvez alors suivre un parcours initiatique et faire des choses remarquables en lien avec les systèmes d'information, les outils et les techniques permettant l'adaptation à la matière, le service aux autres, l'hygiène, la santé et les processus de purification.

LA LUNE NOIRE EN BALANCE

Avec une Lune Noire en Balance, vous pouvez ressentir un besoin compulsif mais aussi une peur profonde de coopérer et de faire preuve d'intelligence relationnelle, de tenir compte de toutes les facettes de la situation, de peser le pour et le contre, d'utiliser votre sens esthétique ou artistique, d'exprimer votre sens de la mesure ou de la justice, d'agir avec grâce, avec douceur et gentillesse, avec finesse, avec élégance, d'une façon harmonieuse, en respectant les différences individuelles et en faisant preuve d'une intelligence relationnelle, de trouver votre équilibre ou de le préserver, de créer des liens, de construire des relations sociales, de fonder un couple, d'exprimer votre sens esthétique, artistique ou juridique, de tenir compte de l'avis et des besoins d'autrui et de participer à la civilisation. Où vous pouvez des difficultés à vivre ce qui vient d'être dit parce que vous avez en mémoire des expériences traumatiques où le signe de la Balance a été vécu dans son ombre, dans son côté destructeur.

Vous avez pu vivre une tendance systématique à hésiter, à ne pas prendre des décisions et à ne pas vous engager, à manquer de combativité et de dynamisme, à reculer trop facilement devant une tache difficile ou un adversaire trop rude, à dépendre des autres pour vous dicter vos humeurs et vos états d'âme, à vivre pour les autres au détriment de vous-même, au laxisme, à la lâcheté, à l'incapacité à voir au-delà des apparences, à ne vivre que pour les plaisirs de l'existence, à l'esclavage des sens, à la superficialité, au conformisme, à vivre dans une triste moyenne et à mener une vie monotone, à la sensiblerie, à la faiblesse de caractère, au manque de volonté, à la vulnérabilité et à une certaine fragilité.

Avec une Lune Noire en Balance, devez transformer votre intelligence relationnelle, la façon dont vous vivez vos choix, vos relations et le couple, votre sens de la justice, votre façon de coopérer et de participer à la civilisation et votre sens esthétique ou artistique. Vous devez à la fois les vivre en conscience, en trouvant une activité où elles peuvent s'exprimer au service de la Vie et de l'Amour et les équilibrer avec les valeurs du signe du Bélier qui sont la capacité à être bien centré en vous, à avoir un idéal personnel et des objectifs, à vous engager dans un combat et à avoir un esprit d'entreprise. Vous pouvez alors suivre un parcours initiatique et faire des choses remarquables en lien avec la justice, les structures administratives ou des associations, l'art, la beauté, la décoration, le couple, les relations et la civilisation.

LA LUNE NOIRE EN SCORPION

Avec une Lune Noire en Scorpion, vous pouvez ressentir un besoin compulsif mais aussi une peur profonde de faire preuve d'authenticité, d'exercer un pouvoir, de concentrer votre énergie, d'être à 100% présent, de vous battre, de déployer les grands moyens, d'être offensif et s'il le faut agressif, de pressentir les non-dits, les émotions et les craintes non exprimées, de flairer les rapports de forces, les dangers et les enjeux présent dans la situation, de déceler les tentatives de manipulations et ceux qui tirent les ficelles, de décoder les signes et les symboles, de focaliser sur des détails que personne n'avait remarqué, de capter l'envers du décor, de tirer des conclusions à partir du moindre indice, de percer les mystères, d'être lucide, de vivre une sorte d'échange médiumnique avec votre milieu, de cerner ce qui se passe dans les coulisses ou dans les profondeurs de votre inconscient, d'élucider les mystères, de faire face à l'inconnu, d'utiliser vos instincts ou des forces occultes pour franchir les différentes étapes de l'initiation, de gérer des crises et de procéder à des transformations.

Où vous pouvez des difficultés à vivre ce qui vient d'être dit parce que vous avez en mémoire des expériences traumatiques où le signe du Scorpion a été vécu dans son ombre, dans son côté destructeur.

Vous avez pu vivre une tendance systématique à broyer du noir et à voir tout en noir, à ne pas arriver à évacuer les déchets psychologiques existant en vous, à être manipulé par vos démons intérieurs, à ne pas résister aux basses sollicitations qui atteignent votre conscience, à vous laisser envahir par la haine et la colère, à nourrir des obsessions morbides, ce qui est souvent du à un manque d'amour et à des blessures profondes non cicatrisées, à vous croire tous permis, à jouer à l'apprenti sorcier, à être intolérant et au-dessus des lois sociales, des lois morales et des droits de l'homme, à vous empêtrer dans des histoires compliquées et pas claires, à faire preuve d'une tendance à vous exprimer comme une personne psychopathe, à faire n'importe quoi, à vouloir toujours tout contrôler et surveiller, à être tyrannique, cruel et malsain, à ne pas arriver à canaliser votre violence intérieure, à jouer avec la mort et en fin de compte à vous autodétruire.

Avec une Lune Noire en Scorpion, vous devez transformer votre combativité et votre agressivité, vos pulsions et vos passions, votre lucidité, votre capacité à mettre la pression, votre énergie sexuelle et votre besoin de transformation, de sécurité et d'éternité. Vous devez à la fois les vivre en conscience, en trouvant une activité où elles peuvent s'exprimer au service de la Vie et de l'Amour et les équilibrer avec les valeurs du signe du Taureau qui sont la capacité à vivre en paix, à ressentir du bonheur et de la joie, à gérer la matière et des biens, à utiliser un sens artistique et à créer des relations harmonieuses. Vous pouvez alors suivre un parcours initiatique et faire des choses remarquables en lien avec la transformation et la sécurité, la gestion de crise et le développement personnel.

LA LUNE NOIRE EN SAGITTAIRE

Avec une Lune Noire en Sagittaire, vous pouvez ressentir un besoin compulsif mais aussi une peur profonde d'avoir confiance en vous, d'élargir votre perspective, de convaincre et vous imposer, de percevoir les bons cotés d'une situation mais aussi les opportunités et contraintes qu'elle renferme, de saisir les occasions au vol puis de les exploiter afin d'en tirer un profit, d'évaluer si vos moyens correspondent à vos ambitions, d'adapter vos ambitions à vos capacités, de vous donner les moyens de vous exprimer et de partager avec autrui les résultats obtenus, d'évaluer les sacrifices nécessaires par rapport aux bénéfices escomptés dans vos engagements, de rentabiliser et optimiser, de comprendre le sens et les exigences de toute situation, de donner ou trouver un sens, une signification et une utilité à ce que vous faites, de mettre en pratique, d'appliquer, utiliser des codes, des normes et des lois en vigueur, de faire preuve de générosité, de faire des affaires, d'assumer vos responsabilités et d'aller jusqu'au bout de vos objectifs. Où vous pouvez des difficultés à vivre ce qui vient d'être dit parce que vous avez en mémoire des expériences traumatiques où le signe du Sagittaire a été vécu dans son ombre, dans son côté destructeur.

Vous avez pu vivre une un optimisme excessif qui empêche d'admettre l'existence de problèmes, une identification excessive à votre rôle social, des excès de toutes sortes, de la démesure, des difficultés à intégrer les notions de limites et de précision, des difficultés à faire face aux petites choses pratiques de la vie quotidienne, une inflation de l'ego qui peut tourner à la mégalomanie, une fuite de vous-même dans le monde extérieur, un goût pour les paris stupides, une morale élastique qui décide en fonction de ce qui l'arrange, une tendance aux généralisations abusives qui met tout le monde dans le même panier, un coté « gonflé » et sans scrupules, une tendance aux préjugés de race ou de clan ou aux attitudes pompeuses, une tendance à être envahissant, colonialiste et autoritaire, du fanatisme idéologique, une tendance à l'hypocrisie et une tendance à incarner un côté cheval sauvage fou et indomptable.

Avec une Lune Noire en Sagittaire, vous devez alors transformer votre besoin d'expansion et d'élargissement de vos horizons, votre culture et votre philosophie de vie, votre sens des affaires, votre intégration dans le monde, votre relation à l'espace et aux règles ainsi que votre optimisme, votre opportunisme, votre autorité et votre générosité. Vous devez à la fois les vivre en conscience, en trouvant une activité où elles peuvent s'exprimer au service de la Vie et de l'Amour et les équilibrer avec les valeurs du signe des Gémeaux qui sont la capacité à communiquer, à faire preuve d'intelligence, à fraterniser, à être souple et astucieux et à être adapté. Vous pouvez alors suivre un parcours initiatique et faire des choses remarquables en lien avec la culture et les philosophies de vie, avec les voyages, les transports, les expéditions et les affaires, la vie professionnelle, l'insertion dans le monde et les règles et les lois.

LA LUNE NOIRE EN CAPRICORNE

Avec une Lune Noire en Capricorne, vous pouvez ressentir un besoin compulsif mais aussi une peur profonde de prendre de la distance et du recul, d'analyser les structures avec objectivité, d'observer avec détail et précision, de voir les problèmes en face et de faire le nécessaire pour les surmonter, de poser les questions qui s'imposent et de remettre les choses en question lorsque cela est nécessaire, de procéder par étapes et de prendre le temps nécessaire, de faire la différence entre ce qui est prioritaire et ce qui est secondaire, de faire preuve de prudence, de sérieux, de sagesse et de profondeur, de tirer des leçons, des principes ou une morale des événements, de vous organiser avec rigueur et pragmatisme, de mettre de l'ordre, de structurer, de comprendre les théories, les hypothèses, les structures et les systèmes organisés, de manier des chiffres, des plans et des schémas, de trouver des applications concrètes et une utilité pratique à tout concept ou à toute découverte, de vous imposer une certaine discipline et de travailler avec acharnement jusqu'à ce que votre objectif soit atteint et votre œuvre réalisée. Où vous pouvez ressentir des difficultés à vivre ce qui vient d'être dit parce que vous avez en mémoire des expériences traumatiques où le signe du Capricorne a été vécu dans son ombre, dans son côté destructeur. Vous avez pu vivre une tendance systématique à manquer de confiance en vous, à abandonner la vie parce que vous croyez qu'elle vous a abandonné, à nourrir la tristesse, à vous barricader dans une tour d'ivoire, de fuir la vie quotidienne dans un monde de théories et de pensées, à vous réfugier dans un matérialisme étroit qui vous coupe de votre évolution intérieure, à martyriser votre corps à travers des pratiques ascétiques, à vous laisser dominer par un pessimisme fataliste et par un sens critique excessif, à résister aux événements et sollicitations extérieures et à devenir hermétique aux bons conseils.

Vous avez aussi pu vivre une tendance systématique à vous sentir responsable de la terre toute entière et à vouloir porter la terre sur vos épaules en assumant un maximum de responsabilités, en vous imposant ou en imposant aux autres des contraintes sévères. Vous avez pu avoir tendance à être dans le jugement et à vous sentir tout le temps coupable, à être dans l'immobilisme, la raideur et l'intolérance, à faire preuve de rigidité morale, d'esprit sectaire ou fanatique, de froideur et de distance, de misogynie et de misanthropie, d'égoïsme primaire toujours intéressé et manifester une indifférence générale vis à vis des autres. Vous avez pu avoir tendance à vous sous-estimer ou à vous inférioriser en permanence, ou au contraire à abuser de votre pouvoir.

Avec une Lune Noire en Capricorne, vous devez transformer votre besoin d'ordre et d'organisation, votre tendance à être en chantier, votre besoin de solitude et de méditation, votre capacité à élaborer des objectifs à long terme et votre relation au temps, votre juge moral et vos principes, votre besoin de profondeur et de vérité. Vous devez à la fois les vivre en conscience, en trouvant une activité où elles peuvent s'exprimer au service de la Vie et de l'Amour et les équilibrer avec les valeurs du signe du Crabe qui sont la capacité à créer des liens émotionnels intimes avec autrui, à vous ressourcer à travers des valeurs refuges, à exprimer votre imagination, votre sensibilité et vos émotions et à faire partie d'une famille ou d'un clan. Vous pouvez alors suivre un parcours initiatique et faire des choses remarquables en lien avec l'état et les administrations, le bâtiment et les chantiers, la gestion et l'organisation, la vérité et les structures. Vous pouvez être un éducateur moral, un maître initiateur ou incarner la sagesse qui amène chacun à vivre sa vérité profonde.

LA LUNE NOIRE EN VERSEAU

Avec une Lune Noire en Verseau, vous pouvez ressentir un besoin compulsif mais aussi une peur profonde de vous organiser pour vous affranchir des contraintes sociales, des pressions extérieures, des tentatives d'accaparement ou de manipulation de votre personnalité, de vous détacher intérieurement des mythes, des préjugés, des rumeurs, des influences de l'entourage et du passé, d'utiliser les moyens modernes de communication, de faire preuve d'intelligence technique et d'humanité, d'être optimiste et positif, de voir l'aspect prometteur et bénéfique d'une situation, d'explorer de nouveaux horizons, de faire naître l'espoir autour de vous, de trouver des solutions qui servent l'intérêt général, d'affirmer votre spécificité et vos convictions, de vous organiser et vous discipliner pour vous maîtriser ou pour maîtriser la situation, de faire des projets ou de vous projeter dans l'avenir, d'inventer, d'innover et de faire des découvertes, de faire des réformes visant à améliorer les situations, d'utiliser votre sens psychologique, de vous constituer un réseau de soutien ou de vous faire des ami(e)s, d'exprimez votre idéal, votre idéologie, vos valeurs humaines ou spirituelles et de vous adapter à la modernité.

Où vous pouvez des difficultés à vivre ce qui vient d'être dit parce que vous avez en mémoire des expériences traumatiques où le signe du Verseau a été vécu dans son ombre, dans son côté destructeur.

Vous avez pu vivre une tendance à être utopique et irréaliste, à manifester un excès d'instabilité, de brusquerie, de tension intérieure, de détachement, d'indépendance, d'idéalisme, de fanatisme idéologique, d'indifférence aux opinions d'autrui. Vous avez pu avoir tendance à accorder trop d'importance aux idées et aux projets au détriment de l'expérience concrète, à ne jamais faire comme les autres, à être imprévisible et déroutant, à être obstiné, à vous accrocher à des idées fixes, à refuser les règles, à jouer au maître et au prophète et à incarner un complexe de Prométhée ou de l'apprenti sorcier.

Vous avez pu vivre une tendance systématique à être esclave du fantôme de la liberté en vous croyant tout permis, une tendance à vous accrocher à des causes perdues d'avance, à entraîner autrui dans des voies sans issues et à faire des promesses que vous ne pouvez tenir. Vous avez pu exprimer un coté paranoïaque, excentrique, provocateur et dictateur assoiffé de puissance, une tendance à vous perdre dans des activités associatives et à vous négliger au profit des autres, une tendance à planer au-dessus des réalités quotidiennes et à planer tout court, une tendance à dissocier votre corps et votre sensibilité de votre intellect, en étouffant votre affectivité ou à vivre une idéologie misogyne qui vous incite alors à rejeter l'autre sexe et à vous tourner vers l'homosexualité.

Avec une Lune Noire en Verseau, devez transformer votre besoin d'aider autrui, votre sens de l'amitié et de la fraternité, votre intelligence technique ou psychologique, votre capacité à vous intégrer dans un groupe et votre besoin de vous différentier, de nouveauté, de liberté et d'indépendance. Vous devez à la fois les vivre en conscience, en trouvant une activité où elles peuvent s'exprimer au service de la Vie et de l'Amour et les équilibrer avec les valeurs du signe du Lion qui sont la capacité être centré dans votre cœur, à affirmer votre volonté, à avoir des repères et un idéal, à exprimer votre autorité et à vous mettre en valeur. Vous pouvez alors suivre un parcours initiatique et faire des choses remarquables en lien avec le développement personnel, les nouvelles technologies, les organisations à vocation humanitaires, le cinéma et la virtualité, les concepts et les projets, la relation d'aide et tout ce qui permet de faire progresser l'humanité vers un avenir meilleur.

LA LUNE NOIRE EN POISSONS

Avec une Lune Noire en Poissons, vous pouvez ressentir un besoin compulsif mais aussi une peur profonde de lâcher prise, de vous déconditionner des idées, des certitudes et des cultures précédemment apprises, de vous évader par la rêverie et l'imagination, d'avoir la foi en la vie, en Dieu, en l'univers, en la Source créatrice de tout, de mettre de l'ordre dans vos mémoires généalogiques et vos vies passées ou de faire appel à vos ancêtres où à vos croyances spirituelles, d'être inspiré, de faire appel à votre sens du sacré, d'utiliser votre capacité à communier, à brancher vos antennes sur l'inconscient collectif, à répondre aux besoins collectifs et à puiser des informations dans l'inconscient collectif, de vivre en fusion émotionnelle avec la situation et les personnes qui la compose, d'utiliser votre sixième sens et votre intuition, mais aussi de faire preuve d'amour inconditionnel, de dévouement, de compassion et de charité, de soulager les souffrances et les misères du mondes et de participer à une structure collective. Où vous pouvez ressentir des difficultés à vivre ce qui vient d'être dit parce que vous avez en mémoire des expériences traumatiques où le signe des Poissons a été vécu dans son ombre, dans son côté destructeur.

Vous avez pu vivre une tendance systématique à manquer de sens pratique, à être crédule, naïf, passif, défaitiste et fatalisme, à fuir les responsabilités et l'engagement dans la vie, à vous laisser trop facilement influencé voir à vous faire exploiter. Vous avez pu éprouver une difficulté à prendre des initiatives, à vous structurer, à faire preuve d'organisation, de réalisme et de lucidité. Vous avez pu avoir tendance à galérer, à mener une existence instable, errante, incohérente, nomade et chaotique, à manifester une sensibilité excessive, à vivre dans une confusion intérieure qui peut aller jusqu'à la schizophrénie et à nourrir des schémas généalogique synonymes de souffrance.

Vous avez aussi pu vivre une tendance systématique à frauder, à abuser de la confiance d'autrui ou à subir des abus de confiance, à la traîtrise, à l'adultère, à la mythomanie, à la duperie, au bluff et aux scandales, à vous complaire dans la souffrance, dans la maladie, dans la résignation et parfois dans le masochisme, en jouant à la victime ou au martyr, à tourner en rond dans une prison mentale, à vous embourber dans des pseudo religions et à fuir la réalité dans les paradis artificiels.

Avec une Lune Noire en Poissons, devez transformer votre besoin de rêve et d'évasion, votre besoin de participer à la collectivité, votre besoin de soulager les souffrances et les misères du monde, votre besoin de mysticisme, de spiritualité et de transcendance, vos mémoires généalogiques et vos mémoires de vies passées.

Vous devez à la fois les vivre en conscience, en trouvant une activité où elles peuvent s'exprimer au service de la Vie et de l'Amour et les équilibrer avec les valeurs du signe de la Vierge qui sont la capacité à communiquer, à faire preuve d'intelligence technique et stratégique, à faire le tri et à analyser, à traiter les questions d'hygiène et de santé et à être adapté au monde matériel. Vous pouvez alors suivre un parcours initiatique et faire des choses remarquables en lien avec la foi et la transcendance, la spiritualité et le développement personnel, la charité, la compassion, l'amour inconditionnel et les activités de soins et d'assistance.

La lune noire en secteurs :

LA LUNE NOIRE EN SECTEUR UN

Vous pouvez ressentir une peur profonde et une difficulté voire une fatalité, ou au contraire un besoin compulsif de faire l'apprentissage de la vie sur le terrain, d'expérimenter votre propre existence, de vous créer une image de vous-même et un modèle idéal que vous cherchez à incarner, de vous affirmer dans la vie à travers des initiatives, des actes et à travers une confrontation aux réalités extérieures, d'exercer un ascendant sur le monde et sur les événements, de vous définir, d'être votre propre maître, de faire fi de votre milieu ambiant, de vous sentir libre de toute influence extérieure pour exprimer votre vérité absolue et pour mener votre barque selon vos décisions. Dans un sens négatif, cela peut engendrer une tendance à vous préoccuper uniquement de vous-même, à faire preuve d'égoïsme, à vous suffire à vous-même dans une vie souvent solitaire et à ne pas savoir tenir compte des autres. Dans un sens positif, cela vous apporte confiance en vous, dynamisme, maîtrise de soi, spontanéité d'expression, un besoin permanent d'expériences concrètes, d'efficacité et de fonctionnalité ainsi qu'une capacité à diriger autrui en servant de modèle.

Il peut être important pour vous de retrouver, puis de désamorcer, transformer et régler les mémoires en rapport avec ces expériences citées dans le paragraphe précédent, que vous devez vivre en conscience, en trouvant une activité où elles peuvent s'exprimer au service de la Vie et de l'Amour et les équilibrer avec les valeurs du secteur opposé, qui permet la coopération, le partage, la vie de couple, l'intelligence relationnelle et la participation à la civilisation. Vous pouvez alors suivre un parcours initiatique et faire des choses remarquables en lien avec l'action, le sport et l'entreprise.

LA LUNE NOIRE EN SECTEUR DEUX

Vous pouvez ressentir une peur profonde, une difficulté voire une fatalité, ou au contraire un besoin compulsif, de vivre des expériences concrètes avec vos sens, de produire de la richesse et de vous enrichir, d'être bien incarné ou d'être ancré dans la réalité matérielle, de faire l'expérience des acquisitions matérielles et spirituelles, d'exploiter votre environnement d'une façon réaliste, de gérer ou d'utiliser un capital ayant une valeur financière, de goûter aux choses et à la vie, de vivre votre sensualité, du plaisir et de la jouissance, de posséder, de nourrir et vous nourrir, d'art et de beauté. Vous pouvez ainsi être prédisposé aux abus de «nourritures terrestres», à une forme de possessivité, à une tendance à ne voir autrui qu'à travers leurs avoirs, à une difficulté à vous adapter aux changements, à l'inconnu et à la nouveauté, à prendre en compte les réalités spirituelles de l'existence et à être relié à l'universel.

Il peut être important pour vous de retrouver, puis de désamorcer, transformer et régler les mémoires en rapport avec ces expériences citées dans le paragraphe précédent, que vous devez vivre en conscience, en trouvant une activité où elles peuvent s'exprimer au service de la Vie et de l'Amour et les équilibrer avec les valeurs du secteur opposé qui vous permet de vous transformer pour accéder aux vérités spirituelles et à votre vérité profonde, de faire preuve de lucidité et de vous engager dans un combat.

Vous pouvez alors suivre un parcours initiatique et faire des choses remarquables en lien avec la beauté, le couple, les relations, l'art et l'argent. Vous savez alors vivre d'une façon particulièrement lucide la concrétisation de vos désirs et besoins, le bien-être corporel, la fructification de vos biens et talents et la capacité à gagner, gérer, rentabiliser et faire circuler un capital qui n'est pas forcément de l'argent.

LA LUNE NOIRE EN SECTEUR TROIS

Vous pouvez ressentir une peur profonde et une difficulté voire une fatalité, ou au contraire un besoin compulsif de faire l'expérience de la communication avec le monde par l'intermédiaire des mots ou des contacts, d'être avec vos frères et vos sœurs, d'être bien informé, de mouvement et de déplacements, de dialogue et d'échanges commerciaux, de rire et de jeu, d'apprentissages et de découvertes, de satisfaire votre curiosité, d'exprimer votre intelligence et de vous adapter à votre environnement. Vos difficultés éventuelles peuvent provenir d'une tendance à la dispersion de l'énergie ou d'une tendance à vivre trop dans le mental, dans les mots et donc à la surface des choses, au détriment des émotions, des ressentis, des sentiments, de la profondeur, des engagements et des réalisations concrètes.

Il peut être important pour vous de retrouver, puis de désamorcer, transformer et régler les mémoires en rapport avec les expériences citées dans le paragraphe précédent, que vous devez vivre en conscience, en trouvant une activité où elles peuvent s'exprimer au service de la Vie et de l'Amour et les équilibrer avec les valeurs du secteur opposé qui vous permet de vivre la capacité à être optimiste, confiant et opportuniste, à faire preuve d'autorité et de générosité, à élargir vos horizons, à explorer de nouveaux espaces, à vous imprégner de culture, à adopter une philosophie de vie, à participer à un groupe ayant des règles et des objectifs communs et à faire des affaires. Vous pouvez alors suivre un parcours initiatique et faire des choses remarquables en lien avec vos frères et vos sœurs, avec le jeu, le mouvement, la communication et l'adaptation. Vous pouvez alors devenir un As pour tout ce qui concerne la communication, les échanges commerciaux, l'utilisation et la transmission d'informations, les études et pour établir de nombreuses relations avec l'entourage proche. Débrouillard, très curieux, souple et habile, vous pouvez alors développer des dons commerciaux, des dons oratoires ou des aptitudes pour l'écriture.

LA LUNE NOIRE EN SECTEUR QUATRE

Vous pouvez ressentir une peur profonde et une difficulté voire une fatalité, ou au contraire un besoin compulsif de faire l'expérience du foyer, de la vie familiale, de la vie privée, de créer vos bases, votre espace personnel, vos traditions, vos racines, vos valeurs refuges permettant de vous ressourcer et de vous protéger du monde extérieur et d'organiser votre vie quotidienne autour d'un univers intime et personnalisé, de découvrir et prendre conscience de vos émotions et de vos souvenirs, de vos cycles et des contenus de votre inconscient, des trésors cachés au fond de votre âme, de vos origines et de ce qu'il y a au fond de vous-même, d'appartenir à un clan, à un groupe ou à une communauté, de créer des relations émotionnelles intimes et de créer des ambiances où chacun se sent bien.

Vos soucis peuvent provenir d'une difficulté à vous détacher psychologiquement ou physiquement des influences parentales ou familiales, de la culture de votre milieu natal et du sang hérité de vos ancêtres mais aussi d'une tendance à maintenir les autres dans des relations de dépendance en utilisant les émotions, ou à vous maintenir vous-même dans des relations de dépendance vis à vis des autres ou de votre milieu familial. Il peut être important pour vous de retrouver, puis de désamorcer, transformer et régler les mémoires en rapport avec les expériences citées dans le paragraphe précédent, que vous devez vivre en conscience, en trouvant une activité où elles peuvent s'exprimer au service de la Vie et de l'Amour et les équilibrer avec les valeurs du secteur opposé qui vous permet de vous structurer, de vous tenir debout de façon autonome, de vous organiser en ayant des objectifs à long terme, de travailler et de chercher votre vérité profonde. Vous pouvez alors suivre un parcours initiatique et faire des choses remarquables en lien avec la famille, les enfants, la musique, la nourriture, les émotions et les valeurs refuges.

LA LUNE NOIRE EN SECTEUR CINQ

Voyons maintenant dans quel domaine de votre existence, dans quel secteur d'activité, s'exprime votre «Lune Noire» ; votre lucidité, vos besoins compulsifs, vos plus grandes peurs et l'un des leviers de votre évolution !

Vous pouvez ressentir une peur profonde et une difficulté voire une fatalité, ou au contraire un besoin compulsif d'exprimer vos élans du cœur, votre force et votre vitalité, de renforcer votre sentiment d'identité, de vivre l'expérience de la relation amoureuse, de réunir vos forces autour d'une volonté centralisée pour ensuite extérioriser votre énergie à travers des créations, d'exprimer votre générosité et vos élans du cœur, de vous mettre en valeur et de devenir un centre pouvant servir de modèle, de créer à travers des réalisations personnelles et de faire des enfants en tant que créations et en tant que moyens d'exprimer l'Amour, mais aussi de vivre des centres d'intérêts qui vous passionne, des sports, des distractions, des loisirs et des jeux. Vos difficultés éventuelles peuvent provenir d'un égocentrisme excessif, d'une tendance à être excessivement centré sur vous-même ou sur une relation essentielle pour vous, d'une tendance aux excès de toutes sortes suite à une mauvaise gestion de votre vitalité ou d'une tendance à ne vivre que pour l'image que vous voulez donner, qu'en fonction de la parure, que pour les distractions, les jeux, les loisirs, les plaisirs personnels au détriment des contributions que vous pouvez apporter à la société et au détriment des relations humaines.

Il peut être important pour vous de retrouver, puis de désamorcer, transformer et régler les mémoires en rapport avec ces expériences citées dans le paragraphe précédent, que vous devez vivre en conscience, en trouvant une activité où elles peuvent s'exprimer au service de la Vie et de l'Amour et les équilibrer avec les valeurs du secteur opposé, qui vous permet de vous intégrer dans un groupe en œuvrant pour l'humanité, de vous faire des ami(e)s, d'utiliser une intelligence psychologique ou technique et d'incarner des valeurs humaines. Vous pouvez alors suivre un parcours initiatique et faire des choses remarquables en lien avec la création, l'enseignement, les enfants, l'image, la lumière, la volonté, les objectifs et avec l'Amour.

LA LUNE NOIRE EN SECTEUR SIX

Vous pouvez ressentir une peur profonde et une difficulté voire une fatalité, ou au contraire un besoin compulsif d'hygiène, d'être en bonne santé, de sécurité, de servir, d'exprimer les limites de votre ego, de votre pouvoir personnel, de développer votre l'humilité, d'accomplir vos obligations et de gérer des paperasseries liées à l'organisation matérielle de la vie quotidienne, d'analyser, de décortiquer, de trier, d'avoir raison, de faire l'expérience du travail, d'une certaine discipline, de démarches administratives et de toutes les activités nécessitant l'usage de votre intelligence technique et stratégique, de votre raison et de votre logique, de votre faculté d'organisation intellectuelle ou de votre sens pratique.

Vos difficultés éventuelles peuvent provenir d'un sentiment d'insécurité et d'infériorité qui vous incite parfois à vous complaire dans des rôles de subalterne, d'une méfiance vis à vis des sollicitations extérieures et vis à vis de la société et de ses normes, d'une tendance excessive à la critique, à la sous estimation de vos moyens, à l'auto critique et à l'opposition systématique. Une identification excessive à l'intellect peut engendrer un matérialisme étroit incapable d'aller au-delà de ce qui est terrestre, rationnel et explicable ainsi qu'une étroitesse d'esprit. Une tendance à tout le temps vouloir expliquer, prévoir et vous fixer des limites peut nourrir un complexe d'infériorité et générer une vie triste et monotone. Il peut être important pour vous de retrouver, puis de désamorcer, transformer et régler les mémoires en rapport avec les expériences citées dans le paragraphe précédent, que vous devez vivre en conscience, en trouvant une activité où elles peuvent s'exprimer au service de la Vie et de l'Amour et les équilibrer avec les valeurs du secteur opposé, qui vous permet de développer la foi, la charité, la compassion, l'amour inconditionnel, la capacité à soulager les souffrances et les misères du monde et la capacité à participer à la collectivité.

Sans doute devez vous faire preuve de modestie et d'humilité et passer par un apprentissage fastidieux, mais vous pouvez arriver à acquérir une grande expertise lorsque vous avez acquis la maîtrise de ce que vous faîtes. Vous pouvez alors suivre un parcours initiatique et faire des choses remarquables en lien avec les systèmes d'information, les outils et les techniques permettant l'adaptation à la matière, le service aux autres, l'hygiène, la santé et les processus de purification.

LA LUNE NOIRE EN SECTEUR SEPT

Vous pouvez ressentir une peur profonde et une difficulté voire une fatalité, ou au contraire un besoin compulsif d'utiliser votre sens esthétique, artistique ou juridique, de faire l'expérience des autres (à travers une prise de conscience de l'autre), de la relation avec autrui, des relations sociales, des associations, de l'équilibre et de l'harmonie, du partage juste et équitable, des contrats, de l'union avec le pôle complémentaire dans le cadre du mariage et de la civilisation, d'utiliser de votre sens social, votre sens de l'harmonie et de l'équilibre, le tact, la diplomatie, votre capacité à vous accorder aux autres, à dépasser votre ego pour collaborer et coopérer, à tenir compte de l'avis et des besoins d'autrui, à vous centrer sur l'autre et à exprimer verbalement vos sentiments. Vos difficultés éventuelles peuvent provenir soit d'un refus, soit d'une tendance à vous situer et à vivre excessivement pour et par les autres, en fonction de leurs demandes et attentes et de faire dépendre vos états d'âme et votre sentiment de bonheur de ceux des autres, mais aussi d'une tendance à hésiter, d'un sentiment d'injustice, d'une difficulté à vous motiver et d'une certaine paresse.

Il peut être important pour vous de retrouver, puis de désamorcer, transformer et régler les mémoires en rapport avec les expériences citées dans le paragraphe précédent, que vous devez vivre en conscience, en trouvant une activité où elles peuvent s'exprimer au service de la Vie et de l'Amour et les équilibrer avec les valeurs du secteur opposé qui vous permettent de développer la capacité à être bien centré sur soi, à avoir un idéal personnel et des objectifs, à s'engager dans un combat et à avoir un esprit d'entreprise. Vous pouvez alors suivre un parcours initiatique et faire des choses remarquables en lien avec la justice, l'art, la beauté, le couple et les relations.

Vous devez ici apprendre à acquérir un sentiment d'identité en vous basant sur ce que vous êtes, sur vos propres expériences. Vous devez apprendre à ne pas oublier de vous occuper de vous-même et donc trouver un équilibre entre vous et des rapports harmonieux avec les autres.

LA LUNE NOIRE EN SECTEUR HUIT

Vous pouvez ressentir une peur profonde et une difficulté voire une fatalité, ou au contraire un besoin compulsif de faire l'expérience de la transformation, d'être sous tension, de stress et de crises, de vivre des ruptures d'équilibres et des bouleversements, de morts et renaissances réelles (sorties hors du corps) ou symboliques (évacuation ou séparation de croyances limitatives ou de déchets psychologiques), de dépossessions, d'initiation, d'expériences du pouvoir de nature émotionnel ou psychique, de voir derrière les apparences, de percer des secrets et d'élucider les mystères de la vie et de la mort, de décrypter les codes et les symboles, de prendre conscience des problèmes et de ce qui ne va pas, de percevoir les besoins, intentions, enjeux et rapports de forces cachés derrière les événements visibles et derrière votre vécu quotidien, de tenir compte des angoisses et des réactions émotionnelles d'autrui, de vous régénérer et vous de vous transformer.

La Lune Noire en secteur 8 peut vous mettre à l'épreuve en vous imposant des situations qui vous font prendre conscience de votre dimension éternelle et qui vous font réfléchir à la mort. Cette réflexion sur la mort peut se faire suite à un héritage, une opération chirurgicale, un accident ou à des décès alors qu'elle peut aussi se faire en expérimentant les sorties hors du corps. Vos difficultés éventuelles peuvent provenir d'une tendance à vouloir tout contrôler et tirer les ficelles ou au contraire à être dominé et assujetti à une personne, à vos propres démons ou à une situation et d'une tendance à rechercher des situations violentes et dangereuses.

Il peut être important pour vous de retrouver, puis de désamorcer, transformer et régler les mémoires en rapport avec les expériences citées dans le paragraphe précédent, que vous devez vivre en conscience, en trouvant une activité où elles peuvent s'exprimer au service de la Vie et de l'Amour et les équilibrer avec les valeurs du secteur opposé, qui vous permet de développer la capacité à vivre en paix, à ressentir du bonheur et de la joie, à gérer la matière et des biens, à utiliser un sens artistique et à créer des relations harmonieuses. Vous pouvez alors suivre un parcours initiatique et faire des choses remarquables en lien avec la transformation et la sécurité, la gestion de crise et le développement personnel.

LA LUNE NOIRE EN SECTEUR NEUF

Vous pouvez ressentir une peur profonde et une difficulté voire une fatalité, ou au contraire un besoin compulsif d'élargir vos horizons, de dépasser vos limites, d'aventures, de culture, de voyages, d'expéditions, d'espace, d'études supérieures, de faire l'expérience de la société et de l'insertion dans le monde, du monde extérieur avec ses cultures et ses grands espaces mais aussi de la philosophie, de l'aspiration religieuse, de la métaphysique et de ce qu'on nomme les facultés supérieures de l'intellect. Vous pouvez avoir fortement besoin de développer un langage verbal et symbolique vous permettant de communiquer avec l'ensemble des membres de la société, de vous représenter les choses et la vie à travers des concepts, des jugements et des généralisations, de vous identifier à différents personnages existant dans la société et surtout de donner un sens à votre vie, aux différentes expériences de votre vie et à l'existence de l'Homme, d'épanouissement personnel et de prospérité.

Vos difficultés éventuelles peuvent provenir d'une tendance à vous fuir dans le monde extérieur, à vous perdre vous-même en vous identifiant à votre masque social, à manquer de profondeur, à succomber au piège du pouvoir, du symbole de pouvoir social que représente l'argent ou d'une forme de fanatisme idéologique, à être victime d'une inflation psychique pouvant provoquer des délires de grandeurs mégalomaniaques, des abus de confiance et de pouvoir et des excès de toutes sortes.

Il peut être important pour vous de retrouver, puis de désamorcer, transformer et régler les mémoires en rapport avec les expériences citées dans le paragraphe précédent, que vous devez vivre en conscience, en trouvant une activité où elles peuvent s'exprimer au service de la Vie et de l'Amour et les équilibrer avec les valeurs du secteur opposé, qui vous permet de communiquer, de faire preuve d'intelligence, de fraterniser, d'être souple et astucieux et d'être adapté. Vous pouvez alors suivre un parcours initiatique et faire des choses remarquables en lien avec la culture et les philosophies de vie, avec les voyages, les transports, les expéditions et les affaires, la vie professionnelle, l'insertion dans le monde et les règles et les lois.

LA LUNE NOIRE EN SECTEUR DIX

Vous pouvez ressentir une peur profonde et une difficulté voire une fatalité, ou au contraire un besoin compulsif d'ordre et de vous organiser, d'avoir des objectifs à long terme, de faire l'expérience d'une carrière, d'une vocation librement choisie, de travailler avec acharnement, d'autonomie et de maturité, de vous intégrer dans une structure, d'être en chantier ou de vous occuper de chantiers, d'acquérir un statut social ou de profondeur, de silence, d'accéder à votre vérité profonde, de méditation et d'effectuer un cheminement vers la sagesse, de donner à votre vie un sens spirituel, de construire des bases solides, d'assumer des responsabilités dans le monde extérieur et de réaliser vos ambitions.

Vos difficultés éventuelles peuvent provenir d'une tendance à l'arrivisme, aux abus de pouvoir, au fanatisme, à l'ambition égoïste et calculatrice au sein d'une entreprise, d'un parti ou d'une organisation ou au contraire à refuser de vous laisser influencer par votre milieu et de vous couper du monde en vous enfermant dans une tour d'ivoire. Vous risquez alors de vous dépersonnaliser en vous identifiant à votre moi social, de vous couper de vos racines, de ne devenir qu'un instrument de votre système, de négliger votre vie privée, votre intimité et vos besoins plus personnels et d'en subir les conséquences par la suite. Votre égoïsme, votre solitude, votre besoin de tout contrôler et votre détachement excessif peuvent vous isoler des autres et vous rendre triste.

Il peut être important pour vous de retrouver, puis de désamorcer, transformer et régler les mémoires en rapport avec les expériences citées dans le paragraphe précédent, que vous devez vivre en conscience, en trouvant une activité où elles peuvent s'exprimer au service de la Vie et de l'Amour et les équilibrer avec les valeurs du secteur opposé qui vous permet de créer des liens émotionnels intimes avec autrui, de vous ressourcer à travers des valeurs refuges, d'exprimer votre imagination, votre sensibilité et vos émotions, de créer des liens émotionnels en acceptant la dépendance inhérente à ces liens et de faire partie d'une famille ou d'un clan. Vous pouvez alors suivre un parcours initiatique et faire des choses remarquables en lien avec l'Etat et les administrations, la carrière et le monde du travail, le bâtiment et les chantiers, la gestion et l'organisation et la vérité. Vous pouvez alors être un éducateur moral ou un maître initiateur et incarner la sagesse.

LA LUNE NOIRE EN SECTEUR ONZE

Vous pouvez ressentir une peur profonde, une difficulté voire une fatalité ou au contraire un besoin compulsif de faire l'expérience de l'amitié ou d'activités en groupe, de faire partie d'un réseau, de vivre dans l'amour universel, d'expérimenter la relation d'aide, un engagement idéologique ou syndicaliste, des aspirations humanitaires et humanistes, des associations à but non lucratif ou des grandes entreprises internationales.

Vous pouvez avoir fortement besoin de participer au progrès collectif, d'évoluer psychologiquement, d'entretenir l'espoir et de vous projeter dans l'avenir, de liberté intérieure et extérieure, d'utiliser les techniques modernes de communication, de faire des projets, d'expérimenter l'informatique et la virtualité et de vous adapter à la société moderne.

Vos difficultés éventuelles peuvent provenir d'une tendance à la paranoïa, à manquer de réalisme et de pragmatisme, à planer dans un monde de concepts, à être dans votre mental en étant coupé de votre corps, de vos émotions et de votre cœur, à négliger de vous occuper de vous-même ou de vous engager dans une relation émotionnelle intime, à vous dépersonnaliser dans des activités collectives extérieures à votre moi, à vouloir tout contrôler ou à utiliser le groupe pour satisfaire des besoins égoïstes et à ne vivre que dans le projet ou dans le mental au détriment des réalisations concrètes et au détriment d'une capacité à vivre dans le présent.

Il peut être important pour vous de retrouver, puis de désamorcer, transformer et régler les mémoires en rapport avec les expériences citées dans le paragraphe précédent, que vous devez vivre en conscience, en trouvant une activité où elles peuvent s'exprimer au service de la Vie et de l'Amour et les équilibrer avec les valeurs du secteur opposé qui vous permet d'être centré dans votre cœur, d'affirmer votre volonté, d'avoir des repères et un idéal, d'exprimer votre autorité et de vous mettre en valeur. Vous pouvez alors suivre un parcours initiatique et faire des choses remarquables en lien avec le développement personnel, les nouvelles technologies, les organisations à vocation humanitaires, le cinéma et la virtualité, les concepts et les projets, la relation d'aide et tout ce qui permet de faire progresser l'humanité vers un avenir meilleur.

LA LUNE NOIRE EN SECTEUR 12

Vous pouvez ressentir une peur profonde et une difficulté voire une fatalité, ou au contraire un besoin compulsif de faire un bilan, de prendre conscience de l'origine de vos échecs et de vos souffrances, d'apprendre à vous accepter tel que vous êtes, de lâcher prise, de laisser les choses se faire au hasard, de modifier vos comportements afin de pouvoir évoluer, de prendre conscience de vos mémoires généalogiques et de rendre à vos ancêtres ce qui leur appartient, de vous libérer de vos mémoires de vies passées, de rêve et d'évasion, de transcendance, d'accéder à votre vérité profonde et aux vérités éternelles, de faire l'expérience de la fusion de votre volonté individuelle avec la Volonté Divine, d'exprimer votre sensibilité, votre clairvoyance et vos émotions, de faire preuve de compassion, de charité et d'amour inconditionnel et de contribuer à soulager les souffrances et les misères du monde.

Vos difficultés éventuelles peuvent provenir d'une hypersensibilité mal gérée, d'une tendance à manquer de clarté ou de vision spirituelle et à nourrir des illusions, d'une fuite de vous-même dans des fantasmes, des obsessions ou des paradis artificiels, d'une tendance à vivre dans le mensonge et le bluff, d'une tendance à rechercher la facilité, d'une tendance à vous imprégner comme une éponge de tout ce qu'il y a dans l'air sans faire la différence entre ce qui vous appartient et ce qui est extérieur à votre personne, ce qui peut engendrer une certaine confusion intérieure, d'une difficulté à contrôler votre énergie et les relations énergétiques avec votre environnement, d'une tendance à fuir des réalités concrètes et d'une tendance à manquer de sens pratique, ce qui peut générer des difficultés d'adaptation à tous les niveaux.

Il peut être important pour vous de retrouver, puis de désamorcer, transformer et régler les mémoires en rapport avec les expériences citées dans le paragraphe précédent, que vous devez vivre en conscience, en trouvant une activité où elles peuvent s'exprimer au service de la Vie et de l'Amour et les équilibrer avec les valeurs du secteur opposé, qui vous permet de communiquer, de faire preuve d'intelligence technique et stratégique, de faire le tri et d'analyser, de traiter les questions d'hygiène et de santé et d'être adapté au monde matériel. Vous pouvez alors suivre un parcours initiatique et faire des choses remarquables en lien avec la foi et la transcendance, la spiritualité et le développement personnel, la charité, la compassion, l'amour inconditionnel, le son et la musique et les activités de soins et d'assistance.

Les aspects entre la lune noire et les dix planètes :

LA LUNE NOIRE ASPECTEE AU SOLEIL

Avec une Lune Noire en relation avec le Soleil, vous pouvez ressentir un besoin compulsif mais aussi des difficultés et une peur profonde d'être centré, d'ouvrir votre cœur, de savoir ce que vous voulez, de vous fixer des objectifs, de vous organiser, d'être positif, confiant, audacieux et généreux, d'engager votre être tout entier dans une recherche de perfection et d'absolu, de vous dépasser pour que le résultat soit brillant et royal, de soigner l'image que vous donnez et votre réputation, de préserver une certaine honorabilité, d'incarner votre idéal, vos valeurs, vos principes et vos objectifs personnels, d'être mis en valeur, de recevoir des marques de reconnaissance, de jouer un rôle central, de créer, de vous montrer, d'être sur les devant de la scène, d'incarner une certaine classe, d'avoir un certain prestige et de vous donner les moyens nécessaires pour réussir.

Vos difficultés proviennent de mémoires d'expériences difficiles où les besoins qui viennent d'être décrits ont été vécus dans leurs côtés destructeurs. Vous avez pu vivre une difficulté avec votre père, une tendance systématique à vouloir dominer, à faire preuve d'un complexe de supériorité engendrent parfois un autoritarisme tyrannique et antidémocratique, de luxure, de mégalomanie, de démesure, d'un optimisme vous empêchent parfois de voir les problèmes en face, de naïveté, d'excès de loyauté, d'attachement excessif à votre personne et à la parure, d'égoïsme, d'orgueil, d'arrogance, d'un besoin excessif de vous mettre en valeur et d'exhibitionnisme. Ces défauts et excès ont pu engendrer des problèmes relationnels et vous faire vivre des périodes de solitude. Vous devez donc faire attention à ne pas reproduire ces excès dans cette vie ! Vous devez transformer votre capacité à engager votre volonté et votre autorité, à vous mettre en valeur mais aussi vos valeurs, vos idéaux, vos objectifs, votre façon de vivre l'Amour et votre créativité, votre image de marque et votre façon d'envisager la réussite. Vous devez à la fois les vivre en conscience, en trouvant une activité où elles peuvent s'exprimer au service de la Vie et de l'Amour et les équilibrer avec les valeurs de la planète Uranus qui sont la capacité à prendre en compte la volonté de l'univers, à vous intégrer dans un groupe en œuvrant pour l'humanité, à vous faire des ami(e)s, à utiliser une intelligence psychologique ou technique pour créer un monde meilleur et à incarner des valeurs humaines. Vous pouvez alors suivre un parcours initiatique, faire des choses remarquables et être un centre rayonnant en lien avec la création, l'image, la lumière, la gestion des objectifs et l'Amour.

LA LUNE NOIRE ASPECTEE A LA LUNE

Avec une Lune Noire en relation avec la Lune, vous pouvez ressentir un besoin compulsif mais aussi une peur profonde de vous ressourcer et de vous créer un univers personnel, de créer des ambiances intimes et sécurisantes, de vous évader du monde en recréant votre propre monde, votre propre chez-vous, d'utiliser des valeurs refuges comme la musique, l'eau ou le dessin, d'exprimer votre sensibilité, votre imagination et vos émotions, de faire preuve de naturel et de sympathie, de poésie et de lyrisme, d'affirmer vos traditions, de tisser des liens familiaux ou des liens émotionnels, de quitter le rythme agité de la pensée pour rentrer dans votre propre rythme, de vivre l'intimité et de trouver le bien-être. Ou vous pouvez ressentir des difficultés à vivre ce qui vient d'être dit parce que vous avez en mémoire des expériences traumatiques où ce que représente la Lune a été vécu dans son ombre, dans son côté destructeur.

Vous avez pu vivre une tendance systématique à la passivité, à la paresse, à vous accrocher à vos souvenirs et à votre passé, à la dépendance et la subjectivité, à subir le monde et les autres, à être étouffé par la famille, à être perturbé(e) par la disparition d'un enfant, à vous enfermer dans des mondes imaginaires, dans une bulle et dans des fantasmes, à faire preuve d'une sensibilité et d'une émotivité excessive ou difficilement contrôlées, à vous apitoyer sur votre sort voire à faire du chantage affectif pour qu'on s'occupe de vous, à faire preuve de caprices infantiles, d'instabilité et d'humeurs et une difficulté à vous affirmer, à faire face aux réalités brutes du monde extérieur, à assumer des responsabilités et obligations, à grandir, mûrir et à devenir adulte, à vous détacher de la mère, de l'influence familiale et du milieu natal. Vous devez ainsi faire attention à ne pas reproduire ce genre d'excès dans cette vie !

Vous devez transformer en vous la relation à la famille et aux enfants, au passé, à la nation et au foyer ainsi que votre sensibilité, votre imagination et vos émotions, ce qui nourrit et vous nourrit et la capacité à trouver le bien-être à travers des valeurs refuges. Vous devez à la fois les vivre en conscience, en trouvant une activité où elles peuvent s'exprimer au service de la Vie et de l'Amour et les équilibrer avec les valeurs de la planète Saturne qui sont la capacité à vous structurer, à vous tenir debout de façon autonome, à vous organiser en ayant des objectifs à long terme, à travailler et à chercher votre vérité profonde pour trouver la paix intérieure.

Vous pouvez alors suivre un parcours initiatique et faire des choses remarquables en lien avec la famille, les enfants, la musique, la nourriture, les émotions et les valeurs refuges.

LA LUNE NOIRE ASPECTEE A MERCURE

Avec une Lune Noire en relation avec Mercure, vous pouvez ressentir un besoin compulsif mais aussi une peur profonde d'écouter, de communiquer, d'être bien informé, d'organiser l'information, de faire preuve de souplesse, d'adresse, d'agilité et d'intelligence, d'adopter différents angles d'attaques, de trouver des solutions astucieuses, d'apprendre, de faire du commerce, d'utiliser l'humour et le jeu, de faire preuve d'intelligence et de stratégie, de sens pratique, de réalisme et de pragmatisme, d'analyse et de précision, d'exprimer votre sens du service, de traiter les question de sécurité, d'hygiène et de santé, de préserver votre pureté et votre intégrité et de vous adapter intelligemment à votre environnement. Vous pouvez transformer et vous transformer à travers la communication, l'apprentissage, les déplacements et les échanges commerciaux. Ou vous pouvez ressentir des difficultés à vivre ce qui vient d'être dit parce que vous avez en mémoire des expériences difficiles où votre mental a été vécu dans son ombre, dans son côté destructeur.

Vous avez pu vivre une tendance systématique à la dispersion, à l'instabilité et à l'éparpillement, à toucher à tout sans rien finir, à être superficiel, à prendre la vie comme un jeu sans aller au fond des choses, à vous moquez, au mensonge et à la tromperie, à la kleptomanie, à trouvez tout «simplement amusant» au point de ne rien prendre au sérieux ainsi qu'une difficulté à assumer des responsabilités et à vous engager en profondeur. Une absence de frontières, de barrières, de limites et parfois de principes directeurs a pu vous pousser à mener une vie d'errance dénuée de sens, de qualité, de vérité et de réelle sérénité.

Ou vous avez pu vivre une tendance systématique à faire preuve d'étroitesse d'esprit, en ne respectant que ce que vous pouvez prouver par l'expérimentation ou que ce qui est logique, au point de ne voir le monde qu'à travers les œillères de votre raison. Vous avez pu vous réfugier dans le savoir cérébral pour vous protéger de l'inconnu, de l'angoisse et de toute éventuelle ouverture à l'invisible. Vous avez pu avoir tendance à tout découper à l'infini, au fanatisme, à la critique continuelle, à servir en esclave un maître érigé en dieux, à avoir peur de manquer, de la maladie ou des microbes, à avoir excessivement besoin de tout nettoyer et de tout ranger.

Vous avez pu avoir tendance à manquer de confiance en vous, d'enthousiasme, de générosité, de tendresse et de passion, à être limité tellement vous vous fixez des limites, à vous enfermer dans un univers étroit, à vous couper de votre sensibilité et de vos émotions, à vouloir tout contrôler et prévoir au point d'étouffer votre créativité ou celle des autres, à manquer de chaleur, de spontanéité et d'audace, à analyser la vie au lieu de la vivre au point qu'elle en devient monotone, routinière et ennuyeuse, à faire preuve d'un complexe du « » je sais tout » et du « j'ai toujours raison », d'un complexe d'infériorité, à être esclave de votre intellect en voulant toujours tout comprendre, d'une sévérité excessive, d'une sécheresse de cœur et d'un égoïsme de vieux célibataire. Vous devez ainsi faire attention à ne pas reproduire ce genre d'excès dans cette vie !

Vous devez transformer en vous l'apprentissage et la communication, le mouvement et l'adaptation, le rire et je jeu. Vous devez aussi transformer vos idées, votre sens de l'analyse et de la critique, votre sens du service, votre capacité à créer ou utiliser des outils et des techniques permettant l'adaptation à la matière. Vous devez à la fois les vivre en conscience, en trouvant une activité où elles peuvent s'exprimer au service de la Vie et de l'Amour et les équilibrer avec les valeurs de la planète Jupiter qui sont la capacité à être optimiste, confiant et opportuniste, à faire preuve d'autorité et de générosité, à élargir ses horizons, à explorer de nouveaux espace, à s'imprégner de culture, à adopter une philosophie de vie, à participer à un groupe ayant des règles et des objectifs communs et à faire des affaires. Vous pouvez alors suivre un parcours initiatique et faire des choses remarquables en lien avec le jeu, le mouvement, la communication, le commerce, les systèmes d'information, les outils et les techniques permettant l'adaptation à la matière, le service aux autres, l'hygiène, la santé et les processus de purification.

LA LUNE NOIRE ASPECTEE A VENUS

Avec une Lune Noire en relation avec Vénus, vous pouvez ressentir un besoin compulsif mais aussi une peur profonde d'être bien incarné dans la matière, d'utiliser vos cinq sens, de jouissance et de sensualité, d'éprouver de la joie de vivre et du plaisir, de gérer des flux financiers, des terres ou des biens immobiliers, de faire fructifier un patrimoine, de nouer des relations sociales, commerciales ou intimes, de fonder une famille, d'assouvir vos désirs et vos envies, d'incarner une conscience de l'abondance, un sentiment de bonheur profond et un plaisir d'être vivant, de coopérer et de faire preuve d'intelligence relationnelle, de tenir compte de toutes les facettes de la situation, de peser le pour et le contre, d'utiliser votre sens esthétique ou artistique, d'exprimer votre sens de la mesure ou de la justice, d'agir avec grâce, avec douceur et gentillesse, avec finesse, avec élégance, d'une façon harmonieuse, en respectant les différences individuelles et faisant preuve d'une intelligence relationnelle, de trouver votre équilibre ou de le préserver, de créer des liens, de construire des relations sociales, de fonder un couple, d'exprimer votre sens esthétique, artistique ou juridique, de tenir compte de l'avis et des besoins d'autrui et de participer à la civilisation.

Ou vous pouvez des difficultés à vivre ce qui vient d'être dit parce que vous avez en mémoire des expériences traumatiques où ce que représente Vénus a été vécu dans son ombre, dans son côté destructeur.

Vous avez pu vivre une tendance systématique à être esclave de vos sens, une difficulté à adhérer à un idéal, une tendance à la luxure, à l'immobilisme, à l'obstination, à la rumination et aux préjugés rigides, à l'étroitesse d'esprit, aux excès alimentaires, aux débordements sexuels, aux colères aveugles, aux passions dévorantes, au fanatisme, au matérialisme, au manque de souplesse et d'enthousiasme et à la possessivité.

Vous avez pu vivre une difficulté à voir au-delà des apparences visibles et à évoluer au-delà de buts matériels, à vous adapter à la nouveauté, aux changements et à l'inconnu. Vous avez pu vivre une tendance systématique à hésiter, à ne pas prendre des décisions et à ne pas vous engager, à manquer de combativité et de dynamisme, à reculer trop facilement devant une tache difficile ou un adversaire trop rude, à dépendre des autres pour vous dicter vos humeurs et vos états d'âme, à vivre pour les autres au détriment de vous-même, au laxisme, à la lâcheté, à l'incapacité à voir au-delà des apparences, à ne vivre que pour les plaisirs de l'existence, à l'esclavage des sens, à la superficialité, au conformisme, à vivre dans une triste moyenne, à mener une vie monotone, à la sensiblerie, à la faiblesse de caractère, au manque de volonté, à la vulnérabilité et à nourrir une certaine fragilité. Vous devez faire attention à ne pas reproduire ces excès dans cette vie ! Il est particulièrement important pour vous d'apprendre à gérer vos désirs, votre sensualité et vos relations.

Vous devez transformer en vous la gestion de la matière, le besoin d'utiliser vos sens et de créer des relations ou une famille, le besoin de paix, de stabilité et de tranquillité, la relation à la nature, à l'argent et à l'abondance, l'énergie du plaisir et du désir, votre intelligence relationnelle, la façon dont vous vivez vos choix, vos relations et le couple, votre sens de la justice, votre façon de coopérer et de participer à la civilisation et votre sens esthétique ou artistique. Vous devez à la fois les vivre en conscience, en trouvant une activité où elles peuvent s'exprimer au service de la Vie et de l'Amour et les équilibrer avec les valeurs de la planète Pluton qui sont la capacité à vous transformer pour accéder aux vérités spirituelles et à votre vérité profonde, la lucidité, la capacité à être bien centré sur soi, à avoir un idéal personnel et des objectifs, à vous engager dans un combat et à avoir un esprit d'entreprise. Vous pouvez alors suivre un parcours initiatique et faire des choses remarquables en lien avec la beauté, le couple et les relations, l'art et l'argent.

LA LUNE NOIRE ASPECTEE A MARS

Avec une Lune Noire en relation avec Mars, vous pouvez ressentir un besoin compulsif mais aussi une peur profonde de vous affirmer, d'utiliser votre force, d'être à 100% dans l'instant présent, de chauffer et de surchauffer, de vous battre, de vous motiver, de prendre des initiatives, de déployer les grands moyens, d'être offensif et agressif, d'être efficace, percutant et performant, de vivre des expériences et d'expérimenter sur le terrain, de vous affirmer dans la vie, de vous mobiliser pour obtenir des résultats, vous imposer en faisant usage de la force, vous engager dans un combat, de vous positionner en leader et de diriger, bref d'agir et de réagir. Ou vous pouvez ressentir des difficultés à vivre ce qui vient d'être dit parce que vous avez en mémoire des expériences traumatiques où ce que représente Mars a été vécu dans son ombre, dans son côté destructeur.

Vous avez pu vivre une tendance systématique à vouloir gagner par la lutte et le combat ce que vous obtenez et à n'accepter que ce qui est le résultat d'une victoire, attirant dans votre existence des luttes et des rivalités sanglantes. Lorsque l'énergie débordante qui vous anime n'est pas canalisée, cela peut déboucher sur des comportements agressifs, révoltés et contestataires, insociables et violents, sur des accès de jalousie, des excès sexuels, une tendance à brûler les étapes, à brûler la chandelle par les deux bouts et à gaspiller vos forces. Il est particulièrement important pour vous d'apprendre à gérer votre colère et votre impulsivité car vous avez parfois la tendance à vous énerver pour des choses insignifiantes, à vivre dans l'urgence, à surchauffer parce que vous ne savez pas vous détendre et à avoir tendance à mettre le feu aux poudres. Des revirements de situations vous obligeant à tout recommencer trouvent souvent leurs origines dans votre impulsivité, votre impatience, votre témérité, le manque de recul et de réflexion dont vous faites preuve, dans des coups de têtes, des actes irréfléchis et dans une tendance à vouloir forcer là où il faut y aller en douceur. Vous devez ainsi faire attention à ne pas reproduire ce genre d'excès dans cette vie !

Vous devez transformer en vous la gestion de l'énergie, les idéaux, le besoin de conquête et d'aventure, la relation à l'entreprise et au sport, l'énergie de la passion, du combat et de l'action. Vous devez à la fois les vivre en conscience, en trouvant une activité où elles peuvent s'exprimer au service de la Vie et de l'Amour et les équilibrer avec les valeurs de la planète Vénus qui sont la coopération, le partage, la vie de couple, l'intelligence relationnelle et la participation à la civilisation. Vous pouvez alors suivre un parcours initiatique et faire des choses remarquables en lien avec l'action, le sport et l'entreprise.

LA LUNE NOIRE ASPECTEE A JUPITER

Avec une Lune Noire en relation avec Jupiter, vous pouvez ressentir un besoin compulsif mais aussi une peur profonde d'avoir confiance en vous, d'élargir votre perspective, de convaincre et vous imposer, de percevoir les bons cotés d'une situation mais aussi les opportunités et contraintes qu'elle renferme, de saisir les occasions au vol puis de les exploiter afin d'en tirer un profit, d'évaluer si vos moyens correspondent à vos ambitions, d'adapter vos ambitions à vos capacités, de vous donner les moyens de vous exprimer et de partager avec autrui les résultats obtenus, d'évaluer les sacrifices nécessaires par rapport aux bénéfices escomptés dans vos engagements, de rentabiliser et optimiser, de comprendre le sens et les exigences de toute situation, de donner ou trouver un sens, une signification et une utilité à ce que vous faites, de mettre en pratique, d'appliquer, utiliser des codes, des normes et des lois en vigueur, de faire preuve de générosité, de faire des affaires, d'assumer vos responsabilités et d'aller jusqu'au bout de vos objectifs. Où vous pouvez des difficultés à vivre ce qui vient d'être dit parce que vous avez en mémoire des expériences traumatiques où ce que représente Jupiter a été vécu dans son ombre, dans son côté destructeur.

Vous avez pu faire preuve d'un optimisme excessif qui empêche d'admettre l'existence de problèmes, d'une identification excessive à votre rôle social, d'excès de toutes sortes, de démesure, de difficulté à intégrer les notions de limites et de précision, de difficulté à faire face aux petites choses pratiques de la vie quotidienne, d'une inflation de l'ego qui peut tourner à la mégalomanie, d'une fuite de soi dans le monde extérieur, d'un goût pour les paris stupides, d'une morale élastique qui décide en fonction de ce qui l'arrange, d'une tendance aux généralisations abusives et à mettre tout le monde dans le même panier, d'un coté « gonflé » et sans scrupules, d'une tendance aux préjugés de race ou de clan, aux attitudes pompeuses, d'une tendance à être envahissant, colonialiste et autoritaire, de fanatisme idéologique, d'une tendance à l'hypocrisie et à incarner un côté cheval sauvage indomptable. Vous devez faire attention à ne pas reproduire ces excès dans cette vie !

Vous devez transformer votre besoin d'expansion et d'élargissement de vos horizons, votre culture et votre philosophie de vie, votre sens des affaires, votre intégration dans le monde, votre relation à l'espace et aux règles ainsi que votre optimisme, votre opportunisme, votre autorité et votre générosité. Vous devez à la fois les vivre en conscience, en trouvant une activité où elles peuvent s'exprimer au service de la Vie et de l'Amour et les équilibrer avec les valeurs de la planète Mercure qui sont la capacité à communiquer, à faire preuve d'intelligence, à fraterniser, à être souple et astucieux et à être adapté.

Vous pouvez alors suivre un parcours initiatique et faire des choses remarquables en lien avec la culture et les philosophies de vie, avec les voyages, les transports, les expéditions et les affaires, la vie professionnelle, l'insertion dans le monde et les règles et les lois.

LA LUNE NOIRE ASPECTEE A SATURNE

Avec une Lune Noire en relation avec Saturne, vous pouvez ressentir un besoin compulsif mais aussi une peur profonde de prendre de la distance et du recul, d'analyser les structures avec objectivité, d'observer avec détail et précision, de voir les problèmes en face et faire le nécessaire pour les surmonter, de poser les questions qui s'imposent et de remettre les choses en question lorsque cela est nécessaire, de procéder par étapes et de prendre le temps nécessaire, de faire la différence entre ce qui est prioritaire et ce qui est secondaire, de faire preuve de prudence, de sérieux, de sagesse et de profondeur, de tirer des leçons, des principes ou une morale des événements, de vous organiser avec rigueur et pragmatisme, de mettre de l'ordre, de structurer, de comprendre les théories, les hypothèses, les structures et les systèmes organisés, de manier des chiffres, des plans et des schémas, de trouver des applications concrètes et une utilité pratique à tout concept ou à toute découverte, de vous imposer une certaine discipline et de travailler avec acharnement jusqu'à ce que votre objectif soit atteint et votre œuvre réalisée. Ou vous pouvez ressentir des difficultés à vivre ce qui vient d'être dit parce que vous avez en mémoire des expériences traumatiques où la planète Saturne a été vécu dans son ombre, dans son côté destructeur. Vous avez pu vivre une tendance systématique à manquer de confiance en vous, à abandonner la vie parce que vous croyez qu'elle vous a abandonné, à nourrir la tristesse, à vous barricader dans une tour d'ivoire, à fuir la vie quotidienne dans un monde de théories et de pensées, à vous réfugier dans un matérialisme étroit qui vous coupe de votre évolution intérieure, à martyriser votre corps à travers des pratiques ascétiques, à vous laisser dominer par un pessimisme fataliste et par un sens critique excessif, à résister aux événements et aux sollicitations extérieures, à devenir hermétique aux bons conseils, à vous sentir responsable de la terre toute entière et à vouloir porter la terre sur vos épaules en assumant un maximum de responsabilités, en vous imposant ou en imposant aux autres des contraintes sévères, à être dans le jugement et à vous sentir coupable, à être dans l'immobilisme, la raideur et l'intolérance, à faire preuve de rigidité morale, d'esprit sectaire ou fanatique, de froideur et de distance, de misogynie et de misanthropie, d'égoïsme primaire toujours intéressé, d'une indifférence générale vis à vis des autres, à vous sous-estimer ou à vous inférioriser en permanence ou au contraire à abuser de votre pouvoir ou de votre statut. Vous devez ainsi faire attention à ne pas reproduire ce genre d'excès dans cette vie !

Vous devez transformer votre besoin d'ordre et d'organisation, votre tendance à être en chantier, votre besoin de solitude et de méditation, votre capacité à élaborer des objectifs à long terme et votre relation au temps, votre juge moral et vos principes, votre besoin de profondeur et de vérité. Vous devez à la fois les vivre en conscience, en trouvant une activité où elles peuvent s'exprimer au service de la Vie et de l'Amour et les équilibrer avec les valeurs de la Lune qui sont la capacité à créer des liens émotionnels intimes avec autrui, à vous ressourcer à travers des valeurs refuges, à exprimer votre imagination, votre sensibilité et vos émotions et à faire partie d'une famille ou d'un clan. Vous pouvez alors suivre un parcours initiatique et faire des choses remarquables en lien avec l'état et les administrations, le bâtiment et les chantiers, la gestion, l'organisation et la vérité. Vous pouvez alors être un éducateur moral ou un maître initiateur et incarner la sagesse.

LA LUNE NOIRE ASPECTEE A URANUS

Avec une Lune Noire en relation avec Uranus, vous pouvez ressentir un besoin compulsif mais aussi une peur profonde de vous organiser pour vous affranchir des contraintes sociales, des pressions extérieures, des tentatives d'accaparement ou de manipulation de votre personnalité, de vous détacher intérieurement des mythes, des préjugés, des rumeurs, des influences de l'entourage et du passé, d'utiliser les moyens modernes de communication, de faire preuve d'intelligence technique et d'humanité, d'être optimiste et positif, de voir l'aspect prometteur et bénéfique d'une situation, d'explorer de nouveaux horizons, de faire naître l'espoir autour de vous, de trouver des solutions qui servent l'intérêt général, d'affirmer votre spécificité et vos convictions, de vous organiser et vous discipliner pour vous maîtriser ou pour maîtriser la situation, de faire des projets ou de vous projeter dans l'avenir, d'inventer, d'innover et de faire des découvertes, de faire des réformes visant à améliorer les situations, d'utiliser votre sens psychologique, de vous constituer un réseau de soutien ou de vous faire des ami(e)s, d'exprimer votre idéal, votre idéologie, vos valeurs humaines ou spirituelles et de vous adapter à la modernité. Ou vous pouvez ressentir des difficultés à vivre ce qui vient d'être dit parce que vous avez en mémoire des expériences traumatiques où ce que représente Uranus a été vécu dans son ombre, dans son côté destructeur.

Vous avez pu vivre une tendance systématique à être utopique et irréaliste, à manifester un excès d'instabilité, de brusquerie, de tension intérieure, de détachement, d'indépendance, d'idéalisme, de fanatisme idéologique, d'indifférence aux opinions d'autrui, une tendance à accorder plus d'importance à l'idée et au projet qu'à l'action concrète, à ne pas faire comme les autres, à être imprévisible et déroutant, une tendance à l'obstination et aux idées fixes ; une difficulté à accepter les règles, une tendance à vouloir jouer au maître et au prophète, un complexe de Prométhée ou de l'apprenti sorcier ; une tendance à être esclave du fantôme de la liberté en vous croyant tout permis ; une tendance à vous accrocher à des causes perdues d'avance, à entraîner autrui dans des voies sans issues et à faire des promesses que vous ne pouvez tenir, à incarner un coté paranoïaque, excentrique, provocateur, dictateur assoiffé de puissance ; une tendance à vous perdre dans des activités associatives et à vous négliger au profit des autres, à planer au-dessus des réalités quotidiennes et à planer tout court et à dissocier votre corps et votre sensibilité de votre intellect en étouffant votre affectivité. Vous avez pu avoir tendance à vivre une idéologie misogyne qui peut vous inciter à rejeter l'autre sexe et à vous tourner vers l'homosexualité. Vous devez ainsi faire attention à ne pas reproduire ces excès dans cette vie-ci !

Vous devez transformer votre besoin d'aider autrui, votre sens de l'amitié et de la fraternité, votre intelligence technique ou psychologique, votre capacité à vous intégrer dans un groupe et votre besoin de vous différencier, de nouveauté, de liberté et d'indépendance. Vous devez à la fois les vivre en conscience, en trouvant une activité où elles peuvent s'exprimer au service de la Vie et de l'Amour et les équilibrer avec les valeurs du Soleil qui sont la capacité à être centré dans votre cœur, à affirmer votre volonté, à avoir des repères et un idéal, à exprimer votre autorité et à vous mettre en valeur. Vous pouvez alors suivre un parcours initiatique et faire des choses remarquables en lien avec le développement personnel, les nouvelles technologies, les organisations à vocation humanitaires, le cinéma et la virtualité, les concepts et les projets, la relation d'aide et tout ce qui permet de faire progresser l'humanité vers un avenir meilleur.

LA LUNE NOIRE ASPECTEE A NEPTUNE

Avec une Lune Noire en relation avec Neptune, vous pouvez ressentir un besoin compulsif mais aussi une peur profonde de lâcher prise, de vous déconditionner des idées, des certitudes et des cultures précédemment apprises, de vous évader par la rêverie et l'imagination, d'avoir la foi en la vie, en Dieu, en l'univers, en la Source créatrice de tout, de mettre de l'ordre dans vos mémoires généalogiques et vos vies passées ou de faire appel à vos ancêtres où à vos croyances spirituelles, d'être inspiré, de faire appel à votre sens du sacré, d'utiliser votre capacité à communier, à brancher vos antennes sur l'inconscient collectif, à répondre aux besoins collectifs et à puiser des informations dans l'inconscient collectif ; de vivre en fusion émotionnelle avec la situation et les personnes qui la compose, d'utiliser votre sixième sens et votre intuition, mais aussi de faire preuve d'amour inconditionnel, de dévouement, de compassion et de charité, de soulager les souffrances et les misères du mondes et de participer à une structure collective.

Ou vous pouvez des difficultés à vivre ce qui vient d'être dit parce que vous avez en mémoire des expériences traumatiques où ce que représente Neptune a été vécu dans son ombre, dans son côté destructeur.

Vous avez pu vivre une tendance systématique à manquer de sens pratique, une tendance à la crédulité, à la naïveté, à la passivité, au défaitisme et au fatalisme, à fuir les responsabilités et au désengagement dans la vie, à vous laisser trop facilement influencé voir à vous faire exploiter. Vous avez pu vivre une difficulté à prendre des initiatives, à vous structurer, à faire preuve d'organisation, de réalisme et de lucidité. Vous avez pu avoir tendance à galérer et à mener une existence instable, errante, incohérente, nomade et chaotique, à manifester une sensibilité excessive, à vivre dans une confusion intérieure qui peut aller jusqu'à la schizophrénie, à reproduire et à nourrir des schémas généalogique synonymes de souffrance, à frauder, à abuser de la confiance d'autrui ou à subir des abus de confiance, à la traîtrise, à l'adultère, à la mythomanie, à la duperie, au bluff et aux scandales, à vous complaire dans la souffrance, dans la maladie, dans la résignation et parfois dans le masochisme, en jouant à la victime ou au martyr, à tourner en rond dans une prison mentale, à vous embourber dans des pseudo religions et à fuir la réalité dans les paradis artificiels. Attention à ne pas reproduire ces excès dans cette vie !

Vous devez transformer votre besoin de rêve et d'évasion, votre besoin de participer à la collectivité, votre besoin de soulager les souffrances et les misères du monde, votre besoin de mysticisme, de spiritualité et de transcendance, vos mémoires généalogiques et vos mémoires de vies passées. Vous devez à la fois les vivre en conscience, en trouvant une activité où elles peuvent s'exprimer au service de la Vie et de l'Amour et les équilibrer avec les valeurs de la planète Mercure qui sont la capacité à communiquer, à faire preuve d'intelligence technique et stratégique, à faire le tri et à analyser, à traiter les questions d'hygiène et de santé et à être adapté au monde matériel. Vous pouvez alors suivre un parcours initiatique et faire des choses remarquables en lien avec la foi et la transcendance, la spiritualité et le développement personnel, la charité, la compassion, l'amour inconditionnel et les activités de soins et d'assistance.

LA LUNE NOIRE ASPECTEE A PLUTON

Avec une Lune Noire en relation avec Pluton, vous pouvez ressentir un besoin compulsif mais aussi une peur profonde de faire preuve d'authenticité, d'exercer un pouvoir, de concentrer votre énergie, d'être à 100% présent, de vous battre, de déployer les grands moyens, d'être offensif et s'il le faut agressif, de pressentir les non-dits, les émotions et les craintes non exprimées, de flairer les rapports de forces, les dangers et les enjeux présent dans la situation, de déceler les tentatives de manipulations et ceux qui tirent les ficelles, de décoder les signes et les symboles, de focaliser sur des détails que personne n'avait remarqué, de capter l'envers du décor, de tirer des conclusions à partir du moindre indice, de percer les mystères, d'être lucide, de vivre une sorte d'échange médiumnique avec votre milieu, de cerner ce qui se passe dans les coulisses ou dans les profondeurs de votre inconscient, d'élucider les mystères, de faire face à l'inconnu, d'utiliser vos instincts ou des forces occultes pour de franchir les différentes étapes de l'initiation, de gérer les crises et de procéder à des transformations. Ou vous pouvez des difficultés à vivre ce qui vient d'être dit parce que vous avez en mémoire des expériences traumatiques où ce que représente Pluton a été vécu dans son ombre, dans son côté destructeur.

Vous avez pu vivre une tendance systématique à broyer du noir et à voir tout en noir, à ne pas arriver à évacuer les déchets psychologiques existant en vous, à être manipulé par vos démons intérieurs, à ne pas résister aux basses sollicitations qui atteignent votre conscience, à vous laisser envahir par la haine et la colère, à nourrir des obsessions morbides, ce qui est souvent du à un manque d'amour et à des blessures profondes non cicatrisées, à vous croire tous permis, à jouer à l'apprenti sorcier, à être intolérant et au-dessus des lois sociales, des lois morales et des droits de l'homme, à vous empêtrer dans des histoires compliquées et pas claires, à faire preuve d'une psychopathe chronique ou de magouilles de tous genres, à faire n'importe quoi, à vouloir toujours tout contrôler et surveiller, à être tyrannique, cruel et malsain, à ne pas arriver à canaliser votre violence intérieure, une tendance à jouer avec la mort et en fin de compte à vous autodétruire. Vous devez ainsi faire attention à ne pas reproduire ce genre d'excès dans cette vie-ci !

Vous devez transformer votre combativité et votre agressivité, vos pulsions et vos passions, votre lucidité, votre capacité à mettre la pression, votre énergie sexuelle et votre besoin de transformation, de sécurité et d'éternité. Vous devez à la fois les vivre en conscience, en trouvant une activité où elles peuvent s'exprimer au service de la Vie et de l'Amour et les équilibrer avec les valeurs de la planète Vénus qui sont la capacité à vivre en paix, à ressentir du bonheur et de la joie, à gérer la matière et des biens, à utiliser un sens artistique et à créer des relations harmonieuses. Vous pouvez alors suivre un parcours initiatique et faire des choses remarquables en lien avec la transformation et la sécurité, la gestion de crise et le développement personnel.

La part de fortune en signes :

C'est un lieu où le Soleil et la Lune s'entendent bien. C'est un lieu de chance personnelle. La part de Fortune correspond au lieu où la Lune se lève au dessus de l'horizon le jour de naissance de la personne. C'est en quelque sorte l'ascendant de la Lune. Cet ascendant lunaire est perçu comme un point symbolique dans la structure psychologique. Ce point symbolique est constitué et animé par le Soleil, la Lune et l'Ascendant qui s'expriment ensemble d'une façon harmonieuse, dans un même état d'esprit, à travers une même fonction psychologique et dans un même secteur d'activité. Si on l'appelle la part de fortune, c'est sans doute parce que l'association de ce que représente le Soleil (Le Père, l'Esprit Créateur, la volonté) la Lune (Le Fils, l'Ame, les émotions, les croyances et l'imagination) et l'Ascendant (Le Saint Esprit, le corps, l'action, l'affirmation de soi et la combativité) permet d'obtenir prospérité, bonheur et satisfaction des besoins. La part de Fortune est donc un lieu de vie et d'abondance, de même que l'endroit où se trouve son maître.

Pour la calculer, vous repérez la position du Soleil (ex 20° Lion). Vous repérez la position de la Lune (ex 20° Poissons). En partant du Soleil et en allant dans le sens des signes, vous calculez la distance qu'il y a entre le Soleil et la Lune. La distance entre 20° Lion et 20° Poissons est de 210°. Vous repérez la position de l'Ascendant (exemple : 20° Balance). Puis vous ajoutez à l'Ascendant la distance Soleil-Lune en allant dans le sens des signes. Soit, dans l'exemple utilisé ici, 20° Balance plus 210°, ce qui donne une part de Fortune à 20° Taureau. Durant l'antiquité, on disait que si votre naissance a eu lieue en journée, alors Part de Fortune = Longitude de l'ascendant+ longitude de la lune-longitude du Soleil. (On ajoutait la distance Soleil-Lune à l'Ascendant) et que si votre naissance a eu lieu la nuit, alors Part de Fortune = Longitude de l'ascendant- longitude de la Lune+ longitude du Soleil. (On retirait la distance Soleil-Lune de l'Ascendant). De nos jours, on ne fait plus toujours cette distinction entre naissances diurnes ou nocturnes. A vous de voir et de tester !

La part de Fortune en signe s'interprète comme un domaine et une fonction psychologique que vous pouvez maîtriser naturellement. Elle vous permet d'utiliser ce qu'il y a de meilleur dans le Soleil, la Lune et l'Ascendant. L'usage constructif de la fonction psychologique représentée par le maître du signe occupé par la part de fortune peut également vous apporter des joies, des satisfactions et des gains matériels. Lors de l'interprétation de la part de Fortune, il est important de tenir compte du reste du thème car plutôt que d'apporter quelque chose en plus, elle met souvent en valeur un potentiel qui existe déjà dans le thème et permet surtout de focaliser l'attention sur une partie existante du thème.

LA PART DE FORTUNE EN BELIER OU EN ASPECT AVEC LA PLANETE MARS

Pour prospérer, vous enrichir, favoriser la chance et expérimenter la « bonne fortune », il est nécessaire de vous motiver, de prendre des décisions, d'être dans la vie et dans l'action, d'utiliser votre force, d'être audacieux, de mobiliser votre énergie pour atteindre vos objectifs, de combattre avec la volonté de vaincre, d'être à l'écoute de votre corps et de vos vrais désirs, de faire du sport, d'agir dans le monde de l'entreprise, d'assurer, d'être performant et de faire face aux réalités extérieures pour vous tailler une place dans le monde. Votre dynamisme, vos initiatives, votre courage et votre esprit d'entreprise sont pour vous des ressources vous permettant de vous enrichir et de nourrir la chance dans votre vie. Sont pour vous une source de richesse, de prospérité et de chance vos aptitudes pour travailler dans le monde de l'entreprise ou du sport, pour toutes les activités nécessitant l'usage du corps physique et de courage, pour les activités liées aux métaux (mécanique), nécessitant un maniement d'outils ou d'armes et pour tout ce qui concerne les machines, pour les disciplines de combats (police et justice), les professions libérales et les métiers où il y a de l'indépendance et parfois pour certaines activités médicales qui nécessitent l'utilisation d'objets en métal ou de machines.

LA PART DE FORTUNE EN TAUREAU OU EN ASPECT AVEC LA PLANETE VENUS

Pour prospérer, vous enrichir, favoriser la chance et expérimenter la « bonne fortune », il est nécessaire de vous incarner dans la vie et dans la matière, d'utiliser vos cinq sens, d'exprimer vos vrais désirs, d'exprimer votre sens de la beauté, d'utiliser votre intelligence relationnelle et votre capacité à créer des liens, d'être capable d'attirer, de plaire et de séduire, de gérer l'argent et la matière avec justesse, de créer des richesses et d'incarner l'abondance, d'exprimer vos capacités artistiques, d'expérimenter l'association et la vie de couple, de vivre selon vos vrais désirs, d'être heureux et joyeux et de vivre en harmonie là où vous êtes. Sont pour vous une source de richesse, de prospérité et de chance vos aptitudes pour le jardinage et le paysagisme, votre sens artistique et esthétique, vos aptitudes à gérer des flux financiers, des terres ou des biens immobiliers et à faire fructifier un patrimoine, vos capacités à accueillir et recevoir, à rendre la vie plus agréable, à créer des liens, à faire se rencontrer des personnes de façon à ce que la relation apporte un plus à chacun mais aussi à concilier, décorer, harmoniser, équilibrer, embellir, coiffer et maquiller. Votre beauté, votre joie de vivre et votre capacité à apporter du bonheur aux autres sont vos plus belles richesses.

LA PART DE FORTUNE EN GEMEAUX OU EN ASPECT AVEC LA PLANETE MERCURE

Pour prospérer, vous enrichir, favoriser la chance et expérimenter la « bonne fortune », il est nécessaire d'écouter et vous écouter, de communiquer, d'apprendre, d'être bien informé, de savoir rire, vous distraire et vous amuser, de gérer l'information, de faire du commerce, de faire preuve de souplesse, d'adresse, d'agilité et d'intelligence, d'adopter différents angles d'attaques, de trouver des solutions astucieuses, d'être en lien avec votre environnement, de vous mettre au service des autres et de la vie, d'être curieux et ouvert et d'être adapté intelligemment là où vous êtes. Votre intelligence, votre sens du service, votre sens de la communication, votre capacité à écrire et vos capacités d'adaptation sont pour vous des ressources vous permettant de vous enrichir et de nourrir la chance dans votre vie.

Sont pour vous une source de richesse, de prospérité et de chance vos aptitudes pour la communication, l'écriture, le journalisme, la conduire de véhicules et les petits déplacements, l'enseignement, le conte, les langues et l'interprétariat, le commerce, la gestion du courrier ou des échanges commerciaux, les activités touchants aux jeunes et aux étudiant(e)s, aux jeux, aux jouets, au rire, au mouvement, à l'acrobatie, aux médias, au marketing, aux livres et supports de communication et pour toutes les activités de services. Vous pouvez surtout vous enrichir grâce à votre bonne communication, votre intelligence et votre adaptabilité.

LA PART DE FORTUNE EN CRABE OU EN ASPECT AVEC LA LUNE

Pour prospérer, vous enrichir, favoriser la chance et expérimenter la « bonne fortune », il est nécessaire d'incarner la vie et de vous sentir en vie, de gérer vos émotions, votre imagination et votre sensibilité, de vivre des relations émotionnelles intimes, de vous ressourcer à travers des valeurs-refuges afin de vous sentir bien, de vivre une relation chaleureuse avec votre mère et avec les enfants (ou votre enfant intérieur), de prendre soin de vos besoins naturels, de faire partie d'une famille ou de créer la vôtre et d'occuper un foyer où vous vous sentez bien. Votre côté sympathique, votre capacité à véhiculer l'émotion et à ressourcer et votre aptitude à vivres des relations émotionnelles simples et chaleureuses sont pour vous des ressources vous permettant de vous enrichir et de nourrir la chance dans votre vie.

Sont pour vous une source de richesse, de prospérité et de chance vos aptitudes, en toute situation, à créer un climat d'intimité, une ambiance familière, de vous mettre rapidement dans le bain en faisant parti des événements, mais aussi votre capacité à maîtriser et utiliser activement votre sensibilité, l'émotion, l'image et les valeurs refuges. Des aptitudes pour diriger un groupe ou une collectivité, pour faire de la musique, du dessin, de la cuisine, pour reproduire, refléter et imiter mais aussi pour des activités en rapports avec le public, la famille, les enfants et la maternité, le foyer, l'immobilier, la biologie, l'alimentation, l'utilisation de l'eau et le passé peuvent être pour vous une source d'enrichissement et de Fortune.

LA PART DE FORTUNE EN LION OU EN ASPECT AVEC LE SOLEIL

Pour prospérer, vous enrichir, favoriser la chance et expérimenter la « bonne fortune », il est nécessaire de donner le meilleur de vous-même et d'exprimer la force de l'Amour, en ayant un idéal, des valeurs, des repères clairs, des grandes lignes directrices qui structurent votre vie, en vivant une relation chaleureuse avec votre père, en vous reconnaissant pour ce que vous êtes et en exprimant votre lumière et votre autorité d'une façon juste. Votre puissante volonté, votre créativité, votre confiance en vous, votre capacité à diriger votre vie et/ou celle des autres sont pour vous des ressources vous permettant de vous enrichir et de nourrir la chance dans votre vie.

Sont pour vous une source de richesse, de prospérité et de chance vos aptitudes pour éclairer, diriger, manager, coacher, présider, encadrer, organiser, éduquer, maîtriser, réussir, vous faire remarquer, être en position centrale, de briller, être connu, reconnu et mis en valeur, pour reconnaître la valeur des êtres et des choses, pour être indépendant(e) et autonome, et pour faire preuve de clarté, de puissance et de rayonnement, pour être un modèle, pour maquiller, pour faire du spectacle et du théâtre, ou pour être une source de vie, de lumière, d'énergie et de chaleur. Les grandes entreprises connues peuvent être pour vous un terrain d'expression et une source d'enrichissement, de Fortune.

LA PART DE FORTUNE EN VIERGE OU EN ASPECT AVEC LA PLANETE MERCURE

Pour prospérer, vous enrichir, favoriser la chance et expérimenter la « bonne fortune », il est nécessaire d'écouter et vous écouter, de communiquer, de savoir rire, de gérer l'information, d'avoir une stratégie, de faire preuve de sens pratique, de réalisme, de pragmatisme, d'analyse et de précision, d'utiliser des outils et des techniques qui facilitent la vie matérielle, de faire du commerce, d'être en lien avec votre environnement, de prendre soin de votre hygiène, de vous mettre au service des autres et de la vie, d'être curieux et ouvert et d'être adapté intelligemment là où vous êtes. Votre intelligence, votre sens du service, votre sens de la communication, votre capacité à écrire et vos capacités d'adaptation sont pour vous des ressources vous permettant de vous enrichir et de nourrir la chance dans votre vie.

Sont aussi pour vous une source de richesse, de prospérité et de chance vos aptitudes pour la communication, l'écriture, l'imprimerie, la conduite de véhicules et les petits déplacements, l'enseignement, le commerce, les activités touchants aux livres et supports de communication et pour toutes les activités de services. Vous pouvez aussi vous enrichir grâce à des aptitudes pour gérer des systèmes d'information en maîtrisant les nouvelles technologies, pour tout ce qui demande minutie et précision, pour gérer des activités en lien avec la sécurité, pour servir, pour limiter, pour contrôler, prévoir et planifier, organiser et administrer, compter, comptabiliser, réglementer, analyser, trier, assembler, classer, discipliner, mesurer, collectionner, rendre service, soigner et pour gérer tout ce qui concerne le bien-être, l'hygiène et la santé, ou encore grâce à des aptitudes pour fabriquer des objets avec vos mains.

LA PART DE FORTUNE EN BALANCE OU EN ASPECT AVEC LA PLANETE VENUS

Pour prospérer, vous enrichir, favoriser la chance et expérimenter la « bonne fortune », il est nécessaire que vous participiez à la civilisation, de cultiver votre joie intérieure, votre grâce et votre beauté, d'utiliser votre intelligence relationnelle et votre capacité à créer des liens, d'être capable d'attirer, de plaire et de séduire, d'exprimer votre sens juridique ou artistique, d'expérimenter l'association et la vie de couple, de vivre selon vos vrais désirs, d'être heureux et joyeux et de vivre en harmonie là où vous êtes.

Sont également pour vous une source de richesse, de prospérité et de chance, vos aptitudes à accueillir et recevoir, à créer des liens, à faire se rencontrer des personnes de façon à ce que la relation apporte un plus à chacun, à concilier, décorer, harmoniser, équilibrer, embellir, maquiller, à pratiquer des activités de loisirs, à exprimer des aptitudes en lien avec la danse, l'art, la photo, la mode, la parfumerie, la décoration et à utiliser votre sens artistique et esthétique. Votre intelligence relationnelle, votre beauté, votre joie de vivre et votre capacité à apporter de l'harmonie aux autres sont vos plus belles richesses.

LA PART DE FORTUNE EN SCORPION OU EN ASPECT AVEC LA PLANETE PLUTON

Pour prospérer, vous enrichir, favoriser la chance et expérimenter la « bonne fortune », il est nécessaire d'être relié à votre vérité profonde, de canaliser vos pulsions instinctives et les puissantes émotions qui bouillonnent au fond de votre être, d'exprimer constructivement votre pouvoir personnel et votre besoin de dominer, de vous engager dans un combat, de faire preuve d'authenticité, d'être toujours à 100% présent, de pressentir les non-dits, les angoisses et les craintes non exprimées, de flairer les rapports de forces, les dangers et les enjeux présent dans toute situation, de déceler les tentatives de manipulations et vous y adapter.

Il est également nécessaire de décoder les signes et les symboles, de capter l'envers du décor, de tirer des conclusions à partir du moindre indice, de percer les mystères de la vie et de l'au-delà, d'être lucide, d'effectuer une recherche spirituelle et un travail de développement personnel, de cerner ce qui se passe dans les coulisses ou dans les profondeurs de votre inconscient afin de le transformer, d'évacuer vos toxines physiques et psychologiques, de faire face à l'inconnu, de résister à de très fortes pressions, de vivre l'intensité, de vous régénérer tel le phœnix qui renaît de ces cendres, d'utiliser vos capacités pour franchir les différentes étapes de l'initiation, de gérer les crises et les difficultés, de vous transformer et de jouer un rôle initiatique ou un rôle d'agent de transformation dans le monde.

Sont aussi pour vous une source de richesse, de prospérité et de chance, vos aptitudes à diriger dans l'industrie, à transformer, régénérer, et à percer les secrets de la vie et de la mort, à diagnostiquer, surveiller, garder, sécuriser et gérer les affaires de sécurité et d'assurance, à utiliser des dons occultes ou des facultés psychiques, à évacuer, à gérer les crises et les conflits et à vous occuper de difficultés ou de personnes en difficultés, à gérer des activités liées aux forges et aux métaux (mécanique), où nécessitant un maniement d'outils ou d'armes et dans tout ce qui concerne les machines, les disciplines de combats (police et justice), les professions libérales et les métiers où il y a de l'indépendance et parfois dans certaines activités médicales qui nécessitent l'utilisation d'objets en métal ou de machines (dentiste, chirurgien).

LA PART DE FORTUNE EN SAGITTAIRE OU EN ASPECT AVEC LA PLANETE JUPITER

Pour prospérer, vous enrichir, favoriser la chance et expérimenter la « bonne fortune », il est nécessaire d'acquérir les enseignements qui vous permettent de vous intégrer socialement, de connaître les lois, règles et les codes utilisés dans votre environnement, d'exprimer votre autorité, d'exercer une activité professionnelle, d'élargir vos horizons à travers la culture et les voyages, de comprendre et d'exploiter les mécanismes financiers, sociaux, culturels et politiques, d'assimiler, d'organiser puis de gérer une quantité croissante d'informations, de gérer votre besoin d'espace vital et d'exprimer des qualités comme l'optimisme, le dynamisme, la générosité, la capacité à conseiller, à guider et à enseigner et le sens des affaires.

Votre confiance en vous, votre optimisme, votre attitude conquérante et rassurante, votre intelligence des affaires et votre autorité sont pour vous des ressources vous permettant de vous enrichir et de nourrir la chance dans votre vie. Sont aussi pour vous une source de richesse, de prospérité et de chance, vos aptitudes pour enseigner, légaliser, légiférer, représenter, organiser, administrer, pour vous insérer socialement et aider d'autres à le faire, pour vous cultiver, pour voyager ou organiser des voyages et des expéditions, pour éduquer, philosopher, coordonner, pour découvrir le monde, pour organiser des transports et pour travailler avec l'étranger.

LA PART DE FORTUNE EN CAPRICORNE OU EN ASPECT AVEC LA PLANETE SATURNE

Pour prospérer, vous enrichir, favoriser la chance et expérimenter la « bonne fortune », il est nécessaire de travailler sur vous-même et d'assumer vos responsabilités dans le monde extérieur, de construire et vous construire, de prendre conscience des difficultés et d'y faire face, de vous fixer des objectifs à long terme, d'élaborer des plans, de définir des étapes et de poursuivre votre chemin avec acharnement sans vous laisser détourner ni influencer par l'extérieur, d'utiliser les chiffres et des schémas, de travailler à la perfection pour avoir la satisfaction du travail bien fait et pour avoir la conscience tranquille, de faire preuve de simplicité et de savoir aller à l'essentiel, de faire preuve d'une grande conscience professionnelle.

Il est aussi nécessaire de prendre conscience des structures de la vie, de vous poser des questions existentielles, de positionner votre juge intérieur à sa juste place, d'aller en profondeur au fond de vous-même pour prendre conscience de votre nature éternelle, de pratiquer l'introspection et la méditation afin de découvrir votre vérité profonde. Votre sens de l'organisation, votre sérieux, votre maturité et vos capacités de travail sont pour vous des ressources vous permettant de vous enrichir et de nourrir la chance dans votre vie. Sont pour vous une source de richesse, de prospérité et de chance, vos pour structurer, bâtir, construire, pour gérer une organisation, pour organiser, contrôler, veiller à la bonne qualité, analyser, prohiber, fixer des limites, administrer, réfléchir, chercher, gérer le temps et tenir compte du temps, travailler la terre ou la pierre, pour créer des formes ou des objets et pour apporter sagesse et vérité.

LA PART DE FORTUNE EN VERSEAU OU EN ASPECT AVEC LA PLANETE URANUS

Pour prospérer, vous enrichir, favoriser la chance et expérimenter la « bonne fortune », il est nécessaire de vous libérer des conditionnements de votre milieu natal ou familial, des influences de votre passé ou de vos souvenirs, des cadres de références éducatifs, pour suivre votre propre voie et atteindre un état de liberté en sortant des sentiers battus. Cela peut se faire à travers différents stages de développement personnels. Il est également nécessaire d'utiliser votre intelligence technologique ou psychologique, de vivre l'expérience du groupe en participant à des projets, de vous intégrer dans un réseau et d'avoir un cercle d'amis, d'utiliser les outils et les techniques modernes de communication, de vous adapter à la vie moderne, d'incarner une idéologie et des valeurs humaines, de trouver des solutions, d'être un expert dans ce que vous faîtes, d'apporter votre aide aux autres quand vous le pouvez.

Votre capacité à sortir des sentiers battus, à vous démarquer des autres, à conquérir votre identité individuelle, à exprimer votre différence et votre spécificité, à vous affirmer en adulte responsable, à effectuer des stages de développement personnels qui vous aident à vous libérer, votre capacité à vous élever au-dessus de la mêlée pour apporter votre contribution à l'humanité, vos ami(e)s, vos appuis et votre réseau sont pour vous des ressources vous permettant de vous enrichir et de nourrir la chance dans votre vie.

Sont aussi pour vous une source de richesse, de prospérité et de chance vos aptitudes à travailler en groupe, à organiser des projets ou à faire de la logistique ainsi que vos aptitudes pour les sciences, les techniques et les télécommunications, pour gérer un réseau, pour coopérer, réformer, nettoyer, pour être à l'avant garde, pour vous consacrer à une cause universelle, pour trouver des solutions, pour les métiers d'aide et de conseils, pour soulager des maux physiques et moraux, pour participer au progrès collectif et à la vie moderne, pour vous spécialiser, pour innover ou inventer, pour participer à un mouvement humanitaire, à une grande société ou à une association.

LA PART DE FORTUNE EN POISSONS OU EN ASPECT AVEC LA PLANETE NEPTUNE

Pour prospérer, vous enrichir, favoriser la chance et expérimenter la « bonne fortune », il est nécessaire d'écouter votre intuition et d'utiliser votre clairvoyance, votre imagination et votre capacité à exprimer l'émotion, de savoir vous relaxer et lâcher prise, de vivre votre besoin de rêve, d'évasion et de transcendance, d'effectuer une recherche spirituelle et un travail de développement personnel, de pratiquer la méditation, de vous libérer de vos mémoires généalogiques et de vos vies passées, de soulager les souffrances et les misères du monde, d'être en communion avec votre environnement et avec la vie, de participer à la vie d'une collectivité et d'exprimer les qualités de charité, de dévouement, de générosité, de compassion et d'amour inconditionnel que vous portez en vous. Votre capacité à donner du sens, à « avoir la foi » et à exprimer la force de la foi, à utiliser vos mémoires ancestrales ou vos mémoires de vie passée, à vivre selon des valeurs spirituelles sont pour vous des ressources vous permettant de vous enrichir et de nourrir la chance dans votre vie.

Sont aussi pour vous une source de richesse, de prospérité et de Chance vos aptitudes pour soulager et soigner les souffrances et les misères du monde à travers une activité sociale, médicale ou paramédicale, pour utiliser votre foi et votre intuition, pour faire preuve de compassion, pour inspirer et être inspiré(e), pour rêver et faire rêver, pour vous dévouer, pour utiliser un sens communautaire et humanitaire, pour relaxer et détendre, pour assister, pour explorer l'invisible et l'inconscient, pour sonder, pour participer à une entreprise collective, pour communier, pour faire de la magie à votre façon, pour vous évader et pour communiquer par l'image et les émotions.

La part de fortune en secteurs :

La part de Fortune en secteur indique les expériences concrètes où vous avez des capacités naturelles et où vous pouvez bénéficier d'une certaine chance. Plus vous exprimez ce que représente le secteur et plus vous pouvez vous enrichir.

Voici un résumé des différents secteurs astrologiques.

Secteur ou Maison 1 : Votre état d'esprit, votre capacité à être pleinement présent là où vous êtes, votre capacité à démarrer les choses, votre énergie, votre corps physique, votre tonus psychologique, ce que vous faîtes, votre motivation, votre aptitude à prendre des décisions et des initiatives, votre état d'esprit, votre vision de la vie, vos objectifs, votre façon de vous présenter, de réagir et de vous affirmer, l'image qui est donnée, votre personnalité, vos intentions et vos possibilités.

Secteur ou Maison 2 : Votre relation au corps, au plaisir, à la propriété et à l'argent, votre richesse, les ressources vous permettant de gagner de l'argent, l'argent que vous gagnez par vous-même, votre situation financière, vos habitudes de consommation, votre budget, vos acquisitions, ce que vous possédez, votre sensualité, votre joie, vos plaisirs, votre incarnation dans la matière et comment vous pouvez vous enrichir.

Secteur ou Maison 3 : Votre façon de penser, d'apprendre, d'analyser, de communiquer et de vous adapter à votre environnement, de mettre les choses en forme et de vous mettre en mouvement dans la vie concrète. Votre intelligence fraternelle et commerçante. Votre entourage proche, vos familiers, les nouvelles que vous recevez, votre correspondance, vos écrits, vos petits déplacements, vos frères et sœurs et le commerce.

Secteur ou Maison 4 : Votre « chez-vous », votre héritage familial, vos racines, votre façon de trouver le bien-être et la sécurité émotionnelle, votre vie au foyer, votre famille, l'ambiance au foyer et dans votre famille, vos trésors cachés, votre âme, votre patrimoine, votre mère, votre inconscient, votre passé, votre histoire personnelle, votre bien-être, votre façon de vous nourrir, votre début de vie et votre fin de vie. La mère. L'amour et l'éducation de la mère. Votre capacité à prendre soin de vous et d'autrui.

Secteur ou Maison 5 : Vos repères, la conscience que vous avez de vous, l'expression de votre pouvoir créateur et de l'amour qu'il y a dans votre cœur, l'amour que vous donnez, votre façon de vous exprimer en tant que centre et de vous valoriser, votre vie sentimentale, vos relations amoureuses, vos créations, votre premier enfant, votre éducation, vos loisirs, vos vacances et comment vous pouvez réussir. L'amour et l'éducation du père.

Secteur ou Maison 6 : Votre intelligence technique, votre santé et votre façon de prendre soin de votre santé, votre adaptation au monde matériel, votre façon de vivre votre travail quotidien et de servir, vos conditions et votre environnement de travail, vos petits soucis quotidiens, vos difficultés répétitives, vos obligations, vos limitations, vos petites contraintes, votre hygiène de vie, vos examens, votre rangement, votre relation aux plantes et aux animaux, votre comptabilité et votre relation aux chiffres.

Secteur ou Maison 7 : Votre façon d'entrer en relation avec autrui, d'être en harmonie et de participer à la civilisation, vos comportements envers les autres, votre couple, votre conjoint, vos associations, vos partenaires et associés, vos contrats, vos histoires juridiques, vos rivalités, votre vie sociale, votre vie conjugale, ce que vous recherchez chez les autres, votre antipode, votre défi majeur, votre fidélité ou infidélité, votre façon de créer de l'harmonie et le mariage.

Secteur ou Maison 8 : Votre quête de la vérité, votre parcours initiatique, ce qui est occulté ou refoulé chez vous et que vous devez révéler, ce qui doit être transformé, détruit ou évacué en vous, votre part d'ombre et vos angoisses, ce qui vous ensorcelle, votre vérité profonde, le trésor caché qu'il y a en vous, l'argent reçu des autres, vos héritages, vos crises, vos transformations, les changements en vous et dans votre vie, vos profits, votre façon de vivre votre sexualité, vos désirs sexuels, votre vie sexuelle, votre jouissance de l'argent et de la matière, votre relation à la mort et à l'au-delà.

Secteur ou Maison 9 : Votre besoin d'expansion et d'épanouissement, votre façon d'explorer et de trouver votre place dans la société, votre intégration sociale, votre vocation, votre relation à l'espace et à l'éducation, votre adaptation dans l'espace, votre relation au système et à la société, votre façon d'élargir vos horizons et votre vision, vos grands voyages du corps et de l'esprit, vos études supérieures, votre façon d'administrer votre vie, votre vie spirituelle extérieure, votre idéal de vie extérieure, votre philosophie de vie, votre relation à l'étranger et aux personnes étrangères et vos affaires.

Secteur ou Maison 10 : La façon dont votre vie s'organise, votre chemin de réalisation, vos ambitions, votre statut social, votre profession, votre carrière et l'évolution de votre carrière, votre relation avec les administrations et l'état, vos responsabilités, vos ambitions, vos projets à long terme, ce que vous construisez, vos grandes réalisations, votre évolution intérieure, votre élévation, votre leçon de vie majeure, votre évolution vers la sérénité et vers votre vérité profonde. La mère et la Grand-Mère.

Secteur ou Maison 11 : L'expression de votre intelligence psychologique et technologique mais aussi de votre spécificité, l'aide que vous apportez et celle que vous recevez, vos appuis, votre réseau, vos relations amicales, vos expériences de groupe, vos activités en groupe, votre clientèle, vos projets, vos espérances, votre deuxième enfant, votre libération intérieure et vos solutions obligatoires pour vous libérer.

Secteur ou Maison 12 : Votre vie intérieure profonde, les influences de vos mémoires généalogiques et de vos vies passées, ce qui nourri votre foi, ce qui vous permet de vous évader, ce qui vous enchante, vos souffrances, vos longues maladies, vos trahisons, vos chagrins, vos épreuves majeures, vos grosses contraintes, les choses secrètes et cachées dans votre vie, votre expérience des hôpitaux, votre capacité à vous intégrer dans le collectif, votre don de voyance, votre santé psychique, votre évolution spirituelle, votre objectif à long terme, votre expérience de la transcendance, vos expériences mystiques, votre conscience cosmique, votre capacité à terminer les choses.

Aspects entre divers éléments karmiques :

LES NŒUDS EN RELATION HARMONIQUE AVEC ASCENDANT

L'une des clefs pour vous libérer de votre passé et pour vous réaliser consiste à vous exprimer dans la vie, à affirmer votre personnalité, à vous motiver, à utiliser votre force pour entreprendre, à être audacieux et courageux et à exercer un ascendant sur le monde. Vous êtes venu sur Terre avec de belles capacités à vous affirmer et avec une intelligence relationnelle. Ce que vous êtes venu faire sur Terre a sans doute un lien avec ce que vous avez vécu dans un très lointain passé.

LES NŒUDS EN RELATION DISSOCIEE AVEC ASCENDANT

L'une des clefs pour vous libérer de votre passé et pour vous réaliser consiste à vous exprimer dans la vie, à affirmer votre personnalité, à vous motiver, à utiliser votre force pour entreprendre, à être audacieux et courageux et à exercer un ascendant sur le monde. Vous êtes venu sur Terre avec de belles capacités à vous affirmer et avec une intelligence relationnelle. Il y a cependant un décalage, une relation permanente, mais discontinue, dissociée, duelle, tendue et conflictuelle entre votre personnalité apparente, votre vision de la vie, votre besoin de vous exprimer dans la vie, votre façon de vous affirmer et votre besoin de vous libérer de votre passé et de vous réaliser car ces deux parties de vous vibrent à deux fréquences totalement différentes et s'expriment dans deux états d'esprits totalement différents.

Vous devrez donc vivre chacune des deux parties en pleine conscience afin d'utiliser votre personnalité et votre sens relationnel pour vous réaliser. Ce que vous êtes venu faire sur Terre a sans doute un lien avec ce que vous avez vécu dans un très lointain passé.

LES NŒUDS EN RELATION HARMONIQUE AVEC LE MILIEU DU CIEL

L'une des clefs pour vous libérer de votre passé et pour vous réaliser consiste à vous construire pour évoluer, à chercher votre vérité profonde, à apporter votre contribution à la société à travers une carrière et à prendre en charge votre épanouissement. Vous êtes venu sur Terre avec un sens aigu des responsabilités, avec de grandes capacités de travail et avec des bases familiales solides vous permettant de savoir vous ressourcer et de créer un foyer où chacun se sent bien. Ce que vous êtes venu faire sur Terre a sans doute un lien avec ce que vous avez vécu dans un très lointain passé.

LES NŒUDS EN RELATION DISSOCIEE AVEC LE MILIEU DU CIEL

L'une des clefs pour vous libérer de votre passé et pour vous réaliser consiste à vous construire pour évoluer, à chercher votre vérité profonde, à apporter votre contribution à la société à travers une carrière et à prendre en charge votre épanouissement. Vous êtes cependant venu sur Terre avec quelques difficultés à construire et assumer des responsabilités, mais aussi à vous ressourcer et à créer un foyer où chacun se sent bien. Il y a un décalage, une relation permanente, mais discontinue, dissociée, duelle, tendue et conflictuelle entre d'une part votre besoin de vous libérer de votre passé et de vous réaliser et d'autre part votre désir de vous construire et d'évoluer, d'apporter une contribution à la société, de prendre en charge votre carrière car ces deux parties de vous vibrent à deux fréquences totalement différentes et s'expriment dans deux états d'esprits totalement différents. Vous devrez donc vivre chacune des deux parties en pleine conscience afin d'utiliser vos capacités d'organisation, votre sens des responsabilités et vos capacités à créer un lieu de repos vous permettant de vous ressourcer pour vous libérer de votre passé et vous réaliser. Ce que vous êtes venu faire sur Terre a sans doute un lien avec ce que vous avez vécu dans un très lointain passé.

LES NŒUDS EN RELATION HARMONIQUE AVEC LA PART DE FORTUNE

L'une des clefs pour vous libérer de votre passé et pour vous réaliser consiste à développer vos ressources, à œuvrer pour vous enrichir quelle que soit la forme de cette richesse et à expérimenter la bonne fortune. Vous êtes venu sur Terre avec une certaine « chance » et les capacités à faire ce qui est nécessaire pour aider la chance.

LES NŒUDS EN RELATION DISSOCIEE AVEC LA PART DE FORTUNE
L'une des clefs pour vous libérer de votre passé et pour vous réaliser consiste à développer vos ressources, à œuvrer pour vous enrichir quelle que soit la forme de cette richesse et à expérimenter la bonne fortune.
Vous êtes venu sur Terre avec quelques difficultés à provoquer et saisir une certaine « chance » qui ne demande pourtant qu'à se manifester dans votre vie. Il y a un décalage, une relation permanente, mais discontinue, dissociée, duelle, tendue et conflictuelle entre d'une part votre besoin de vous libérer de votre passé et de vous réaliser et d'autre part la conscience de ce qui est pour vous une richesse, une ressource et une source de Fortune car ces deux parties de vous vibrent à deux fréquences totalement différentes et s'expriment dans deux états d'esprits totalement différents. Vous devrez donc vivre chacune des deux parties en pleine conscience afin d'utiliser vos ressources et votre capacité à vous enrichir pour vous libérer de votre passé et vous réaliser.

LES NŒUDS EN RELATION HARMONIQUE AVEC LUNE NOIRE

L'une des clefs pour vous libérer de votre passé et pour vous réaliser consiste à vous transformer en profondeur, à dépasser vos refus et vos difficultés, à exprimer d'une façon positive vos besoins compulsifs et à suivre un parcours initiatique grâce auquel vous pouvez retrouver votre vérité profonde. Vous êtes venu sur Terre avec des mémoires très anciennes, avec une grande lucidité, avec des pouvoirs particuliers et les responsabilités qui vont avec et avec la capacité à aider autrui à se transformer pour accéder à sa vérité profonde. Ce que vous êtes venu faire sur Terre a sans doute un lien avec ce que vous avez vécu dans un très lointain passé.

LES NŒUDS EN RELATION DISSOCIEE AVEC LA LUNE NOIRE

L'une des clefs pour vous libérer de votre passé et pour vous réaliser consiste à vous transformer en profondeur, à dépasser vos refus et vos difficultés, à exprimer d'une façon positive vos besoins compulsifs et à suivre un parcours initiatique grâce auquel vous pouvez retrouver votre vérité profonde. Vous êtes venu sur Terre avec des mémoires très anciennes, avec une grande lucidité, avec des pouvoirs particuliers et les responsabilités qui vont avec et avec la capacité à aider autrui à se transformer pour accéder à sa vérité profonde. Ce que vous êtes venu faire sur Terre a sans doute un lien avec ce que vous avez vécu dans un très lointain passé. Cependant, Il y a un décalage, une relation permanente, mais discontinue, dissociée, duelle, tendue et conflictuelle entre d'une part votre besoin de vous libérer de votre passé et de vous réaliser et d'autre part vos besoins compulsifs, vos peurs profondes, votre part d'héritage de l'humanité car ces deux parties de vous vibrent à deux fréquences totalement différentes et s'expriment dans deux états d'esprits totalement différents. Vous devrez donc vivre chacune des deux parties en pleine conscience afin d'utiliser vos mémoires anciennes, vos besoins compulsifs et votre lucidité pour vous libérer de votre passé et vous réaliser.

L'ASCENDANT EN RELATION HARMONIQUE AVEC LE MILIEU DU CIEL

Lorsque vous abordez la vie, lorsque vous exprimez votre Etre incarné, lorsque vous exercez un ascendant sur le monde, vous avez besoin de travailler sur vous-même et d'assumer vos responsabilités dans le monde extérieur, de construire et vous construire, d'apporter votre contribution à la société, d'accéder à votre épanouissement et de vous accomplir, de prendre conscience des difficultés et d'y faire face, de vous fixer des objectifs à long terme, d'élaborer des plans, de définir des étapes et de poursuivre votre chemin avec acharnement sans vous laisser détourner ni influencer par l'extérieur, d'utiliser les chiffres et des schémas, de travailler à la perfection pour avoir la satisfaction du travail bien fait et pour avoir la conscience tranquille, de faire preuve de simplicité et de savoir aller à l'essentiel, d'aller en profondeur au fond de vous-même pour prendre conscience de votre nature éternelle, de pratiquer l'introspection et la méditation, de faire preuve d'une grande conscience professionnelle et d'avancer vers votre vérité profonde. Votre sens inné de l'organisation et de l'introspection, votre conscience des structures de la vie, votre capacité à vous poser des questions, votre profondeur et votre discernement, votre juge moral très développé et vos puissantes capacités de travail vous aident à vous exprimer et à faire ce que vous êtes venu faire sur Terre.

L'ASCENDANT EN RELATION DISSOCIEE AVEC LE MILIEU DU CIEL

Il y a un décalage, une relation permanente, mais discontinue, dissociée, duelle, tendue et conflictuelle entre d'une part votre vision de la vie, votre façon de vous exprimer dans la vie, votre façon de vous affirmer et d'exercer un ascendant sur le monde et d'autre part votre besoin de vous construire pour évoluer, votre besoin d'apporter votre contribution à la société, votre besoin d'accéder à votre épanouissement et de vous accomplir, votre besoin de structuration, d'organisation et d'évolution dans le temps car ces deux parties de vous vibrent à deux fréquences totalement différentes et s'expriment dans deux états d'esprits totalement différents. Vous devrez faire un effort pour vivre et exprimer chacune des deux parties en pleine conscience.

Vous pouvez ainsi vivre des moments où vous faites ce que vous avez envie de faire, où vous exprimer vos instincts, où vous êtes dans l'action, où vous assurez, où vous faites face aux événements et ou vous prouvez aux autres que vous existez. Vous vous exprimez alors en toute liberté pour exercer un ascendant sur le monde. Vous avez appris à gérer et à canaliser votre agressivité, votre dynamisme, vos colères et votre besoin de résultats immédiats. Vous pouvez être alors d'autant plus efficace que vous savez attendre le bon moment pour agir.

Vous pouvez ensuite vivre d'autres moments où vous savez vous discipliner, réfléchir en profondeur, voir les choses à long terme, prendre du recul, prendre votre temps, vous consacrer à une forme de recherche, vous posez des questions existentielles, faire face aux problèmes et vous organiser pour construire. Vous savez que la vie extérieure et l'action sont des champs d'expérience nécessaires pour vous structurer et pour évoluer, ce qui vous permet de vous affirmer à l'extérieur, mais vous savez que des moments de retraite sont également nécessaires et vous avez vos périodes de solitude.

L'ASCENDANT EN RELATION HARMONIQUE AVEC LA PART DE FORTUNE

Lorsque vous abordez la vie, lorsque vous exprimez votre Etre incarné, lorsque vous exercez un ascendant sur le monde, vous avez besoin de développer vos ressources, de vous enrichir et de prospérer. Et c'est par vos initiatives, vos décisions, vos actes, votre capacité à lutter contre les obstacles et en utilisant votre esprit d'entreprise que vous vous enrichirez, que vous développerez vos ressources et que vous prospérerez. Votre volonté, votre sensibilité et votre courage vous aident à vous exprimer et à faire ce que vous êtes venu faire sur Terre.

L'ASCENDANT EN RELATION DISSOCIEE AVEC LA PART DE FORTUNE

Lorsque vous abordez la vie, lorsque vous exprimez votre Etre incarné, lorsque vous exercez un ascendant sur le monde, vous avez besoin de développer vos ressources, de vous enrichir et de prospérer. Et c'est par vos initiatives, vos décisions, vos actes, votre capacité à lutter contre les obstacles et en utilisant votre esprit d'entreprise que vous vous enrichirez, que vous développerez vos ressources et que vous prospérerez. Votre volonté, votre sensibilité et votre courage vous aident à vous exprimer et à faire ce que vous êtes venu faire sur Terre.

Cependant, Il y a un décalage, une relation permanente, mais discontinue, dissociée, duelle, tendue et conflictuelle entre d'une part votre vision de la vie, votre façon de vous exprimer dans la vie, votre façon de vous affirmer et d'exercer un ascendant sur le monde et d'autre part votre besoin de développer vos ressources, de vous enrichir, de prospérer et d'avoir de la chance car ces deux parties de vous vibrent à deux fréquences totalement différentes et s'expriment dans deux états d'esprits totalement différents. Vous devrez faire un effort pour vivre et exprimer chacune des deux parties en pleine conscience. Vous devrez aussi faire un effort de conscience et d'acceptation pour vous rendre compte que le fait de d'exprimer votre personnalité et d'exercer un ascendant sur le monde sont en réalité une ressource, une richesse et un moyen d'accroître votre prospérité. Plus vous vous exprimerez en conscience et plus vous vous enrichirez et prospérerez.

L'ASCENDANT EN RELATION HARMONIQUE AVEC LA LUNE NOIRE

Avec une Lune Noire en relation avec l'Ascendant, vous pouvez ressentir un besoin compulsif mais aussi une peur profonde de vous affirmer, d'utiliser votre force, d'être à 100% dans l'instant présent, de vous battre, de vous motiver, de prendre des initiatives, d'être offensif et agressif, d'être efficace, percutant et performant, de vivre des expériences et d'expérimenter sur le terrain, de vous affirmer dans la vie, de vous mobiliser pour obtenir des résultats, vous imposer en faisant usage de la force, de vous engager dans un combat, de vous positionner en leader et de diriger, bref d'agir et de réagir afin d'exercer un ascendant sur le monde. Ou vous pouvez ressentir des difficultés à vivre ce qui vient d'être dit parce que vous avez en mémoire des expériences traumatiques en lien avec l'affirmation de votre personnalité.

Vous devez transformer en vous la gestion de l'énergie, les idéaux, le besoin de conquête et d'aventure, la relation à l'entreprise et au sport, l'énergie de la passion, du combat et de l'action. Vous devez à la fois les vivre en conscience, en trouvant une activité où elles peuvent s'exprimer au service de la Vie et de l'Amour et les équilibrer avec les valeurs du signe Descendant que sont la coopération, le partage, la vie de couple, l'intelligence relationnelle et la participation à la civilisation. Vos mémoires anciennes, vos besoins compulsifs, votre lucidité vous aident à vous exprimer et à faire ce que vous êtes venu faire sur Terre. Vous pouvez alors suivre un parcours initiatique et faire des choses remarquables en lien avec l'affirmation de votre personnalité, l'action, le sport et l'entreprise.

L'ASCENDANT EN RELATION DISSOCIEE AVEC LA LUNE NOIRE

Avec une Lune Noire en relation dissociée avec l'Ascendant, vous pouvez ressentir un besoin compulsif mais aussi un refus et une peur profonde de vous affirmer, d'utiliser votre force, d'être à 100% dans l'instant présent, de chauffer et de surchauffer, de vous battre, de vous motiver, de prendre des initiatives, de déployer les grands moyens, d'être offensif et agressif, d'être efficace, percutant et performant, de vivre des expériences et d'expérimenter sur le terrain, de vous mobiliser pour obtenir des résultats, vous imposer en faisant usage de la force, vous engager dans un combat, de vous positionner en leader et de diriger, bref d'agir et de réagir afin d'exercer un ascendant sur le monde. Ou vous pouvez ressentir des difficultés à vivre ce qui vient d'être dit parce que vous avez en mémoire des expériences traumatiques en lien avec l'affirmation de votre personnalité.

Vous avez pu vivre une tendance systématique à vouloir gagner par la lutte et le combat ce que vous obtenez et à n'accepter que ce qui est le résultat d'une victoire, attirant dans votre existence des luttes et des rivalités sanglantes. Lorsque l'énergie débordante qui vous anime n'est pas canalisée, cela peut déboucher sur des comportements agressifs, révoltés et contestataires, insociables et violents, sur des accès de jalousie, des excès sexuels, une tendance à brûler les étapes, à brûler la chandelle par les deux bouts et à gaspiller vos forces. Il est particulièrement important pour vous d'apprendre à gérer votre colère et votre impulsivité car vous avez parfois la tendance à vous énerver pour des choses insignifiantes, à vivre dans l'urgence, à surchauffer parce que vous ne savez pas vous détendre et à avoir le don de mettre le feu aux poudres. Des revirements de situations vous obligeant à tout recommencer trouvent souvent leurs origines dans votre impulsivité, votre témérité, le manque de recul et de réflexion dont vous faites preuve, dans des coups de têtes, des actes irréfléchis et dans une tendance à vouloir forcer là où il faut y aller en douceur. Attention à ne pas reproduire ces excès dans cette vie !

Vous devez transformer en vous la gestion de l'énergie, les idéaux, le besoin de conquête et d'aventure, la relation à l'entreprise et au sport, l'énergie de la passion, du combat et de l'action. Vous devez à la fois les vivre en conscience, en trouvant une activité où elles peuvent s'exprimer au service de la Vie et de l'Amour et les équilibrer avec les valeurs du signe du Descendant que sont la coopération, le partage, la vie de couple, l'intelligence relationnelle et la participation à la civilisation. Vous pouvez alors suivre un parcours initiatique et faire des choses remarquables en lien avec l'action, le sport et l'entreprise.

LE MILIEU DU CIEL EN RELATION HARMONIQUE AVEC LA PART DE FORTUNE

Pour vous construire et pour évoluer, pour apporter votre contribution à la société, pour accéder à votre épanouissement et pour vous accomplir, il est nécessaire de développer vos ressources, de vous enrichir, de prospérer et d'expérimenter la « bonne fortune ». Pour prospérer, vous enrichir, favoriser la chance et expérimenter la « bonne fortune », il est nécessaire de travailler sur vous-même et d'assumer vos responsabilités dans le monde extérieur, de construire et vous construire, de prendre conscience des difficultés et d'y faire face, de vous fixer des objectifs à long terme, d'élaborer des plans, de définir des étapes et de poursuivre votre chemin avec acharnement sans vous laisser détourner ni influencer par l'extérieur, de travailler à la perfection pour avoir la satisfaction du travail bien fait et pour avoir la conscience tranquille, de faire preuve de simplicité et de savoir aller à l'essentiel, de faire preuve d'une grande conscience professionnelle.

Il est aussi nécessaire de prendre conscience des structures de la vie, de vous poser des questions existentielles, de positionner votre juge intérieur à sa juste place, d'aller en profondeur au fond de vous-même pour prendre conscience de votre nature éternelle, de pratiquer l'introspection et la méditation afin de découvrir votre vérité profonde. Votre sens de l'organisation, votre sérieux, votre maturité et vos capacités de travail sont pour vous des ressources vous permettant de vous enrichir et de nourrir la chance dans votre vie.

LE MILIEU DU CIEL EN RELATION DISSOCIEE AVEC LA PART DE FORTUNE

Il y a un décalage, une relation permanente, mais discontinue, dissociée, duelle, tendue et conflictuelle entre d'une part votre besoin de construire, votre besoin d'évoluer, votre vérité profonde, votre besoin d'apporter votre contribution à la société et votre conscience de ce qui est pour vous une richesse, une ressource et une source de Fortune car ces deux parties de vous vibrent à deux fréquences totalement différentes et s'expriment dans deux états d'esprits totalement différents.

Vous devrez donc faire un effort de conscience et d'acceptation pour vous rendre compte que vos capacités d'organisation, vos capacités à construire votre vie, votre sens des responsabilités, votre vérité profonde sont en réalité une ressource, une richesse et un moyen d'accroître votre prospérité. Plus vous exprimerez en conscience ces qualités et plus vous vous enrichirez et prospérerez.

Pour prospérer, vous enrichir, favoriser la chance et expérimenter la « bonne fortune », il est nécessaire de travailler sur vous-même et d'assumer vos responsabilités dans le monde extérieur, de construire et vous construire, de prendre conscience des difficultés et d'y faire face, de vous fixer des objectifs à long terme, d'élaborer des plans, de définir des étapes et de poursuivre votre chemin avec acharnement sans vous laisser détourner ni influencer par l'extérieur, d'utiliser les chiffres et des schémas, de travailler à la perfection pour avoir la satisfaction du travail bien fait et pour avoir la conscience tranquille, de faire preuve de simplicité et de savoir aller à l'essentiel, de faire preuve d'une grande conscience professionnelle et de tendre vers votre vérité profonde.

LE MILIEU DU CIEL EN RELATION HARMONIQUE AVEC LA LUNE NOIRE

Avec une Lune Noire en relation avec le Milieu-du-Ciel, vous pouvez ressentir un besoin compulsif mais aussi une peur profonde de construire et d'évoluer, d'apporter votre contribution à la société, de réaliser votre destinée, de poser les questions qui s'imposent et de remettre les choses en question lorsque cela est nécessaire, de procéder par étapes et de prendre le temps nécessaire, de faire la différence entre ce qui est prioritaire et ce qui est secondaire, de faire preuve de prudence, de sérieux, de sagesse et de profondeur, de tirer des leçons, des principes ou une morale des événements, de vous organiser avec rigueur et pragmatisme, de mettre de l'ordre, de structurer, de vous imposer une certaine discipline et de travailler avec acharnement jusqu'à ce que votre objectif soit atteint et votre œuvre réalisée ; mais aussi un besoin compulsif et une peur profonde de créer des liens émotionnels intimes, de vous détendre afin de vous sentir bien, de vous ressourcer et de vous constituer un foyer chaleureux. Où vous pouvez des difficultés à vivre ce qui vient d'être dit parce que vous avez en mémoire des expériences traumatiques. Vous devez transformer votre besoin d'ordre et d'organisation, votre tendance à être en chantier, votre besoin de solitude et de méditation, votre capacité à élaborer des objectifs à long terme et votre relation au temps, votre juge moral et vos principes, votre besoin de profondeur et de vérité mais aussi votre capacité à créer des liens émotionnels intimes avec autrui, à vous ressourcer à travers des valeurs refuges, à exprimer votre imagination, votre sensibilité et vos émotions, à créer un chez-soi où vous vous sentez bien et à faire partie d'une famille ou d'un clan. Vous devez à la fois les vivre en conscience et les exprimer au service de la Vie et de l'Amour. Vous pouvez alors suivre un parcours initiatique et faire des choses remarquables en lien avec l'état et les administrations, le bâtiment et les chantiers, la gestion et l'organisation, la vérité, un éducateur moral, un maître initiateur et la sagesse mais aussi en lien avec la famille, les enfants, la musique, la nourriture, les émotions et les valeurs refuges.

LE MILIEU DU CIEL EN RELATION DISSOCIEE AVEC LA LUNE NOIRE

Avec une Lune Noire en relation avec le Milieu-du-Ciel, vous pouvez ressentir un besoin compulsif mais aussi une peur profonde et un refus de construire et d'évoluer, d'apporter votre contribution à la société, de réaliser votre destinée, de poser les questions qui s'imposent et de remettre les choses en question lorsque cela est nécessaire, de procéder par étapes et de prendre le temps nécessaire, de faire la différence entre ce qui est prioritaire et ce qui est secondaire, de faire preuve de prudence, de sérieux, de sagesse et de profondeur, de tirer des leçons, des principes ou une morale des événements, de vous organiser avec rigueur et pragmatisme, de mettre de l'ordre, de structurer, de vous imposer une certaine discipline et de travailler avec acharnement jusqu'à ce que votre objectif soit atteint et votre œuvre réalisée ; mais aussi un besoin compulsif, une peur profonde et un refus de créer des liens émotionnels intimes, de vous détendre afin de vous sentir bien, de vous ressourcer et de vous constituer un foyer chaleureux. Où vous pouvez des difficultés à vivre ce qui vient d'être dit parce que vous avez en mémoire des expériences traumatiques.

Vous devez transformer votre besoin d'ordre et d'organisation, votre tendance à être en chantier, votre besoin de solitude et de méditation, votre capacité à élaborer des objectifs à long terme et votre relation au temps, votre juge moral et vos principes, votre besoin de profondeur et de vérité mais aussi votre capacité à créer des liens émotionnels intimes avec autrui, à vous ressourcer à travers des valeurs refuges, à exprimer votre imagination, votre sensibilité et vos émotions, à créer un chez-soi où vous vous sentez bien et à faire partie d'une famille ou d'un clan. Vous devez à la fois les vivre en conscience et les exprimer au service de la Vie et de l'Amour. Vous pouvez alors suivre un parcours initiatique et faire des choses remarquables en lien avec l'état et les administrations, le bâtiment et les chantiers, la gestion et l'organisation, la vérité, un éducateur moral, un maître initiateur et la sagesse mais aussi en lien avec la famille, les enfants, la musique, la nourriture, les émotions et les valeurs refuges.

LA PART DE FORTUNE EN RELATION HARMONIQUE AVEC LA LUNE NOIRE

Avec une Lune Noire en relation avec la Part de Fortune, vous pouvez ressentir un besoin compulsif mais aussi une peur profonde de développer vos ressources, de vous enrichir, de favoriser la chance et d'expérimenter la bonne fortune. Ou vous pouvez ressentir des difficultés à vivre ce qui vient d'être dit parce que vous avez en mémoire des expériences traumatiques en lien avec « la Fortune ». L'une des clefs pour développer vos ressources, pour vous enrichir, pour favoriser la chance et expérimenter la bonne fortune consiste à vous transformer en profondeur, à dépasser vos refus et vos difficultés, à exprimer d'une façon positive vos besoins compulsifs et à suivre un parcours initiatique grâce auquel vous pouvez retrouver votre vérité profonde.

LA PART DE FORTUNE EN RELATION DISSOCIEE AVEC LA LUNE NOIRE

Avec une Lune Noire en relation avec la Part de Fortune, vous pouvez ressentir un besoin compulsif mais aussi une peur profonde ou un refus de développer vos ressources, de vous enrichir, de favoriser la chance et d'expérimenter la bonne fortune. Ou vous pouvez ressentir des difficultés à vivre ce qui vient d'être dit parce que vous avez en mémoire des expériences traumatiques en lien avec « la Fortune ». Il y a un décalage, une relation permanente, mais discontinue, dissociée, duelle, tendue et conflictuelle entre d'une part vos besoins compulsifs, votre lucidité, vos mémoires profondes et votre conscience de ce qui est pour vous une richesse, une ressource et une source de Fortune car ces deux parties de vous vibrent à deux fréquences totalement différentes et s'expriment dans deux états d'esprits totalement différents. Vous devrez donc faire un effort de conscience et d'acceptation pour vous rendre compte que vos mémoires anciennes, vos besoins compulsifs, votre lucidité, votre vérité profonde, votre besoin d'initiation sont en réalité une ressource, une richesse et un moyen d'accroître votre prospérité. Plus vous exprimerez en conscience ces qualités et plus vous vous enrichirez et prospérerez. L'une des clefs pour développer vos ressources, pour vous enrichir, pour favoriser la chance et expérimenter la bonne fortune consiste à vous transformer en profondeur, à dépasser vos refus et vos difficultés, à exprimer d'une façon positive vos besoins compulsifs et à suivre un parcours initiatique grâce auquel vous pouvez retrouver votre vérité profonde.

Les planètes rétrogrades :

Introduction :

Rétrograder signifie aller en marche arrière. Une planète rétrograde est donc une planète qui, vu de la Terre, semble reculer. Si l'on observe pendant plusieurs mois les planètes Mercure, Vénus, Mars, Jupiter, Saturne, Uranus, Neptune et Pluton, on remarque qu'elles décrivent comme des zigzags dans le ciel parmi les constellations; tantôt elles paraissent avancer et suivre le Soleil dans sa course, tantôt elles paraissent reculer, rétrograder en se dirigeant dans le sens opposé du mouvement de rotation du Soleil. Ce phénomène est une illustration de la théorie de la relativité d'Einstein. Il s'explique par le fait que la Terre et les planètes en question tournent autour du Soleil à des vitesses différentes (Schéma 14).

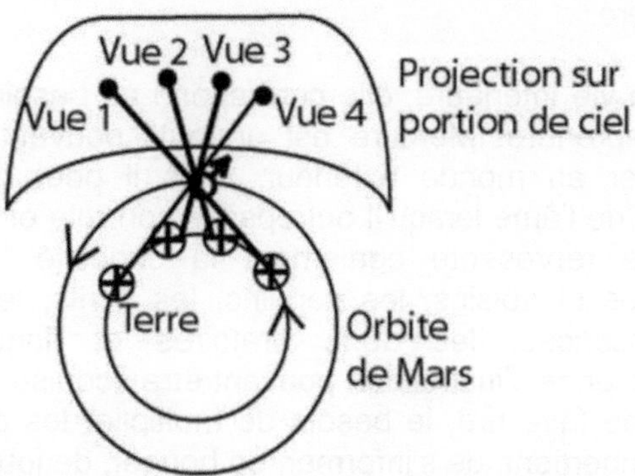

Lorsque vous êtes assis dans un train qui est à l'arrêt et qu'un train juste à côté démarre tout doucement, vous avez l'impression, pendant un temps, que c'est le train dans lequel vous êtes qui recule. Vous pouvez avoir la même impression, pendant un temps, lorsque le train dans lequel vous êtes double un train roulant moins vite. Ainsi, lorsque la Terre s'approche d'une planète plus lente qu'elle, on voit la planète plus lente aller en arrière. Puis la Terre rejoint la planète plus lente qu'elle et la dépasse. On a ensuite l'impression que la planète lente avance à nouveau normalement.

Lors de l'interprétation d'un thème karmique, l'on prend en compte uniquement les planètes dites personnelles, c'est-à-dire Mercure, Vénus, Mars, Jupiter et Saturne.

Rappel de la signification des cinq planètes pouvant être rétrogrades.

Mercure

Mercure représente sous sa forme féminine terrestre l'intellect, la raison analytique et expérimentale, le mental, les pensées, le sens pratique, la capacité à créer des outils et des objets facilitant l'adaptation au monde, le sens critique, et l'organisation quotidienne (Mercure sous cette forme là engendre l'état d'esprit correspondant au signe de la Vierge). Elle permet de trouver des relations entre différentes données. Sous sa forme masculine aérienne, elle représente la fonction de communication à l'intérieur même de l'individu et entre l'individu et l'univers, mais aussi le sens de l'adaptation au monde par l'information, le langage, l'écriture, le sens de l'humour, le mouvement et l'improvisation (Mercure engendre sous cette forme l'état d'esprit correspondant au signe des Gémeaux).

Elle permet d'intellectualiser les perceptions, d'organiser l'information, de la transmettre à travers le langage et de l'utiliser pour maîtriser le domaine de la matière.

Dans la vie intérieure, elle correspond au besoin de savoir, d'apprendre et de comprendre. Mercure est un outil pouvant permettre à l'individu de s'adapter au monde extérieur, mais il peut devenir le plus redoutable ennemi de l'âme lorsqu'il outrepasse son rôle et ses droits. Dans un thème, Mercure représente également la curiosité, les frères et sœurs, les collègues et voisins, les copains, les écrits, le sens de l'adaptation, les connaissances, les dons oratoires et linguistiques, les études et l'adolescence, l'instruction pouvant être acquise, le besoin de se divertir, de rire et de faire rire, le besoin de multiplier les centres d'intérêt, d'explorer l'environnement, de s'informer, de bouger, de jouer des rôles en s'identifiant à différents personnages et en multipliant les masques, d'établir des contacts, mais aussi la débrouillardise et le sens commercial.

Les principaux défauts de Mercure sont le mensonge, la tricherie, la ruse, l'indiscipline, la dispersion, la superficialité, la nervosité, le manque de frontières et de barrières, l'indiscrétion, le manques de scrupules, la légèreté, l'instabilité, la kleptomanie, un coté toujours intéressé et cherchant à faire agir les autres à sa propre place, un coté éternel adolescent, un manque de sérieux et de maturité, une tendance à semer la zizanie. Et si cette fonction permet d'être adroit, habile et rusé, elle peut aussi rendre stupide et très limité dans la mesure où elle est dépourvue de spiritualité, d'éternité et d'envergure.

Mars et Vénus

Si le Soleil et la Lune indique les façons d'être d'une personne, Mars et Vénus indiquent comment elle agit et s'exprime. Mars représente votre deuxième pôle masculin, l'homme de la Terre incarné et Vénus votre deuxième pôle féminin, la femme de la Terre. Ils sont le Soleil et la Lune sous une forme incarnée. Mars est le Héros qui vit en vous, le guerrier, le mâle, l'amant tandis que Vénus est la Belle, la courtisane, l'amante, la Princesse. Mars représente vos motivations, votre besoin d'action, d'expérimentation, de concrétiser les impulsions de la volonté, de mettre en pratique, de façonner et de dominer la matière, de luttes et de conquêtes, de résultats, d'efficacité, de victoire, d'engagement, d'implication et de rapidité. Il est un désir d'affirmation de qui vous êtes, votre besoin de confrontation aux réalités du monde extérieur par l'utilisation de la force et de l'agressivité, un besoin de renverser les obstacles, de montrer votre force et de vous sentir fort, d'être le premier et d'être concurrentiel.

Il permet l'expression de votre corps et de vos instincts sexuels. La tradition associait le Soleil au roi et Mars au guerrier luttant au service du roi, pour faire exister les idéaux du roi et pour que soient respectés l'ordre et les principes.

Mars s'exprime cependant à travers la dualité, l'obstacle, la différence, la division et la concurrence. Il divise sans être lui même divisé. Il établit une nette séparation entre lui même et tout ce qui est extérieur à lui et il peut aussi bien avoir tendance à servir l'Esprit ou le moi qu'à le nier et à le déstabiliser pour former un contre-pouvoir. Il incarne la spontanéité, la force de frappe, la capacité à assurer, le courage, le dynamisme, le sens de la décision et de l'initiative, la passion, l'ardeur, l'enthousiasme et la virilité.

Il est une force de répulsion. Il représente dans un thème la réalité contre laquelle il faut lutter, les guerres et combats, les obstacles, les difficultés, les ennemis, mais aussi les réalisations, les armes dont chacun dispose et la force de frappe. Il décrit ce que l'être fait et comment il le fait, sa source de force, sa façon d'exprimer sa sexualité et de satisfaire ses besoins, mais aussi l'image de l'homme et du père tels qu'ils ont été vécu dans les faits et tels qu'ils agissent.

Les principaux défauts de Mars sont la colère, l'impulsivité, l'impatience, l'imprudence, l'indiscipline, la témérité, l'égotisme primaire, l'ignorance, la cruauté, la jalousie, l'esprit de vengeance, la tendance à aller trop vite, à brûler les étapes et à être victime de ses instincts, la négligence des formes, des nuances et des opinions des autres, le manque de recul, de discrétion, de finesse, la révolte et la rébellion, la tendance au refus et à se mettre en opposition ou en compétition avec tout ce qui l'approche, la bestialité et la pornographie.

Sa couleur est le rouge, son métal le fer et son jour est le mardi. Les bêtes féroces et carnivores sont martiennes (les moustiques, les guêpes, les fauves, les loups, les rapaces, les poissons carnivores etc.). Mars est le maître du Bélier et du Scorpion. Il est en exil en Balance et en Taureau. Il est exalté en Capricorne et en chute en Crabe. En psychologie Jungienne, il correspond avec le Soleil à « l'Animus «, c'est à dire au pôle masculin présent chez la femme. En psychologie Freudienne, on associe Mars au stade « anal «. En caractérologie, il correspond au type colérique (émotif, actif, primaire) et il peut être associé au tempérament bilieux selon Hippocrate.

Vénus représente sous sa forme terrestre féminine (analogie avec le signe du Taureau) les désirs et la sensualité, un besoin de créer des formes, de concrétiser, d'acquérir des biens, de gagner de l'argent puis de le gérer, de produire, de matérialiser, de jouir des plaisirs de la vie et de la terre, de détente et de tranquillité. Sous sa forme aérienne (analogie avec le signe de la Balance) elle correspond à un besoin de justice et de paix, de diplomatie, de créer et de maintenir des relations agréables, de participer à la civilisation, de peser le pour et le contre, d'être entouré de sympathie et de considération, d'harmonie, d'équilibre, d'union avec le pôle complémentaire et de vie de couple.

La Vénus du Taureau et celle de la Balance correspondent à un besoin de plaire et de faire plaisir, d'attirer, de séduire, de charmer, de coopérer, de partager, d'embellir, d'exprimer des désirs, de l'affectivité, du sens esthétique et des facultés artistiques, de joie et de bonheur, d'être conquis(e), de tendresse, de douceur, de gentillesse, Elle représente la forme et tout ce qui touche à la forme. Elle est votre richesse. Au niveau spirituel, Vénus représente la joie et l'amour qui a pris forme. Son métal est le cuivre, ses couleurs le bleu ciel et le rose et son jour le vendredi. Les animaux associés à Vénus sont la biche, les lapins, les moutons, les oiseaux multicolores et la colombe. Vénus est maîtresse du Taureau, maître de la Balance est et elle exalté en Poissons. Elle est donc en exil en Bélier et en Scorpion et en chute en Vierge.

En psychologie Jungienne, Vénus correspond avec la Lune à « l'Anima», c'est à dire au pôle féminin de l'homme. En psychologie freudienne, on l'associe au stade oral. Vénus est proche des tempéraments lymphatiques et sanguins d'Hippocrate. En caractérologie, l'on peut conférer à Vénus les caractéristiques d'émotivité, d'activité ou de non-activité et de secondarité. Elle s'exprime à travers l'affinité, l'unification, la complémentarité, l'alliance, la comparaison et tend à s'identifier voire à fusionner avec ce qui est extérieur à elle. Elle ne se suffit pas à elle même et a besoin de l'autre pour exister et pour s'exprimer. On l'associe dans un thème à une part de chance et de facilité.

Les principaux défauts de Vénus sont l'indécision, l'hésitation, la dépendance du monde et des autres pour dicter ses actes et états affectifs, l'incapacité à dire non, un coté autruche, une tendance à faire la comédie, la lâcheté, l'inquiétude permanente, la recherche excessive de plaisirs ou de possessions matérielles, la subjectivité, le manque de logique et de combativité etc.

Vénus décrit dans un thème comment l'être exprime sa féminité, ses sentiments et sa sensualité. Elle renseigne sur la façon d'atteindre un état d'équilibre, d'exprimer ses goûts et ses préférences, sur l'image de la femme et de la mère telles qu'elles ont été vécues concrètement mais aussi sur l'amante. Vénus chez un homme indiquera ce qui l'attire chez une femme. Mars dans un thème féminin indiquera le mode d'expression ou le type de force qu'elle recherche chez l'homme.

Les renseignements fournis par ses deux fonctions sont souvent plus visibles car plus concrets que ceux fournis par le Soleil et la Lune. On caricature parfois ce couple avec le PDG qui prend des initiatives, part à la conquête des marchés, faisant fonctionner l'entreprise et avec la secrétaire qui attire la clientèle, accueille, séduit, prépare les contrats et donne une forme aux circonstances brutes crées par le chef d'entreprise à travers du courrier emprunt de tact et de finesse. En général, tout être humain a un pôle prédominant et l'autre pôle plus ou moins développé. Les fonctions masculines, le Soleil et Mars, sont souvent plus développées chez l'homme parce qu'elles lui sont, en raison de sa nature, plus accessibles. De même, la Lune et Vénus sont souvent prédominantes chez la femme. Cependant, beaucoup d'hommes ont un pôle féminin très développé et parfois prédominant comme de nombreuses femmes sont particulièrement masculines.

Jupiter et Saturne

Jupiter et Saturne correspondent à vos fonctions d'organisation, d'évolution et d'exploration. Elles renseignent non pas sur des états d'esprit personnels ou sur des modes d'expression personnels comme les planètes vues précédemment, mais dans un sens plus large, sur la manière dont vous vous organisez et évoluez, tant au niveau de votre vie extérieure que de votre vie intérieure, par rapport à l'ensemble de votre existence et par rapport à un contexte extérieur à vous. Saturne, fonction de nature féminine en dépit du fait qu'elle soit souvent représentée sous la forme d'un homme incarnant la sagesse, représente les structures, l'ordre et l'organisation du monde dans le temps. Dans la vie extérieure, elle correspond à l'histoire, aux structures de l'état, aux terres, aux bâtiments et à la carrière.

Dans la vie intérieure, elle correspond à vos facultés de concentration, à l'introspection, à la faculté de détachement à travers une prise de recul, aux facultés de résistance et d'isolement, à la discipline et au sens de l'organisation, à la maîtrise de soi, à l'ambition, à la persévérance, à l'endurance et à l'instinct de conservation. Elle confère une tendance à l'approfondissement, la capacité à tirer des leçons des événements, un sens de la recherche, de la théorisation et de l'expérimentation, une prise de conscience des problèmes, un sens critique. Elle correspond également à la structuration de la conscience, à l'évolution intérieure et à l'épanouissement de l'âme vers la paix intérieure à travers la méditation et le recueillement. Elle confère une impulsion de limitation de soi dans le but de parvenir ou de préserver un état de sécurité et développe les systèmes de défense.

Elle correspond à votre juge moral émetteur de principes et aux personnes jouant le rôle d'éducateurs moraux, à vos exigences, au besoin d'être en accord avec des principes sûrs, à vos croyances profondes, à la recherche de vérité, au besoin de comprendre l'ordre caché derrière les événements et d'aller à l'essentiel, au besoin de calme et de solitude, au sens des responsabilités, à la conscience professionnelle, au besoin de bien faire et au besoin de perfection, à la maturité, à la sagesse, au grandes interrogations, à la faculté de remise en question.

Elle incarne vos bases, vos fondations, vos questionnements, ce que vous pouvez construire, la durée, la patience, le temps et la capacité à intégrer le facteur temps. Elle représente aussi les lois éternelles qui régissent l'univers, la justice universelle qui fait que vous récoltez les conséquences de vos actes et le karma, c'est a dire les conséquences de la chute, de l'incarnation de l'âme humaine dans la matière et les conséquences de votre activité durant votre séjour sur la terre. Elle est la vérité qu'il faut apprendre à voir et à dire, celle qui finit toujours par triompher parce qu'elle est juste. Elle est aussi la justice.

La justice existe lorsque la loi est respectée et Saturne récompense ou fait payer à chacun les conséquences de ses actes. Elle est également le passé au sens large, c'est à dire notre histoire, celle qui finit toujours par nous rattraper. Ses couleurs sont le brun et le noir, ses métaux sont le plomb et le zinc et son jour le samedi.

Les principaux défauts de Saturne sont l'avarice, un juge moral écrasant, le manque de confiance en soi et la tendance à se dévaloriser, un sens critique exacerbé, des interrogations, doutes et incertitudes excessive, des manques, frustrations et insatisfactions, un dégoût ou un refus de la vie.

Dans un sens négatif, Saturne peut donner une tendance à l'ascétisme, à l'inertie, à la fuite du monde extérieur dans ses mondes intérieurs, au pessimisme, à la culpabilité et aux scrupules étouffants, à vouloir tout contrôler, à la monotonie, à la froideur et à l'indifférence, au repli sur soi, à avoir peur d'être rejeté ou abandonné, à la frigidité, à l'inaccessibilité, à la rigidité, à l'égoïsme et à la possessivité. Elle correspond aux refoulements, aux blocages et à l'inhibition, aux préjugés, à la dureté, à la froideur, au manque de sociabilité, d'imagination, de communication, de spontanéité, au complexe d'échec et à la peur d'aimer. Saturne représente aussi les peurs, les frustrations, les blocages, l'égoïsme à dépasser pour évoluer ainsi que les obstacles, les difficultés et les retards qui peuvent survenir. On dit d'elle qu'elle apporte souvent un mal pour un plus grand bien. Les difficultés qu'elle apporte peuvent faire mûrir tandis que les limites qu'elle impose préservent des excès et de la corruption.

Jupiter, fonction psychologique d'essence masculine, représente la vie économique et politique qui anime dans l'espace les structures et l'ordre du monde. Elle correspond aux mécanismes sociaux, juridiques, financiers, économiques et politiques de la société. Elle représente les systèmes socioculturels et les lois créés par l'Homme. Elle pousse l'individu à l'expansion dans le but d'élargir ses horizons tant par la culture que les voyages (du corps et de l'esprit). Elle permet d'adhérer et de participer. Elle confère à chacun de l'autorité et du pouvoir organisé dans le but d'exercer une activité professionnelle dans le monde extérieur, de s'insérer dans un environnement socio culturel, de s'adapter dans un contexte géographique.

Elle permet donc dans un thème d'analyser la vie professionnelle, les voyages, l'ouverture d'esprit, la culture et la relation au monde. Elle permet l'apprentissage des règles, des normes et des conventions, l'utilisation d'un système de références, la compréhension et l'utilisation des symboles. Elle représente un besoin de confort et d'acquisitions de biens matériels comme récompense aux sacrifices consentis dans le monde extérieur, de coordonner, d'administrer, de légiférer, d'espace et de liberté. D'un point de vue psychologique, Jupiter représente le sens de globalisation, la générosité, l'ouverture d'esprit, le degré de culture, la protection et le paternalisme, l'enthousiasme, l'optimisme, la confiance en soi et en la vie, la capacité de se comparer aux autres, le sens pédagogique et le besoin de représenter quelque chose. Jupiter permet d'être opportuniste, d'exercer le pouvoir, de donner un sens aux événements et d'apporter un jugement sur le vécu. Il engendre votre philosophie de vie, votre besoin de recherche métaphysique, votre besoin d'épanouissement à travers la vie et l'action, vos aspirations religieuses et votre besoin de vous élever vers le Divin. Saturne correspond aussi à vos manques et lacunes, aux difficultés à vaincre pour évoluer et Jupiter à vos excès, à vos facilités et à votre part de chance.

Interpréter la présence d'une planète rétrograde :

Une planète rétrograde génère des difficultés à exprimer les besoins et les capacités de la planète dans le monde extérieur. Il y a souvent une carence de motivation pour exprimer la planète ou une tendance à l'exprimer maladroitement, soit de façon excessive, soit le plus souvent de façon insuffisante. La planète entière est tournée vers l'intérieur et s'exprime surtout à l'intérieur. Mercure rétrograde confère des difficultés pour communiquer et s'adapter, Vénus pour créer de l'harmonie et des liens, Mars pour décider et agir, Jupiter pour trouver sa place dans le monde et voyager, Saturne pour construire et structurer et cheminer vers sa vérité profonde. Une planète rétrograde doit ainsi être exprimée à partir de votre intérieur, en conscience, en fonction de qui vous êtes profondément. Cela requiert un effort supplémentaire mais peut apporter beaucoup plus de sens, de conscience et de profondeur.

AUTRES ELEMENTS KARMIQUES IMPORTANTS

1- Le trio Mi-point Uranus-Saturne, Saturne-Uranus et Chiron.

Pour calculer le Mi-point, vous prenez la distance angulaire entre deux planètes dans le sens des signes, vous divisez par deux et vous ajouter la distance que vous venez de trouver à la planète qui est votre point de départ.

Mi-point Uranus-Saturne : Il révèle, une maison et un signe qui sont une difficulté karmique majeure, un peu comme un nœud nord. Il y a une difficulté à vivre le secteur concerné. Un travail est ici nécessaire pour se libérer.

Mi-point Saturne-Uranus : Il révèle, une maison et un signe qui apportent une facilité karmique, une force karmique majeure, un peu comme un nœud sud mais sans qu'il y ait forcément d'excès. Il est judicieux de conscientiser puis de mettre en pratique les énergies du signe et du secteur pour avancer dans votre vie.

Chiron : Il est celui qui apporte des clefs et des solutions pour vous libérer de votre difficulté karmique majeure en utilisant votre force karmique majeure. Chiron guérit par les mains, le verbe et l'information. Il représente un moyen de passer de Saturne à Uranus de façon harmonieuse, sans tout casser.

2- Le mode vibratoire de Saturne.

Saturne apporte une charge karmique ou une valise karmique d'imperfection. Le mot karma signifie alors « mémoire karmique à transformer » ou « charge karmique à dissoudre ». Toure reproduction de d'un schéma non équilibré en lien avec le mode vibratoire entraine des conséquences lourdes obligeant à du changement et une maturation pour être beaucoup plus responsable.

Saturne en signe cardinal : Il y a eu une mauvaise utilisation, une utilisation déséquilibrée, de l'énergie, de l'activité en lien avec les mots objectifs, stratégies, actions et résultats. C'est le karma d'agressivité à transformer en harmonie et justesse.

Saturne en signe fixe : Il y a eu une mauvaise utilisation ou une utilisation déséquilibrée de l'argent, des biens matériels mais aussi du pouvoir. C'est un karma de possessivité à transformer en un positionnement juste par rapport à la matière et au pouvoir personnel.

Saturne en signe mutable : Il y a eu une mauvaise utilisation ou une utilisation déséquilibrée des l'information et des connaissances. C'est le karma d'ignorance à transformer en une juste utilisation des informations, savoirs et connaissances.

3- Les axes interceptés.

Quand il n'y a pas de cuspide de maison dans un signe, on dit qu'il est intercepté. La présence d'un signe intercepté dans un thème signifie que la personne a refusé de vivre les états d'esprits en lien avec les signes concernés et les expériences des maisons concernées.

Exemple : Bélier/Balance : refus de prendre en compte le point de vue de l'autre, tendance à s'imposer sans tenir compte de l'autre ou au contraire difficulté à prendre des décisions et s'affirmer car la personne tient trop compte de l'avis des autres.

Exemple Taureau/Scorpion : refus de créer son bonheur sur terre, détournement d'argent, accumulation de biens, abus sexuels et abus de pouvoir, refus de parcourir le chemin de l'initiation et de se transformer.

Exemple : Gémeaux/Sagittaire : refus d'écouter, de communiquer de façon juste, sans mentir, refus de s'adapter, de faire des études, de transmettre, de s'intégrer socialement, de voyager, d'être légitime et en règle avec les autorités, de donner du sens et de s'épanouir dans l'espace.

Exemple : Cancer/capricorne : refus de prendre soin de soi et de sa famille et d'assumer des responsabilités sociales et difficulté à surmonter une peur du manque et de l'abandon.

Exemple : Lion/Verseau : refus d'affirmer son idéal, ses valeurs, sa vision des choses, de se fixer des objectifs, de s'organiser efficacement puis de réussir, d'exprimer sa créativité puis de créer des relations amicales, de faire des choses en groupe, de trouver des solutions et de réparer ce qui doit l'être, de partager ses idées et d'aider autrui ou d'accepter l'aide d'autrui.

Exemple : Vierge/Poissons : refus d'apprendre et de comprendre techniquement, de répéter, de servir, de bien gérer l'information et les détails et de s'adapter au monde de la matière et refus de faire preuve de compassion, de dévouement, d'amour inconditionnel et de lâcher prise, de soulager les souffrances et les misères du monde et d'accéder à un état d'enchantement et de communion avec le divin.

Les signes et maisons liées (celles où il y a deux points de maisons et/ou angles) permettent de sortir des difficultés posées par les signes et maisons interceptés. Quand il y a deux maisons dans un même signe, cela connecte les activités des deux maisons et on se sert d'une maison pour vivre l'autre. La personne doit cependant d'abord bien maîtriser les questions de la première des deux maisons pour pouvoir bien vivre la seconde. Les maisons liées décrivent les potentiels à développer pour permettre une expression juste, objective et créatrice des signes interceptés.

Exemple : maison 6 et 7 dans un même signe. C'est par le service que l'on trouve son équilibre et que l'on créé des relations avec autrui. Seule une bonne adaptation au monde de la matière permet de créer des relations harmonieuses et une vie de couple heureuse.

4- Les planètes en décan.

Un décan représente une tranche de 10 degrés. Il y a 3 décans dans un signe, qu'on appelle simplement le premier, second et troisième décan. Le fait qu'une planète soit dans tel ou tel décan a une signification. La tendance est de dire que la nature du premier décan correspond à celle du signe où il se trouve, la nature du second au signe de même élément suivant et le troisième décan au troisième signe de même élément. En Inde, les astrologues accordent beaucoup d'importance aux décans. Ils considèrent que la planète maitresse d'un décan à un impact conséquent sur l'expression du Soleil et de la Lune et que sa situation décrit comment était l'ambiance lors de l'incarnation précédente et pourquoi la personne est revenue s'incarner. Certaines traditions associent les trois décans au corps physique (La Lune, Mars et Vénus) pour le premier, au corps mental, à l'intelligence et à la conscience pour le second (Mercure et Soleil) et aux forces de l'âme et aux capacités d'évolution pour le troisième (Jupiter et Saturne).

PLANETE EN PREMIER DECAN (de 0 à 9 degrés du signe) : Il y a une charge karmique forte sur la planète et une difficulté à se dégager du passé par rapport à ce que représente la planète. Si de nombreuses planètes sont en premier décan, un important travail sur soi est nécessaire pour se dégager du passé.

PLANETE EN SECOND DECAN (de 10 à 19 degrés du signe) :
Il y a une nécessité et une capacité d'utiliser les acquis des vies passées, en lien avec la planète, dans cette vie-ci et des facilités pour intégrer ce que représente la planète. Si de nombreuses planètes sont en second décan, il règne une intense activité qui doit être gérée afin d'éviter un burnout. De nombreuses réalisations sont possibles.

PLANETE EN TROISIEME DECAN (de 20 à 29 degrés du signe) :
Il y a ici une capacité à se libérer de toute difficulté liée à la planète et de l'utiliser de façon harmonieuse et efficace. Si de nombreuses planètes sont en troisième décan, la personne a la possibilité, le devoir et la motivation de se libérer, de s'éveiller et d'aider autrui à progresser et à se libérer. Elle peut contribuer à créer un monde meilleur.

Point technique : Le thème sous-jacent.

Prendre en compte le karma, c'est aller en profondeur. Derrière tout thème astrologique se cache, jusqu'à ce qu'il soit révélé, un deuxième thème astral, le thème sous-jacent. Ce thème sous-jacent est fondé sur le système des maitrises et sur le principe « Une planète existe aussi là où est son maître ». Prenons comme exemple le thème de la république française.

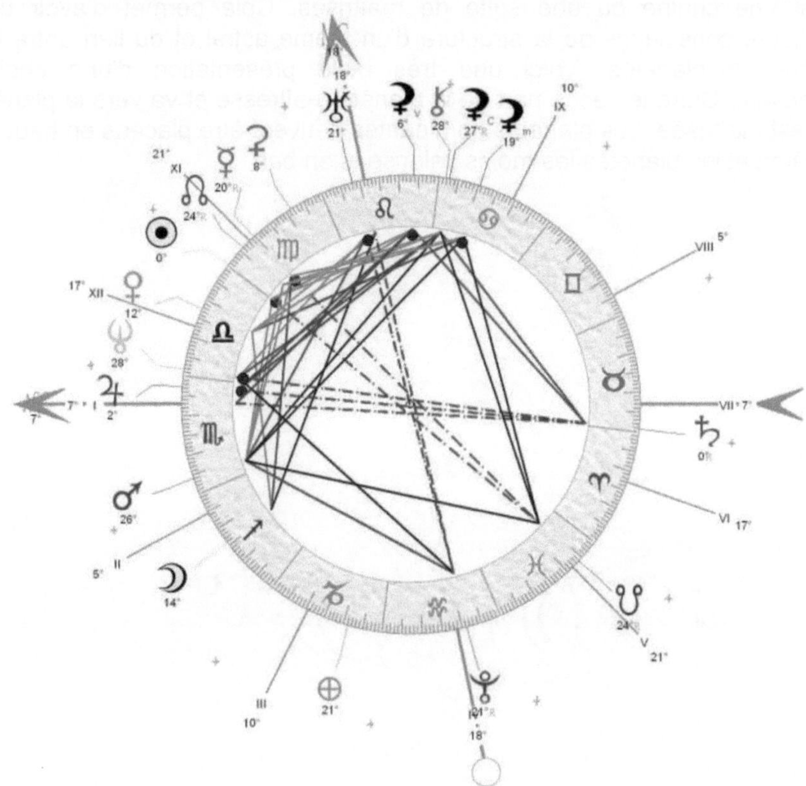

Dans le thème sous jacent, les secteurs restent là où ils sont dans le thème natal. Le Soleil sera placé à 12° de la Balance parce que Vénus, qui est maitresse du Soleil, se trouve à 12° Balance. La Lune sera placée à 2° Scorpion là où se trouvait Jupiter dans le thème natal, Vénus restera là où elle est puisqu'elle est maîtresse d'elle-même. Mars se retrouvera, si l'on prend en compte le système moderne des maîtrises, à 21° Verseau là où se trouvait Pluton dans le thème natal. On peut également placer un deuxième Ascendant (en Verseau) et Milieu du Ciel (en Balance). Le thème sous-jacent est ensuite interprété comme un complément qui apporte des précisions très pertinentes au thème natal.

Point technique : Les chaines planétaires :

Une chaine planétaire est une suite de planètes où la première planète dépend de la seconde, la seconde de la troisième, la troisième de la quatrième et ainsi de suite. Il existe plusieurs façons de présenter les chaines planétaires mais le principe reste le même. Il consiste à considérer une planète, à noter son maître, puis le maître de son maitre puis le maître du maître du maître jusqu'à ce que l'on ne puisse plus continuer. L'on créé ainsi une chaine ou une suite de maîtrises. Cela permet d'avoir une meilleure conscience de la structure d'un thème astral et du lien entre les différentes planètes. Voici une très belle présentation d'une chaine planétaire. Chaque flèche part de la planète maîtresse et va vers la planète qui est maîtrisée. Les planètes dominantes peuvent être placées en haut du schéma et les planètes les moins valorisées en bas.

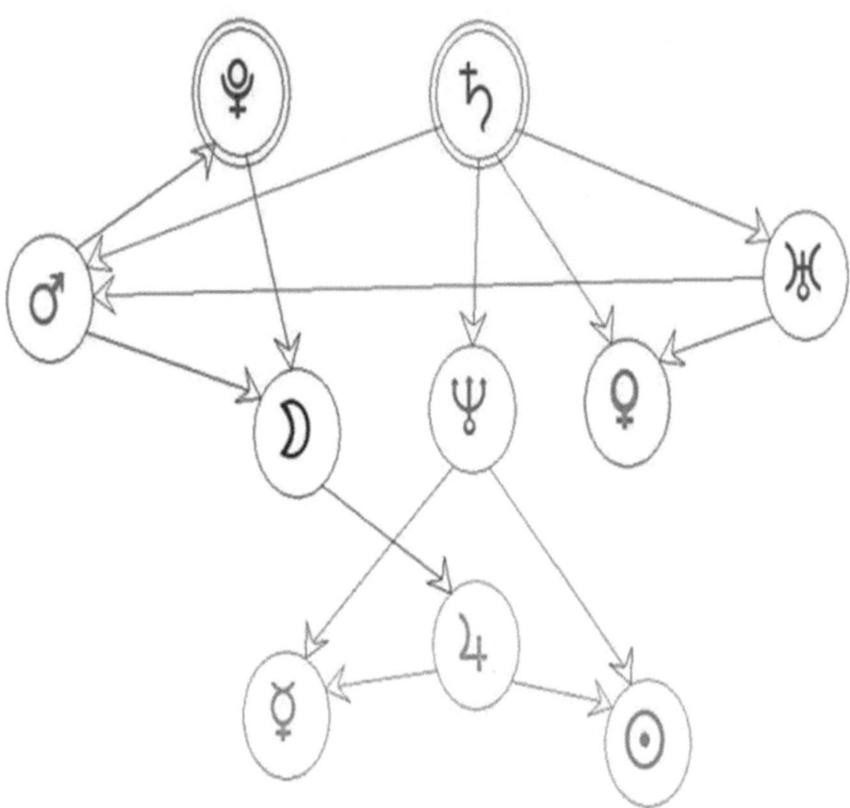

Les chaines planétaires en signes.

Cette chaine planétaire consiste à considérer, planète par planète, les différents signes avec lesquelles une planète peut s'exprimer. **Exemple :** Si le Soleil est en Capricorne en maison 3, Saturne en Poissons en maison 5, Neptune en Scorpion en maison 2, Pluton en Vierge en maison 11 et Mercure en Capricorne en maison 3, alors la chaine planétaire du Soleil en signe sera :

Soleil : Capricorne → Poissons→ Scorpion →Vierge → Capricorne.

Cela signifie que ce que représente le Soleil (les repères, la vision des choses, ce qui est considéré comme ayant une valeur et une grande importance, la façon d'aimer) peut être caractérisé non seulement par le signe du Capricorne mais aussi, ensuite, par les signes qui suivent. Ces autres signes peuvent constituer autant de ressources potentielles qui viennent s'ajouter au premier signe concerné, ici le signe du Capricorne.
Si le Soleil était en Lion, il resterait là où il est, de même pour toute planète qui se trouve dans le signe dont elle à la maîtrise.

Les chaines planétaires en maisons.

Cette chaine planétaire consiste à considérer, planète par planète, les différents secteurs ou maisons dans lesquelles une planète peut exister et s'exprimer. L'art de l'interprétation consiste alors à faire des phrases qui prennent en compte chacun des secteurs astrologiques concernés.

Dans notre exemple précédent la chaine planétaire du Soleil en maison sera :

Soleil : Maison 3 → Maison 5→Maison 2→Maison 11→Maison 3.

Les repères, la volonté et le rayonnement de la personne pourra ainsi s'exprimer à travers une forme de communication grâce à la maison 3, à travers une forme d'expression et de créativité grâce à la maison 5, à travers la génération de joie et d'abondance grâce à la maison 2 et enfin à travers des activités de groupe, de réseau ou à travers l'expression d'une intelligence technologique ou psychologique grâce à la maison 11.

Les chaines planétaires en signes et en maison apportent une profondeur et de nouvelles perspectives dans l'analyse et l'interprétation d'un thème astral et dans la possibilité d'améliorer son karma par une expression du meilleur de soi-même selon sa structure personnelle.

Annexe : Les vertus planétaires ou forces d'âme

Soleil	Lune	Mercure	Vénus	Mars
L'Etre Masculin	L'Etre Féminin	Communication	La Beauté	L'Energie
Dieu Le Père	Dieu La Mère	Le Mouvement	La Grâce	La Motivation
L'Amour Yang	L'Amour Yin	L'Adaptation	L'Equilibre	Le Dynamisme
La Conscience	La Sensibilité	L'Intelligence	L'Harmonie	Le Courage
La Vitalité	La Vie-Poésie	L'Eloquence	Concrétisation	La Force-Armes
La Volonté	Le Besoin	Le Jeu	Attraction	La Rapidité
L'Eveil-Feu	La Magie-Eau	L'Humour	Séduction	L'Efficacité
Confiance en soi	La Foi	L'Apprentissage	Le Charme	La Performance
La Créativité	L'Imagination	La Curiosité	La Forme	La Franchise
La Générosité	Le Dévouement	La Mobilité	Le Couple	La Combativité
La Luminosité La Brillance	Vision nocturne Le Rythme	L'Agilité La Jeunesse	La Préférence Le Choix	Affirmation de soi L'Audace
Ecouter son cœur La Gratitude	Ecouter son ressenti	La Souplesse La Flexibilité	L'Intelligence relationnelle	L'Instant Présent La Nouveauté
La Volonté de joie La Joie	La Volonté de bien-être	Le Messager L'Information	L'Etat Amoureux	L'expérimentation Sur le terrain
L'Intention L'Attention	L'Enfant intérieur	Sens Pratique Respiration	La Joie Le Plaisir	L'Enthousiasme La Passion
La réussite	Le Bien-être	Débrouillardise	Le Lien	La Conquête
La Chaleur	La Douceur	Le Discernement	Le Bonheur	La Victoire
Les Valeurs	Les Emotions	Le Marchand	L'Argent	Le Résultat
Les Repères	Les Ressentis	Le Verbe	La Gestion	L'Action
Les Convictions	Les Croyances	Le Rire	Productivité	Le Flair
La Clarté	Nourritures	Les Idées	Rentabilité	La Réactivité
Les Modèles	Se Ressource	La Camaraderie	L'Abondance	La Décision
Le Centrage	La Sympathie	La Disponibilité	La Gentillesse	La Répulsion
L'Idéal	Le Naturel	L'Ouverture	Les Sentiment	Le Dégagement
L'Identité	L'Hospitalité	L'Analyse	Le Partage	Le Guerrier
L'Organisation	La Fluidité	L'Hygiène santé	Coopération	Le Commandant
L'Engagement	L'acceptation	L'humilité	L'Artiste	L'Entrepreneur
La Puissance	L'Intimité	La Découverte	La Justesse	L'Engagement
La Direction	Les Habitudes	L'Organisation	La Justice	L'Initiative
La Noblesse	La Complicité	La Coordination	La Tendresse	Etre Capable
La Dignité	Accouchement	La Multiplicité	La tolérance	La Compétence
La Maîtrise	La Fécondité	L'Inventivité	Civilisation	L'Improvisation
Reconnaissance	La Mémoire	Le Sourire	La Sociabilité	L'Ardeur
La Synthèse	L'Intuition	La Pétillance	Le Sourire	L'Héroïsme
Le Meilleur de soi	La Sécurité Les rêves L'émerveillement	L'Herboriste	La Richesse	La Spontanéité

Jupiter	Saturne	Uranus	Neptune	Pluton
Confiance en soi	L'Intériorisation	La Connexion	ourant d'Amour	Lucidité Flair
L'Autorité	La Concentration	Concentration	Le Sanctuaire	La Passion
L'Optimisme	La Profondeur	La Puissance	Le Sacré	La Combativité
La Générosité	Questionnement	L'Intelligence	La Béatitude	Le Guerrier
L'Aventure	La Résistance	La Psychologie	Dévouement	Le Pouvoir
L'Explorateur	L'Isolation	La Technologie	Compassion	Transformation
L'Opportunisme	La Structure	L'Espoir	Soulagement	Détoxination
La Chance	L'Organisation	La Guérison	Foi et Prière	La Purification
Bienveillance	Cheminement	La Liberté	La Magie	La Sécurité
L'Enthousiasme	Ordre et Qualité	La Libération	L'Enchantement	L'Investigation
L'Energie L'Elan	Le Silence	Le Progrès	Transcendance	L'Inspection
Trouver sa place	La Sécurité	Différentiation	La Communion	La Survie
Prendre sa place	Calme et Sérénité	Aide et Appuis	L'Inspiration	L'Evacuation
La Coordination La joie de vivre	L'Honnêteté Le respect	Exprimer sa Spécificité	Mémoires Ancestrales	La prise de recul
Le Pouvoir	La Sagesse	Groupe Réseau	L'Illimité	L'Intensité
L'Expansion	La Vérité	Volonté du Ciel	Le lâcher prise	La Maitrise
Sens des affaires	La Simplicité	La Logistique	La relaxation	La Médiumnité
L'Epanouissement	L'Essence	Ciel et Espace	L'Acceptation	L'Eternité
La Complétude	L'Observation	L'Univers	L'intuition	L'Authenticité
Don des langues	La Maîtrise de soi	Les Anges	La Voyance	L'Initiation
L'Etranger Culture	La Prudence	Synchronicités	La Religion	Dépollution
L'Envergure	La Patience	L'Amitié	La Fée	La Résistance
La Prospérité Economique	L'Introspection La Méditation	Valeurs Humaines Communication	La Présence Divine	Le Voyage Chamanique
L'Abondance	La Persévérance	La fraternité	Le Sacrifice	La Chirurgie
Sens pédagogique	Le Détachement	La Modernité	La Méditation	Le Forgeron
Donner du Sens Philosophie de vie	Le Chantier La Responsabilité	La Gestion de Projet	Eternel Féminin aradis Mystique	Le vouloir le plus profond
Intégration sociale	Les Chiffres	La Nouveauté	Le Collectif	La Porte
Conseil et Guide Légalité Conformité	Remise en question L'Evolution	Monde Meilleur Tempérance	Le chant Sacré Le Génie	La vérité suprême
Gestion de l'Espace La Vocation	Gérer le Temps La Discipline	La Solution La Réparation	Le Soin La Guérison	La gestion des crises
La Protection	L'Effort	L'Inventivité	La Mission	L'Invincibilité
La Médecine	Le Travail	L'autonomie	La Fluidité	Discernement
Le Confort	La Détermination	L'Indépendance	Le Radar	Secret Mystère
Vision globale	L'Enracinement	L'Intuition	Voyage de l'âme	Feu intérieur
La Légitimité	La Réalisation	Réveil et Eveil	L'Unité	Régénération
La Bénédiction	L'Eternité	La Révolution	La Télépathie	La Renaissance

223

Services proposés en Développement Personnel

Outils de conscience

Votre Diamant de Naissance

En tant qu'être humain créé par la Source, vous êtes un Diamant qui ne demande qu'à briller ! Pour faire briller le Diamant que vous êtes, il est nécessaire de polir, c'est à dire de prendre conscience, puis d'exprimer, chacune de ces facettes ! Véritable outil de connaissance de soi, ce « Thème Numérologique », basé sur votre nom+prénom+date de naissance, vous révèle dans toutes vos dimensions, à travers les 24 facettes de votre être. Environs 80 pages.

Vous pouvez vous procurer sous la forme d'une étude ou d'une consultation :

Votre Thème Astral Approfondi
Votre Thème annuel
Votre Thème Maya

Plus d'infos sur http://www.coaching-evolution.net

Sur demande par mail à : jacksoneric@neuf.fr ou 06 62 51 32 26